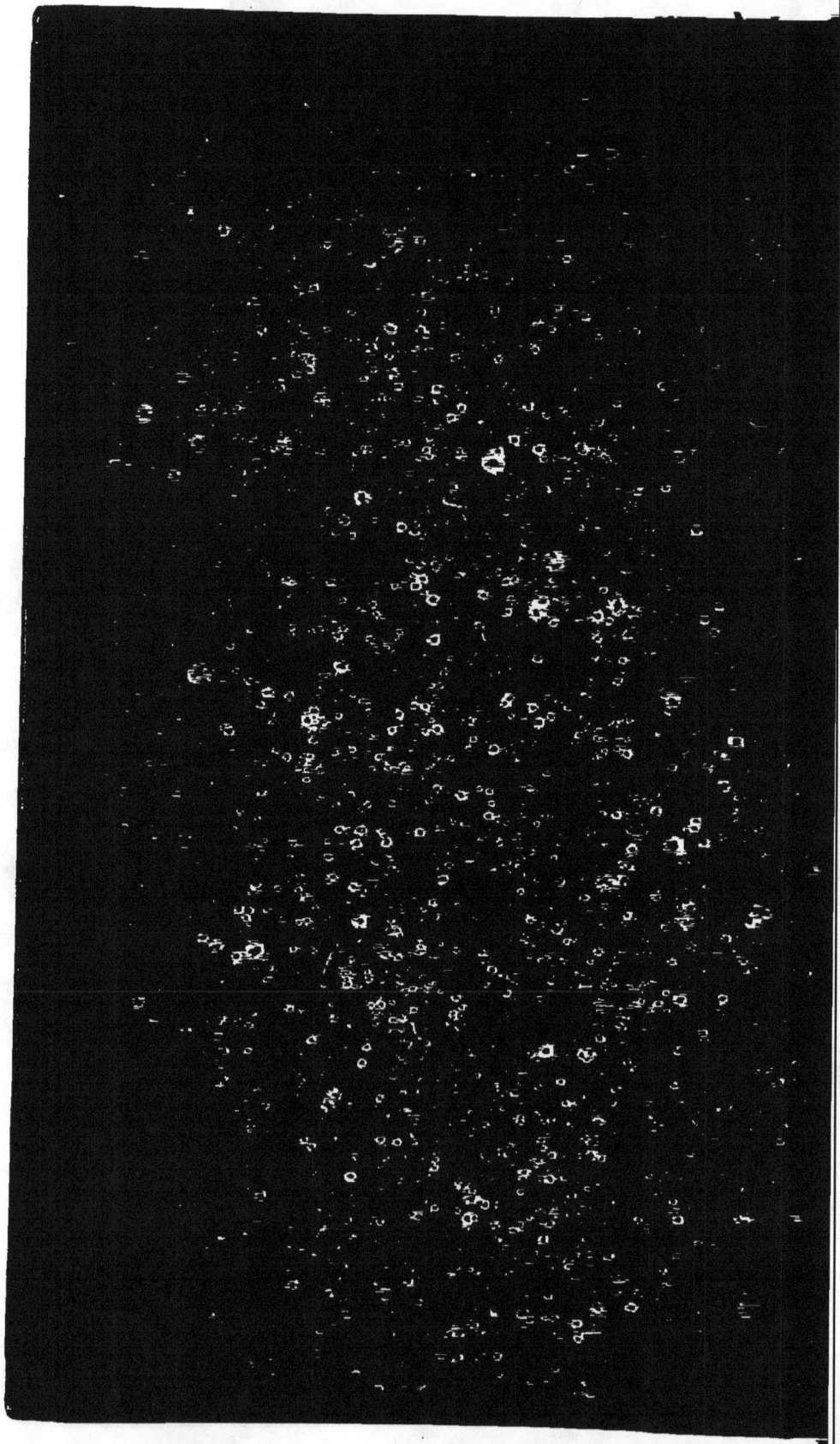

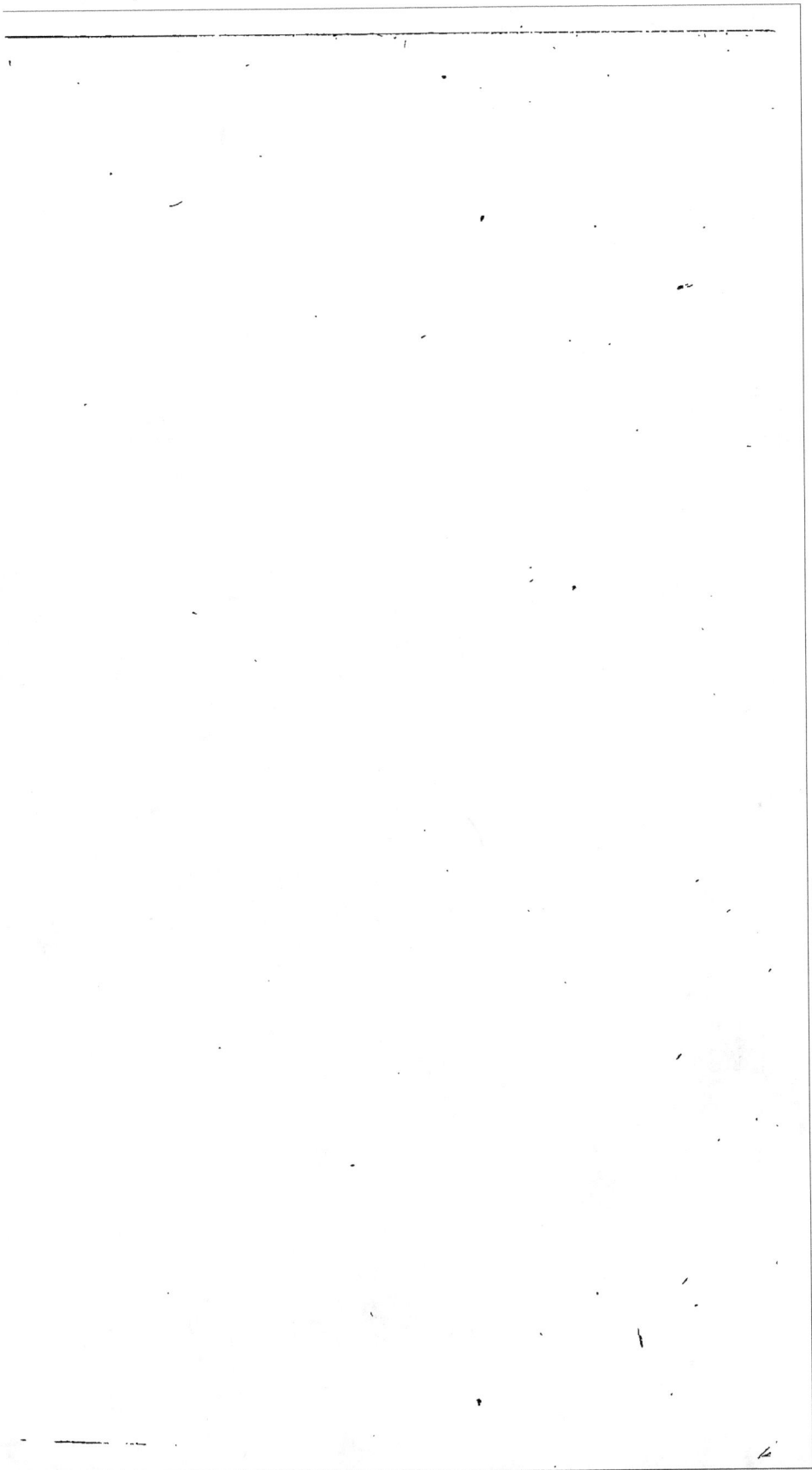

30735

DOMAINES

CONGÉABLES.

RENNES, IMPRIMERIE DE COUSIN-DANELLE.

INTRODUCTION

A L'ÉTUDE DES LOIS RELATIVES

AUX

DOMAINES

CONGÉABLES,

ET

COMMENTAIRE

DE CELLE DU 6 AOUT 1791.

PAR M. CARRÉ, PROFESSEUR EN LA FACULTÉ
DE DROIT DE RENNES.

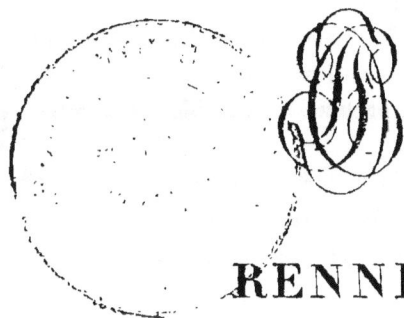

RENNES,

CHEZ DUCHESNE, LIBRAIRE, RUE ROYALE.

1822.

INTRODUCTION A L'ÉTUDE DU DROIT FRANÇAIS, avec des tableaux synoptiques; 1 vol. in-8.º

ANALYSE RAISONNÉE, et Conférences des arrêts des Cours souveraines et des opinions des auteurs sur le Code de procédure civile; 2 vol. in-4.º

TRAITÉ ET QUESTIONS DE PROCÉDURE CIVILE; 2 vol. in-4.º

LE GOUVERNEMENT DES PAROISSES;

Où l'on examine tout ce qui concerne, dans leurs rapports avec les lois et les réglemens d'administration publique,

1.º Les fonctions, droits et devoirs des curés, desservans et autres personnes ecclésiastiques et laïques, relativement à l'exercice du culte;

2.º L'organisation, les biens, les droits, l'administration et les procès des fabriques;

3.º L'administration particulière des biens des cures et succursales;

Avec des modèles de budget et de compte, et une table chronologique des lois et réglemens.

Ce dernier ouvrage sera mis en vente à la fin de ce mois (février 1822).

OBJET ET PLAN

DE L'OUVRAGE.

———

LE travail que je publie n'était point, dans le principe, destiné pour l'impression, mais seulement pour plusieurs de mes élèves qui m'avaient prié de leur dicter, par addition à mon cours ordinaire, quelques leçons sur le domaine congéable.

Ces notions élémentaires, accueillies avec faveur, furent communiquées à des jurisconsultes et à des propriétaires fonciers qui parurent en désirer la publication.

Mais elles n'étaient pas assez complètes pour être publiées : d'un autre côté, un ouvrage de ce genre ne pouvait avoir de débit que dans les trois départemens de la Bretagne où la tenue à domaine congéable existe depuis des siècles.

Enhardi par de nombreuses et fréquentes invitations, j'ai hasardé une souscription, pour m'assurer que les frais d'impression ne resteraient pas à ma charge.

Cette inquiétude a bientôt été dissipée; la souscription a été couverte en bien peu de tems.....

Que mes compatriotes, mes confrères et mes élèves bretons veuillent bien trouver ici l'expression de la vive reconnaissance que m'inspire cet honorable témoignage de leur estime.

Je me suis occupé de revoir mon premier travail, de profiter des instructions que l'on a bien voulu me donner, et de réunir les principales décisions qui avaient été rendues depuis la rédaction.

Mais dans l'état où il voit le jour, je prie mes lecteurs d'observer que cet ouvrage est purement élémentaire, me réservant de lui donner par la suite d'autres développemens, et de traiter à fond les questions que j'ai négligées, si le succès répond à mon attente.

J'ai divisé mon travail en trois parties:

La première contient les notions générales concernant la nature du contrat et les actes qui l'établissent; la force obligatoire actuelle des anciens Usemens; l'historique, l'objet et les motifs des lois nouvelles. Elle forme une INTRODUCTION aux deux autres, et se compose des emprunts que j'ai faits aux anciens auteurs bretons, aux législateurs qui ont porté la parole sur la loi du 9 brumaire an 6, et parmi lesquels l'on placera toujours au premier rang le savant et vertueux TRONCHET, dont le second rapport est le fond de mon Introduction.

La seconde partie renferme, sous le titre de commentaire, l'explication de chacun des articles de la loi du 6 août 1791, puisée dans les principales décisions de la jurisprudence, dans mes consultations et celles de mes confrères sur les points les plus importans, et dans les ouvrages bretons, en ce qu'ils contiennent d'applicable sous l'empire des lois actuelles.

Enfin, dans la troisième partie, j'ai dis-

cuté et résolu quelques-unes des grandes questions auxquelles a donné lieu la loi désastreuse du 27 août 1792, et qui sont encore controversées. Je n'en avais point parlé dans mon premier travail.

J'ai cru, à l'exemple de BEAUDOUIN, devoir placer en tête de l'ouvrage un VOCABULAIRE ou GLOSSAIRE des termes usités en domaines congéables, et une notice historique sur les anciens Usemens. (1)

Ces instructions seront particulièrement utiles aux jeunes gens et aux personnes auxquelles le domaine congéable serait entièrement inconnu.

(1) Ce travail est dû à mon estimable confrère M. MIORCEC-DE-KERDANET.

GLOSSAIRE

DES TERMES USITÉS

EN DOMAINES CONGÉABLES.

ABANDON. Voyez *exponse.*

ACCONVENANCER, c'est donner à convenant ou à domaine congéable.

ASSURANCE, est la prolongation du premier bail, ou les baillées postérieures consenties au même colon.

BAIL. On appèle ainsi le contrat primordial, celui qui démembre la superficie du fonds pour la convertir en domaine congéable.

BAILLÉE, que l'on confond quelquefois avec *le bail*, en diffère essentiellement. Le bail, comme on l'a dit, est le contrat qui démembre la superficie du fonds pour la convertir en domaine congéable, tandis que *la baillée* est un acte par lequel le foncier confirme au colon détenteur, ou donne à un tiers, avec le pouvoir de congédier le détenteur, la jouissance des droits convenanciers, ou, ce qui est la même chose, des édifices et superfices déjà détachés du fonds par le bail. Ainsi, il y a deux sortes de *baillées :* lorsqu'elle est confirmative, elle s'appèle *baillée d'assurance,* et lorsqu'elle est donnée à un tiers qui congédie le détenteur, on la nomme simplement *baillée.*

CHEF-RENTE, c'est, suivant Duparc, la rente due au seigneur proche à cause de l'inféodation primitive. Les chef-rentes, dit cet auteur, sont proprement les rentes féodales, à la différence des rentes convenancières ou simples, censives et foncières.

COLON. On désigne par ce mot l'usufruitier du fonds, en même tems propriétaire des édifices et superfices de ce fonds, mais dont l'usufruit et la propriété peuvent cesser à des époques convenues. Le colon est aussi appelé *convenancier, domanier, superficiaire, tenancier.*

COMMISSIONS ou NOUVEAUTÉS, sont les deniers d'entrée ou pots-de-vin que le colon paie au foncier lors du renouvellement des baillées.

CONGÉDIER, CONGÉER ou CONGEOIR, est le droit qu'a le foncier d'expulser le colon de la tenue, après lui avoir remboursé ses édifices et superfices, améliorations et *façons.*

CONGÉDIANT, est le foncier ou le cessionnaire du foncier qui renvoie le colon après
l'avoir remboursé de ses droits convenanciers.

CONGÉDIÉ, est le colon qui reçoit son remboursement et qui est expulsé.

CONGÉMENT, est le renvoi du colon à la
fin de la baillée. Il s'opère par le remboursement de gré à gré, ou à dire d'experts, de la
valeur actuelle des édifices et superfices, réparations, améliorations utiles et permises.

CONVENANT. Ce mot se prend ordinairement pour *tenue convenancière*. C'est le corps
ou l'ensemble de ce que tient le colon à domaine congéable.

CONVENANCIER a le même sens que
colon. *Convenancier*, c'est-à-dire qui tient *à
convenant* ou à domaine congéable.

CORVÉES. Travail ou journées que le colon
s'oblige à faire au foncier, tels que charrois,
fenaison, etc. On fait venir ce mot du breton
corff-vec'h ou *bec'h*, faix ou peine de corps.

DÉCLARATION, qu'on appelle aussi *lettres
récognitoires*, est un acte contenant la description détaillée par tenans et aboutissans des
terres chaudes et froides, des édifices et superfices, des bois taillis et de haute futaie; en un
mot, de tout ce qui appartient à l'un et à l'au-

tre du foncier et du colon. Son objet est d'assurer leurs droits respectifs, et d'empêcher le colon de *grever la tenue*. Le colon devait déclaration à chaque mutation de foncier.

DÉSHÉRENCE ou **RÉVERSION**. C'était le droit accordé au foncier, sous l'Usement de Rohan, de succéder aux édifices et superfices du colon mourant sans hoirs et sans frères ni sœurs mineurs.

DÉTACHEMENT. C'est la première séparation des édifices et superfices d'avec le fonds : elle a lieu lorsqu'un propriétaire acconvenance son domaine pour la première fois.

DÉTENTEUR. Le même que *colon* ou *tenancier.*

DOMAINE CONGÉABLE. C'est un contrat synallagmatique par lequel le propriétaire d'un héritage, en retenant la propriété du fonds, transporte et aliène les édifices et superfices, et cède précairement, et pour un tems limité, la jouissance de ce fonds, moyennant une certaine redevance annuelle, avec la faculté perpétuelle au bailleur de congédier le preneur à la fin de son bail, en lui remboursant préalablement les édifices, superfices et améliorations.

La qualification de *domaine congéable* dérive de la faculté imprescriptible qu'a toujours le propriétaire du fonds de congédier le colon ou domanier : *dominium migratorium ;* c'est ainsi que l'appèle d'Argentré. *Ideòque,* dit ce célèbre jurisconsulte, *congedialia dominia dicuntur, quia suo tempore migrare accipientes coguntur.*

DOMANIER est synonyme de colon. On l'appèle *domanier,* parce qu'il tient à domaine congéable.

DROITS CONVENANCIERS. Expression générique qui désigne tous les objets remboursables au colon congédié ou sortant, tels que les édifices, superfices, améliorations, réparations.

DROITS ÉDIFICIERS ou ÉDIFICIELS. On emploie ordinairement ces mots dans le même sens que droits convenanciers ; mais ils présentent une idée moins étendue. Ils désignent spécialement les édifices de la tenue remboursables au colon, tels que bâtimens, murs, fours, talus, fossés, turions, etc.

DROITS FONCIERS. Ce sont les droits du propriétaire du fonds, et qui consistent dans les rentes, corvées, faculté de congédier, etc.

DROITS RÉPARÉS ou RÉPARATOIRES font partie des droits convenanciers ; ils indiquent spécialement les améliorations et réparations faites par le colon. On les appèle *ré-*

parés ou *réparatoires*, parce qu'en les faisant, le colon a d'autant restauré, conservé, réparé la tenue. (1)

DROITS SUPERFICIAIRES ou SUPER-FICIELS, ont particulièrement rapport aux objets qui existent sur la superficie du fonds, et qui doivent leur existence à la culture de l'homme; tels sont, par exemple, les bois puinais, les arbres fruitiers, les récoltes sur pied, les tissus des prairies, les engrais, stucs, *scistes*, etc.

ÉCHUTE. Voyez *déshérence*.

ÉDIFICES. Ce mot, que l'on joint presque toujours à celui de *superfices*, indique les maisons et bâtimens construits sur le fonds concédé à domaine congéable; ils appartiennent au colon, et il lui en est dû remboursement lors de son congément ou de sa sortie de la tenue. Voyez *superfices*

ÉTAGER ou ÉTAGIER, est le colon logé, celui qui a des bâtimens sur la tenue; *non étager*, celui qui ne tient que des terres sans logemens. Voyez *tenue*.

EXPERTISE, est l'estimation des droits con-

(1) D'autres veulent que le mot *réparatoires* signifie *remboursables*, du verbe *réparer*, employé dans l'Usement de Cornouaille comme synonyme de *rembourser*.

venanciers faite pour parvenir au remboursement de ces droits ; elle comprend les édifices
et superfices, arbres fruitiers, engrais, réparations, améliorations, etc. Voyez *revue*.

EXPONSE, était le droit accordé au colon,
après le bail fini, de déguerpir la tenue trop
arrentée, en payant les arrérages échus de la
rente, et en abandonnant ses droits convenanciers. Aujourd'hui, le colon qui veut sortir de
la tenue peut exiger le remboursement de ses
droits. Voyez *remboursement*.

FAÇONS ou FASSONS. On rencontre ce
mot dans les anciennes baillées comme synonyme de *droits réparatoires*.

FÉAGE CONGÉABLE, est le nom donné
quelquefois au domaine congéable ; mais il ne
faut pas confondre ce mot avec le fief ou liai-
son de foi. Les notaires bas-bretons distin-
guaient trois sortes de *féages : le féage féodal*
ou diligence, appelé communément *feach an
dalc'h ;* le *féage congéable* ou acconvenance-
ment, *feach congeabl*, et le *féage* ou concession à rente censive ou foncière perpétuelle,
nommée *feach final*.

FONDS ou FONCIALITÉ, est la propriété
qu'a retenue le foncier en acconvenançant son

domaine plein, c'est-à-dire en séparant les édifices du fonds.

FONCIER. On nomme ainsi le propriétaire du fonds pour le distinguer du colon, qui est propriétaire des édifices et superfices.

GREVER LE FONDS ou LA TENUE, c'est bâtir des édifices plus que n'en comporte le fonds, et rendre le congément onéreux au foncier. (1)

HERBRÉGERIE, est un vieux mot qui désigne les logemens et édifices habités par le colon.

HÉRITAGE, est un bien dont le fonds et les édifices et superfices appartiennent au même propriétaire : ce mot signifie donc propriété opposée au domaine congéable. On le trouve cependant employé quelquefois pour édifices et superfices, ou droits convenanciers.

INNOVATIONS, NOVALITÉS ou NOU-VELLETES, sont les changemens ou grèvemens faits par le colon dans les édifices et superfices sans le concours du foncier.

JUVEIGNEUR, en quévaise et sous l'Usement de Rohan, était le dernier né des enfans

(1) Hévin se plaignait, de son tems, de la *malice* des colons, qui surchargeaient la tenue d'édifices, pour dégoûter les propriétaires de les congédier.

mâles du colon ou du quévaisier, qui succédait seul à la tenue paternelle, à l'exclusion de ses aînés. *Juveigneur*, du latin *junior* ou *juvenior*, le plus jeune.

LETTRES RÉCOGNITOIRES. Voyez *déclaration.*

MINEUR, le même que *juveigneur*. Voyez *juveigneur.*

NOUVEAUTÉS. Voyez *commissions.*

NOVALITÉS. Voyez *innovations.*

POUVOIR DE CONGÉDIER, est la baillée par laquelle le foncier cède à un tiers le pouvoir de congédier le colon détenteur. Le cessionnaire du congément devient, à ce seul titre, domanier des édifices et superfices. Voyez *baillée.*

PROPRIÉTAIRE, en domaine congéable, s'entend communément du propriétaire du fonds : le colon s'appèle aussi quelquefois propriétaire des édifices et superfices. Voyez *superficiaire.*

QUÉVAISE, était un droit féodal par lequel le plus jeune des enfans mâles du quévaisier, et à défaut de mâles, la plus jeune des filles, succédait au tout de la tenue, à l'exclusion des autres. Le mot *quévaise* répond assez à celui de *congéable ;* mais il n'a de commun que le nom avec la tenue convenancière. *Qué-vaise* vient du breton *qué-er-vez, va dehors.* C'est, dit Sauvageau, un quasi-droit d'expulsion ou de congé. En effet, le juveigneur restant seul maître de la tenue, à la mort de son père, en chassait en quelque sorte ses frères et sœurs, qui allaient former ailleurs de nouvelles habitations.

REMBOURSEMENT, est le paiement, de gré à gré ou à dire d'experts, des droits convenanciers. Le remboursement est réciproque; le foncier et le colon peuvent également le provoquer.

RENTE CONVENANCIÈRE. On appelle ainsi la redevance ou prestation, soit en argent, soit en denrées, qui forme le prix annuel d'un bail à domaine congéable : elle est due par le colon au foncier.

RÉPARATIONS. Voyez *droits réparatoires.*

REVUE, est une seconde expertise des droits convenanciers; elle peut être demandée par l'une ou l'autre des parties qui n'agrée pas le premier prisage.

SEIGNEUR, c'est la qualification donnée au foncier dans tous les usemens. Hévin appelle aussi le colon *seigneur superficiaire;* ce qui signifiait, à l'égard de l'un, qu'il était propriétaire du fonds, et à l'égard de l'autre, qu'il était propriétaire des superfices; mais ce qui ne disait, ni pour l'un ni pour l'autre, qu'ils eussent fief ou seigneurie. C'est dans le même sens que le simple propriétaire d'une ferme est dénommé *seigneur* dans l'Usement de Léon; c'est ainsi que la Coutume de Bretagne appèle le mari *le seigneur de sa femme*, et que, dans la Coutume de Paris, le propriétaire d'une maison ou d'une ferme est qualifié *seigneur d'hôtel, seigneur de métairie.*

SUPERFICES, sont les objets qui doivent leur existence à l'art et au travail ou à la culture de l'homme; et qui existent sur la superficie du fonds, de laquelle ils ont pris leur dénomination. Ce sont les murs de clôtures, fossés, engrais, bois puinais ou mort-bois, taillis, arbres fruitiers, et en général les améliorations utiles et permises.

SUPERFICIAIRE, est le colon propriétaire des édifices et superfices de la tenue. Voyez *seigneur.*

TAILLE ou TAILLIE. Ces deux mots sont employés indifféremment dans l'Usement de Cornouailles, pour indiquer la rente convenancière.

TENANCIER, le même que *colon*, celui qui tient ou manœuvre une tenue.

TÈNEMENT CONVENANCIER, est pour *tenue convenancière*.

TENUE ou TENURE, est le corps ou l'ensemble de tout ce qui est concédé au colon à titre de domaine congéable.

Quand la tenue a des logemens, on l'appèle *tenue étagée*, *herbrégée* ou *vêtue*, et lorsqu'il n'y a que des terres sans logemens, on la nomme *tenue non étagée* ou *par dehors*.

TENUYER. Ce mot, dérivé de *tenue*, est synonyme de *colon*, *tenancier*.

USEMENT, US, USANCES, COUTUMES, ont la même signification. Cependant il est reçu qu'on appèle *coutumes* les lois générales d'une province, et *usement* ou *usances*, les lois particulières de certains lieux. *Us* et *usement* viennent du latin *usus*, *usage* et *coutume*, qu'on prononçait *coustume*, des deux mots celtiques *coz stum*, *vieille habitude*, *ancienne manière d'être*.

Les usemens ont eu la même origine que les coutumes; les uns et les autres étaient, dans le principe, des usages non écrits, formés par les conventions, que les habitans d'un canton avaient accoutumé de passer entre eux. Avant

que les usemens fussent écrits, ils ne se con-
servaient que par la tradition des hommes de
loi, dont le témoignage était d'un grand poids
dans les contestations qui y avaient rapport.

La rédaction que nous avons des usemens
date tout au plus de la fin du xvi.ᵉ siècle.

VASSAL, se dit ordinairement d'un homme
de fief. On le voit cependant employé dans les
usemens, entre autres dans celui de Tréguier,
pour désigner le *colon*. C'est le *vassalus* de la
basse-latinité, et le breton *gwas-al* ou *ouas-al*,
autre homme, homme d'un autre.

NOTICE

SUR LES ANCIENS USEMENS

A DOMAINE CONGÉABLE.

L'ORIGINE des usemens n'est pas connue, et ne peut être que présumée. Roch le Bailli, médecin de Henri IV, prétend qu'ils nous viennent des Troyens, *desquels autrement*, dit-il, *ne sait-on l'origine.* (1).

Dufail avance qu'ils étaient en usage en Bretagne du tems que Jules-César était dans ce pays (2). Il se fondait sans doute sur le passage des Commentaires où César, en parlant des différens peuples de la Gaule, parmi lesquels se trouvaient aussi les Armoriques, dit qu'*ils différaient entre eux de langage, de lois, d'institutions* (3); et l'on remarque encore cette

(1) Petit Traité et sing. de la Bretagne armoricaine.
(2) Liv. 1.er, ch. 355.
(3) Cæsar, lib. 1.er, t. 1.

même différence dans les dialectes bretons et dans les divers usemens.

Mais l'opinion généralement reçue est que le domaine congéable date, en Bretagne, du v.ᵉ siècle, à cette époque où les Bretons insulaires, chassés de leur pays par les Juttes et les Angles, vinrent chercher un asile dans la Petite-Bretagne. Ils y furent reçus en parens et en amis (1); on leur donna, à des conditions franches et libres, des terres à défricher, et c'est de cette manière que s'établit le domaine congéable. (2)

Quatre principaux usemens régissent quatre grands cantons de la province; savoir : les Usemens de *Broërec, Cornouailles, Rohan, Tréguier* et *Goëllo.*

A ceux-là se rattachent d'autres usemens moins étendus, tels que ceux de *Corlay, Crozon, Léon* et *Daoulas, Poher, Porhoët* et *Relecq.* Nous allons en parler, en suivant l'ordre alphabétique.

(1) *Venerunt ad suos concives ad Armoricam.* Salfred, liv. 5, c. 16.

(2) On trouve dans Terrasson, Histoire de la Jurisprudence romaine, à la fin, p. 71, une sorte de baillée à convenant, passée près de Faïence, en 540. On y vend les édifices et superfices, et le fonds est donné à bail de vingt-cinq ans.

BROEREC (USEMENT DE). L'Usement de
Broërec remonte au v.ᵉ siècle. Alors régnait
dans le pays le roi *Erec*, qui lui donna son nom.
Bro-Erec, en breton, signifie *Pays d'Erec* (1).
Ce prince y bâtit un château dont on voit en-
core quelques vestiges entre Questembert et le
Petit-Molac.

L'Usement de Broërec s'étend du levant au
couchant, depuis la rivière de la Roche-Ber-
nard jusqu'à celle de Quimperlé, vingt-deux
lieues, et du midi au nord, depuis la mer jusqu'aux comté de Porhoët et vicomté de Rohan,
dix lieues.

Cet usement, tel que nous l'avons aujourd'hui, est extrait de deux enquêtes par
Turbes, faites en 1570, par MM Eustache de
la Porte et Julien Tituau, conseillers au Parlement (2). On y joignit dans la suite un supplément tiré des Mémoires de Jean Sabraham

(1) D. Morice, Hist. de Bretagne, t. 1; Desfontaines
1.ᵉʳ, p. 9. On a confondu mal à propos Erec avec Guerec, comte de Vannes, au vi.ᵉ siècle. Le roi Erec vivait en 472, et Guerec en 579.

(2) Comme les usemens n'étaient pas rédigés par écrit,
toute la ressource, lorsqu'il naissait des différens, était
d'entendre des témoins pour assurer les usemens et pour
en expliquer la pratique.

Gatechair, avocat au présidial de Vannes, en 1659.

Un des plus grands bienfaits de l'Usement de Broërec, est de nous avoir donné, en une seule année, une ville importante, celle de Lorient, qui lui doit son port et son existence.

CORLAY (USEMENT DE). Cet usement n'a qu'un ressort fort étroit; il se compose de quelques hameaux épars, qui suivaient anciennement le pur droit de quévaise. Ce droit s'est changé insensiblement en domaine congéable à l'Usement de Cornouailles et à celui de Rohan. (1)

CORNOUAILLES (USEMENT DE). Il régit tout l'ancien diocèse de Quimper, et quelques parties de celui de Léon. (*Voyez Léon*). Il fut soumis à la révision des réformateurs de la Coutume, en 1580. Cet usement contient trente-cinq articles.

Julien Furic, sieur du Run, avocat distingué, publia, en 1644, un Traité sur l'*Usement de Cornouailles,* Paris, in-4°. Ce Traité reparut à Rennes en 1664, même format Il existe encore sur cet usement *le Traité des Usemens*

(1) Art. 33 de Cornouailles.

ruraux de Basse - Bretagne, par M. Girard, avocat à Quimper, 1774, in-8.°

Outre l'Usement de Cornouailles, on suivait autrefois, dans ce comté et dans le pays de Léon, les droits de motte et de quévaise (1). Le droit de motte s'appelait *la Coustume et condition de Rivelen*. (2)

CROZON (USEMENT DE). Dans la terre de Crozon, les vassaux de Rostender étaient sujets au droit de motte, qui fut converti en rentes féagères et en droit convenancier par un des ancêtres du maréchal de Châteaurenaud. Le droit de motte était un reste de l'ancienne législation romaine sur les serfs, taillés et main-mortables (3), tellement qu'on suivait en Bretagne, à cet égard, tout le titre au Code *de agricolis et censitis.*

(1) Ce droit de motte était observé anciennement à Guiler, près Brest. (Pet. Cout. de Gaisne, p. 211).

(2) La terre et l'antique château de Rivelen doivent leur nom à *Rivelen Murmapcon*, fils aîné de *Conan-Meriadec*, et premier comte de Cornouailles, vers l'an 421. Desfontaines 1.er, p. 6. Voy., sur la Coutume de Rivelen, D. Mor., pr. 2, col. 99, 100, 849.

(3) *Ressentant le joug romain*, dit l'art. 35 de Cornouailles.

LÉON ET DAOULAS (usement de).
L'art. 1.er de cet usement déclare que la ferme muable, ou de neuf ans, y est *universelle*. On y voit cependant quelques tenues à domaine congéable, sur lesquelles il est bon de remarquer que la partie de Léon qui avoisine la Cornouailles suit l'usement de ce comté, et que celle qui confine au pays de Tréguier est régie par l'Usement de Tréguier.

On a voulu savoir pourquoi le pays de Léon n'avait pas, dans l'origine, adopté le domaine congéable. La raison que l'on en peut donner, c'est que, lors de la création du bail à convenant, on n'y avait soumis que les régions et les terrains incultes, et qu'à cette époque, et longtems auparavant, le pays de Léon était bien cultivé.

Ce canton fertile est l'ancienne patrie des *Léoniens,* que César met au rang des cités armoriques (1). Les *Léoniens* faisaient partie des *Ossimiens*, fondateurs des *Œstymiens* de Germanie, qui, du tems de Tacite, parlaient encore la langue bretonne (2). Les *Œstymiens,* à l'exemple de leurs ancêtres, s'adonnaient à l'agriculture et au jardinage. (3)

(1) Cæsar, lib. 7, c. 75.
(2) Tacit. in Germ., c. 45.
(3) *Ibid.*

POHER (USEMENT DE). Les limites de cet ancien comté ne sont pas plus connues que celles de l'archidiaconé du même nom, qui dépendait jadis de l'église de Cornouailles. On peut, dit M. Girard, comparer son usement à ce qu'on appelait *fief en l'air*. Il n'en existe aucune preuve écrite, si ce n'est dans quelques baillées qui se fournissent aux environs de Châteauneuf et de Carhaix.

Cet usement fut présenté aux commissaires réformateurs, en 1580. On lit dans leur procès-verbal : « Autre cahier intitulé *Sommaire déclaration que fait le senechal de Karhaye de l'usance observée de tout temps au terrouer de Poher pour les détempteurs de tenues à titre de convenant franc et congeable* (1) ». Cet usement a été confirmé par deux arrêts en faveur de M. Ferret, conseiller au Parlement.

L'Usement de Poher paraît le même que celui de Cornouailles (2), à cette différence près qu'en Poher le congédié paie les frais du congément, au lieu que, dans les autres usemens, ils sont toujours supportés par le congédiant.

_____

(1) Baudouin, t. 2, p. 269.

(2) Et non pas de Tréguier, comme ledit M. Baudouin, t. 1, p. 27. (Note de M. Desnos).

PORHOET (usement de). Duparc et Baudouin semblent croire que cet usement n'a jamais existé (1). Nous trouvons cependant qu'il fut soumis aux réformateurs en 1580. « Autre cahier intitulé *Usemens observés en la comté de Porhouët pour les tenues baillées par leur seigneur à leurs hommes à domaine congéable* ». (2)

L'erreur de ces deux jurisconsultes vient de ce qu'ils ont confondu l'usement convenancier de Porhoët avec un autre usement de ce comté sur les successions, qui fut également soumis aux réformateurs, et dont M.ᵉ Duparc a rétabli le texte dans son Journal du Parlement, t. 1.ᵉʳ, p. 588. C'est sur ce dernier usement que M. Élie de la Primaudaie a fait un petit commentaire ayant pour titre : *Observations sur le comté de Porhoët, et sur l'Usement de ce même comté,* Rennes, 1765, in-8.º Il n'y parle point de l'usement convenancier, dont nous n'avons aucun texte. Tout ce qu'on sait de cet usement, c'est qu'il est absolument le même que celui de Tréguier, et que, suivant Hévin, *l'Usement de Tréguier est aussi appelé de Porhoët.* (3)

---

(1) Princ., t. 3, p. 37; Inst. conv., t. 1, p, 18, à la note, et p. 26 et 27.

(2) Baudouin, t. 2, p. 268.

(3) Consult. 104, p. 478.

L'étymologie du nom de Porhoët est connue. Ce nom vient de trois mots bretons, *Pou-tré-coët*; c'est-à-dire *pays d'outre-forêt, pagus trans sylvam* (1). La Bretagne était divisée autrefois en deux parties, l'une appelée *Argouët*, ou *le Terrain des Bois*, l'intérieur du pays, et l'autre *Armor, la mer*, ou les côtes maritimes, d'où le nom d'*Armorique*. En 540, une vaste forêt s'étendait depuis Gaël jusqu'à Corlay (2) : on en suit encore les traces sur la carte de Bretagne. C'est au domaine congéable et aux anciens monastères que l'on doit le défrichement d'une grande partie de ce terrain.

RELECQ (USEMENT DE). Le ressort de cette abbaye, située dans le diocèse de Léon, vers les montagnes d'Aré, s'étendait dans les paroisses de Plounéour-Ménez, Consmanna, Plourin, Berrien et autres.

On y vivait, depuis un tems immémorial, sous le régime de quévaise (3), qui, par lettres-patentes de Henri III, du 22 janvier 1575, et par arrêt du Parlement, de 1659, fut commué

___

(1) Lobineau, Vies des SS. de Bret., p. 139 et 157.

(2) Lobin., *ibid.*; Ogée, v.° Gaël.

(3) Comme aussi dans l'abbaye de Bégars, en Tréguier, et dans la commanderie du Palacret.

en titre de cens et de rachat. Ce dernier arrêt
de 1659 n'avait été obtenu, dit-on, que pour
rendre inutile une enquête par Turbes, du mois
d'avril 1641, suivant laquelle cinquante-six vassaux de l'abbaye avaient dû demander *à vivre
et à mourir sous l'usement de quévaise*. Quoi
qu'il en soit, il fallait que cette législation pré-
sentât bien des difficultés, puisque la seule
abbaye du Relecq avait, en 1774, seize procès
pendans au Parlement contre ses vassaux qué-
vaisiers, et deux en sa jurisdiction du Relecq.

Cet usement de quévaise, dont on trouve le
véritable texte dans le Journal du Parlement,
t. 5, p. 589—591, s'est changé depuis en simple ferme et en droit convenancier. (1)

Le nom de Relecq est tiré du mot latin *reli-
quiæ*, reliques, dont on a fait le breton *releg*,
relegou. Abattia de reliquiis. (2)

ROHAN (usement de). L'Usement de Rohan régit les territoires des anciennes jurisdictions de Rohan, Corlay, Pontivy, Baud et

(1) Art. 33 de Cornouailles; art. 12 de Léon, pour
l'ancien droit de quévaise, usité dans les cantons de
Kerjan et de Lanven, en Saint-Vougay, près Saint-
Pol-de-Léon.

(2) Rostrenen.

quelques autres inférieurs. Pontivy en est le chef-lieu.

Cet usement contenait une disposition remarquable, et en même tems fondamentale : il déférait la tenue, en succession directe, au dernier né des enfans mâles, et s'il n'y avait que des filles, à la plus jeune. (1)

Montesquieu pense que ce droit d'aînesse, donné au juveigneur, « est une loi pastorale » venue de quelque petit peuple breton, ou » portée par quelque peuple germain ». (2)

Cet usement reçut aussi la sanction des commissaires réformateurs, en 1580.

Il a paru deux commentaires sur Rohan; le premier, par Caris, procureur fiscal de Bignan et Kerméno, 1750, in-4.º, 38 pag.; le second, par M. le Guevel, avocat (aujourd'hui juge de paix) à Josselin, Rennes, 1786, in-12. M. Géorgelin, sénéchal de Corlay, en 1789, avait aussi rédigé un commentaire sur le même usement, mais il n'a pas été publié. A la suite se trouvaient trente-cinq vers techniques sur les trente-cinq articles de l'usement. Nous transcrirons ici cette pièce, qui présente au moins le mérite de la difficulté vaincue. Elle a pour

(1) C'est aussi la disposition de l'art. 6 de quévaise.
(2) Esp. des lois, l. 18, ch. 21 ; Duparc, t. 3, p. 34.

épigraphe : *Pour le bonheur d'un seul, fit le malheur de tous.*

ART.

1.er Le seigneur a le fonds, et l'homme l'édifice.

2. L'homme n'a rien de plus, sans un titre en justice.

5. L'homme mourant sans hoirs, le bien tombe au seigneur,

4. Si le décédé n'a sœur ou frère mineur.

5. Nulle part n'ont au bien cousins, oncles ou tantes.

6. Le seigneur a sa cour, en vertu de ses rentes.

7. Chaque nouveau vassal doit fournir un aveu.

8. Il rend pour ses dépens, bois, sel, vin, au chef-lieu;

9. Subit son congément, d'après l'égal prisage,

10. Suit la revue en l'an pour qui souffre dommage.

11. Le seigneur a le droit d'assurance en six ans :

12. L'homme ne peut, sans lui, changer ses bâtimens.

13. Il a l'arbre fruitier, et non le bois d'ouvrage.

14. Il jouit du congé, pour le droit de terrage.

15. Tuteur ne met dehors, sans l'avis des parens ;

16. Veuve, sans le seigneur, n'exerce congémens.

17. Le juveigneur est seul à cueillir la tenue :

18. La juveigneure aussi, de frères dépourvue.

19. Le bien est divisé, sans l'avis du seigneur.

20. L'enfant mâle mineur est premier juveigneur :

21. Les aînés partagés, son second choix commence.

22. Ont les aînés mineurs part à la jouissance.

23. Le meuble est partageable aux enfans d'un lit nés.

24. Meubles sont les engrais, et communs aux aînés.

25. En la moitié du tiers le douaire consiste ;

26. Il faut, pour en jouir, qu'un veuvage subsiste.

27. Deux douaires, au fonds, on ne peut cumuler.

28. L'homme ayant un enfant, fait son fonds circuler ;

29. Mais qui vend, sans enfans, fraude la déshérence.

3o. D'affermer pour neuf ans l'homme a pleine puissance.

31. L'homme peut librement à l'hymen s'engager.

32. S'il vend, les siens n'ont pas le retrait lignager.

33. Dès septembre, chaque homme, en grains paie ses rentes.

34. Ses dettes ne sont pas à son bien inhérentes.

35. On a droit d'annexer différens biens en un.

Ces vers peignent d'un trait leur article chacun.

TRÉGUIER ET GOELLO (USEMENT DE).

Il comprend le diocèse de Tréguier, tout l'ancien comté de Goëllo (1), Paimpol, Lanvolon, Quintin, Pordic, et plusieurs autres cantons

(1) Goëllo, du breton *coët-lo*, *bois du lot*, bois sur la rivière du Lo. Ce pays s'étend depuis le Trieu jusque vers Saint-Brieuc.

dans les diocèses de Saint-Brieuc, Dol, Quimper, et même Léon. (*Voyez Léon*).

Le procès-verbal des commissaires fait foi qu'on leur avait présenté, en 1580, *les usances locales observées ès eveschés de Saint-Brieuc et de Tréguier, comté de Gouello et de Quintin*; mais ce travail ne nous est pas parvenu. L'Usement de Tréguier est de tous ceux de la province le dernier qu'on ait entrepris d'écrire. Hévin atteste qu'en 1678 il n'y avait encore eu aucune rédaction des Usemens de Broërec et de Tréguier; que même, pour Tréguier, il n'y avait aucun mémoire (1). Enfin parut Rosmar, avocat, originaire de ce pays, qui rédigea, vers 1680, un *Traité des domaines congéables à l'Usement de Tréguier et comté de Gouello*. Ce Traité ne fut, dit-on, connu que vers 1722; mais nous trouvons une note d'Hévin, qui constate que l'ouvrage de Rosmar avait été imprimé à Rennes, chez Denis, avant 1692. Ce Traité a formé, depuis, le texte de l'Usement; et quoique ce ne soit que le travail d'une personne privée, on l'a suivi dans la plupart de ses dispositions, parce qu'elles sont conformes à l'usage. (2)

(1) Consult. 104.
(2) Duparc, Princ., t. 5, p. 197.

Nous avons un Commentaire sur l'Usement de Tréguier et Goëllo, par M. Baudouin-Maisonblanche, avocat à Lannion (1); il a pour titre: *Institutions convenancières*, Saint-Brieuc, 1776, 2 vol. in-12.

C'est cet ouvrage que l'on consulte le plus ordinairement, et avec raison, parce qu'il est le seul qui présente des notions générales et des principes que l'on peut, jusqu'à un certain point, considérer comme *de droit commun* en matière de *domaines congéables*. (2)

(1) Mort dans cette ville en 1812.

(2) Les Instituts de Baudouin se trouvent dans toutes les bibliothèques des jurisconsultes bretons : c'est pour cette raison que, sur la demande d'un grand nombre de MM. les souscripteurs, nous avons fait imprimer dans le même format ce petit ouvrage, destiné naturellement à faire suite à celui de notre estimable devancier.

INTRODUCTION

A L'ÉTUDE DES LOIS RELATIVES

AUX

DOMAINES

CONGÉABLES

ET

COMMENTAIRE

DE CELLE DU 6 AOUT 1791,

~~~~~

Ire PARTIE.

Introduction.

TITRE Ier.

Origine et Nature du Domaine congéable. —
Actes qui l'établissent.

1. IL existe de tems immémorial, dans
cette partie de la ci-devant province de
Bretagne que couvrent aujourd'hui les

trois départemens des *Côtes-du-Nord*, du *Morbihan* et du *Finistère*, un genre de contrat ou de tenue de fonds ruraux (1) appelé *Bail à convenant*, ou *Bail à domaine congéable*.

2. On a donné pour origine à ce contrat, inconnu non seulement dans les autres provinces du royaume, mais même dans le surplus de la Bretagne, composé des départemens d'Ille et Vilaine et de la Loire-Inférieure, les émigrations fréquentes des Bretons insulaires dans l'Armorique, depuis le IIIe. jusqu'au VIe. siècle, et particulièrement dans le IVe. et le Ve. (2).

3. Il est vraisemblable, en effet, que les propriétaires des terres, naturels du pays ou autres, ne voulurent pas s'en exproprier *gratuitement*, ou ne purent les vendre à des fugitifs sans moyens;

(1) On verra ci-après que les héritages *urbains* peuvent aussi devenir l'objet de ce contrat.

(2) Histoire de Bretagne, par D. Morice, t. 1er, p. 6 et suivantes.

que ceux-ci, de leur côté, ne voulurent point se rendre *serfs* ni s'attacher à la glèbe, ce qui était alors le sort du plus grand nombre des cultivateurs.

4. Ces difficultés réciproques purent faire naître l'idée d'un contrat mixte, qui pût conserver aux propriétaires du fonds leur propriété, aux nouveaux venus leur liberté, et qui, en même tems, fît trouver à ces derniers la récompense de leurs travaux dans *la jouissance* des terres qu'ils défricheraient, ou dans *le remboursement* du prix de leurs améliorations, lorsque le propriétaire voudrait reprendre son fonds.

5. Cette convention a toujours subsisté la même depuis treize ou quatorze siècles, parce qu'un tel arrangement s'est trouvé, dans tous les tems, favorable aux intérêts respectifs des propriétaires et des colons, et au bien de l'agriculture.

6. Un marin entreprend un voyage de long cours; un guerrier est obligé de

s'absenter pour la défense de la patrie; un négociant est forcé, pour suivre son commerce, de s'éloigner de ses possessions; un propriétaire veut s'affranchir de frais d'entretien et de réparations qui lui sont onéreux; mais aucun ne veut abandonner sa propriété par une aliénation absolue : tous s'arrêteront nécessairement à un mode de jouissance qui leur épargne tous les embarras de l'administration de leurs biens, et, en les dispensant des réparations, leur donne la certitude que les bâtimens seront entretenus, les terres bien cultivées, et que la portion des fruits qu'ils se réservent leur sera exactement payée, sans avoir à craindre aucune insolvabilité.

7. Or, le bail à convenant est la seule convention qui puisse leur garantir ces avantages. *C'est un bail à ferme d'un fonds, consenti à un colon pour un tems déterminé* (1), *avec une vente ou engage-*

_____

(1) Ordinairement de six ou neuf ans.

ment pour le même tems des *édifices et superfices qui existent sur ce fonds.*

Le propriétaire y stipule, en sa faveur, un fermage annuel et modique ; il se réserve *expressément* la propriété de son fonds, et le droit de congédier ou expulser le colon à la fin du tems convenu, en lui remboursant, suivant leur valeur à dire d'experts, le prix de ses édifices et superfices, c'est-à-dire, des bâtimens et de tous les objets que l'art, la culture et le travail de l'homme ont élevés sur la superficie du sol. (1)

Ainsi se trouvent réunis et l'intérêt du propriétaire, qui est déchargé par là de tous soins de réparation, d'entretien, d'amélioration, et celui du colon, qui, jouissant de la tenue pour une prestation annuelle ordinairement très-légère, associé pour ainsi dire à la propriété, fortement intéressé à la rendre produc-

---

(1) Voyez au Vocabulaire les définitions plus développées de ces mots *bail à convenant, édifices* et *superfices.*

1*

tive et florissante, recueille, par le remboursement de ses avances et de ses travaux, tous les avantages qu'il en retirerait, si lui-même en avait réellement le domaine.

8. Ces heureux résultats sont confirmés par l'expérience, et s'il est un fait incontestable, c'est que les pays où ce genre de contrat est établi se distinguent éminemment par une plus grande perfection dans la culture, et sur-tout par une plus grande aisance répandue parmi les cultivateurs. (1)

(1) Que l'on parcoure en effet les propriétés à domaine congéable, on y distingue, au premier coup-d'œil, le convenant des autres biens tenus à ferme, et la raison en est également simple et palpable. L'agriculteur, pendant qu'il est colon d'une tenue, se considère comme associé à la propriété; il a toujours intérêt à la bonifier. Bien différent du simple fermier, qui, sachant qu'il doit être expulsé, dégrade trop souvent pour nuire au propriétaire et au fermier qui le remplace, le colon qui voit approcher l'expiration de son bail redouble de travail pour améliorer ses édifices et superfices. Plus ils ont de valeur, plus il est difficile de le congédier à cause du remboursement qu'on lui doit; et s'il est congédié, il reçoit, comme nous l'avons dit, le prix de ses amélio-

9. De la définition que nous venons de donner du bail à convenant (n°. 7), il résulte que trois choses en forment la substance,

1°. *Rétention de la propriété foncière ou directe* de la part du propriétaire, que l'on nomme par cette raison *propriétaire foncier* ;

2°. *Acquisition des édifices et superfices,* avec faculté de jouir du fonds en payant une rente annuelle, de la part du preneur, que l'on nomme *domanier* ou *colon;*

3°. Faculté de *congédier*, autrement d'expulser le colon, en le remboursant des édifices et superfices ; condition propre et spéciale, qui a fait donner à la chose le nom de *domaine congéable.*

rations. Le simple fermier qui est forcé de quitter la terre, sort souvent les mains vides ; le colon laborieux s'est nécessairement enrichi. Aussi la société d'agriculture de Paris, consultée, en 1791, sur la question de savoir s'il convenait de maintenir le bail à domaine congéable, s'empressa-t-elle d'en proclamer l'évidente utilité, et de manifester son vœu pour sa propagation, sur-tout dans les lieux où il y a des terrains à défricher.

. Il suit de là (1) que ce contrat est un acte mixte, dans lequel *la convention de louage prédomine, en ce que la vente des édifices et superfices est résoluble.*

10. Mais ce serait une source d'erreurs que de conclure de cette dernière observation que ce contrat dût, *même aujourd'hui,* (2) être *en tous points* assimilé à un bail à ferme. Il est évident qu'il participe de la nature de plusieurs espèces de contrats, et en diffère sur plusieurs points, ainsi que l'établit d'Argentré, sur l'art. 299 de la Coutume, f°. 1308. « Il n'est point proprement, » dit ce grand jurisconsulte, *vendition ni* » *location, conduction ni emphythéose, su-* » *perficie ni censive;* il tient quelque chose » de tous ces contrats connus en droit » civil, mais il diffère de tous. » (3)

(1) Voyez Hevin, 104.e consultation sur la Coutume, p. 477.

(2) Cette proposition recevra souvent son application dans le commentaire.

(3) Hevin, 104.e consultation, p. 478.

La loi de 1791 n'autorise point à le considérer autrement, c'est-à-dire, comme un bail à ferme, en ce qu'elle autorise (art. 6) le colon à exiger son remboursement. Cette faculté est, à la vérité, une dérogation aux principes qui constituent *la substance* de l'acte, mais elle ne l'a pas changée, puisqu'il reste toujours vrai que la prestation annuelle est constamment disproportionnée avec les revenus, et qu'il est aujourd'hui reconnu que le colon peut *renoncer* à exiger ce remboursement, qui, par conséquent, n'est qu'une chose *accidentelle* et non substantielle d'un contrat, qui reste *régulier* malgré cette renonciation.

Il suit de là que les principes concernant le bail à ferme ne doivent être appliqués au bail à convenant qu'autant qu'il est possible de le faire sans altérer sa substance.

11. C'est dans la convention de deux ou plusieurs parties, sur les trois choses

qui forment cette substance du contrat,
que consiste le *titre primitif* par lequel
s'établit *le domaine congéable*, et que
l'on appèle, comme nous l'avons dit,
bail à domaine congéable ou *bail à convenant.* (1)

12. Nous disons *le titre primitif*, parce
qu'à l'expiration du tems convenu, les
parties peuvent renouveler leur convention, ou que le foncier, en donnant à
un autre colon le pouvoir de congédier
celui qui est en jouissance, lui accorde
la tenue pour le tems dont ils convien-
nent.

De là un second acte que l'on nomme
baillée ou *assurance*, et qui ne renferme
que le même genre de convention contenue dans *le bail primitif*, sauf diminution ou augmentation de la redevance
ou rente convenancière. (2)

Mais lorsque le prix du bail n'est pas

(1) Voyez la définition développée au Vocabulaire.

(2) Voyez aux mots *assurance* et *baillée*.

augmenté, la baillée contient assez ordinairement *un engagement* du preneur
de payer, en outre de ce prix, une
somme d'argent à titre de pot-de-vin,
pour l'assurance de la continuation du
bail. Ce sont ces engagemens que l'on
appèle *commissions* ou *nouveautés*. (1)

TITRE II.

Des Usemens et de leur force obligatoire.

13. On peut facilement présumer que
dans le principe *le bail à convenant* contenait tous les détails propres à déterminer, entre les parties, l'étendue et
l'effet des deux principales conventions
qu'il contenait. De là, il s'était formé
une espèce d'usage particulier à chaque
canton. D'un autre côté, l'exécution des
conventions avait donné lieu à des ques-

(1) Voyez le Vocabulaire, au mot *commission.*

tions que les tribunaux décidaient, et qui formaient un second ordre d'usages.

14. Ce sont ces usages, quant aux stipulations ordinaires et quant aux règles qui en devaient régir l'effet, qui ont été mis par écrit, et qui ont reçu la dénomination d'*Usemens*, expression proprement synonyme de *Coutumes* ou *Lois* usitées en chaque pays, mais dont on se servait particulièrement pour désigner des lois propres à certaines parties d'une province, par opposition au mot *Coutume*, qui était réservé pour indiquer les lois *générales* de cette même province.

15. On comptait quatre principaux usemens connus sous la dénomination des cantons dont ils renfermaient les usages, SAVOIR :

1°. L'Usement des cantons de *Tréguier* et *Goëlo ;*

2°. Celui de *Cornouailles ;*

3°. Celui de *Broërec ;*

4°. Celui de *Rohan.*

Les trois premiers avaient les plus

grands rapports entre eux ; mais le dernier, quoiqu'on y retrouvât la substance du domaine congéable, différait des autres en ce qu'il renfermait, sur la *deshérence* ou reversion conventionnelle, les lods et ventes, et quelques autres objets dont nous parlerons par la suite, des singularités qui ont été abolies, même *pour le passé,* par la loi du 6 août 1791.

16. Les autres étaient l'Usement de *Pohaër* ou Poher, qui n'était proprement que celui de Tréguier, à la différence qu'en Poher le congédié payait les frais de congément, celui de *Porhouet,* et enfin celui de *Léon* et *Daoulas.*

17. On a dit et mille fois répété que ces usemens n'ont jamais eu le caractère de lois ; que si l'on excepte celui de *Broërec,* extrait de deux enquêtes par Turbes, faites en 1573, en vertu d'arrêt du Parlement de Bretagne, et qui n'avait d'autre autorité que celle qu'il pouvait tenir de ces enquêtes juridiques, tous les autres n'étaient que l'ouvrage de

quelques particuliers, et ne pouvaient être regardés que comme *une collection privée* des usages connus.

On convient que des collections faites par des hommes privés n'ont point, à proprement parler, un véritable caractère légal; mais les usemens des domaines congéables ont eu la même source que toutes les Coutumes de la France : ils étaient, comme nous l'avons dit, le résultat de l'usage et des stipulations le plus communément insérées dans les baux à convenant.

Ainsi, considérés comme l'expression des antiques usages du pays, et d'ailleurs solennellement approuvés lors de la réformation de la Coutume générale, en 1580, (1) les recueils rédigés pour

(1) L'art. 636 de l'ancienne Coutume les avait indirectement sanctionnés, en ordonnant que les droits particuliers patrimoniaux et héréditaires non écrits dans cette Coutume, seraient cependant observés à l'avenir comme ils l'étaient *par le passé.* Or, les domaines congéables, qui constituaient essentiellement des droits de cette nature, avaient été *jusque là* régis par les usages,

les constater, et éviter aux contractans
la peine de les répéter dans leurs conventions, formaient donc, quoiqu'ils ne
fussent pas extérieurement revêtus de
la sanction législative, *un droit non écrit,*

DUFAIL, LESRAT, D'ARGENTRÉ, citent plusieurs arrêts
rendus en conformité des *usemens* des domaines congéables, dans l'espace intermédiaire de 1539 à 1580, époque
de la réformation (voyez Baudouin, t. 1.er, p. 10) : ces
usemens étaient donc dans toute leur vigueur, quoique
l'ancienne Coutume n'en eût point fait mention, par la
raison que des contrats du droit des gens n'ont pas nécessairement besoin d'être autorisés par une loi expresse
et spéciale. L'art. 684 de la nouvelle Coutume contenait la
même disposition générale que l'ancienne, et si les commissaires réformateurs n'avaient pas, on ne sait par quel
motif, si ce n'est qu'ils se pressèrent de terminer leur
mission, négligé de statuer définitivement sur les différens cahiers, requêtes et mémoires qui leur furent représentés en 1580, on ne peut douter qu'ils n'eussent expressément sanctionné ces usages. Ils ordonnèrent néanmoins,
par forme de provision (art. 541), *que ceux qui préten-*
daient les droits de convenant et domaine congéable en
jouiraient et useraient comme ils avaient fait au tems
passé, bien et dûment; c'est-à-dire, évidemment, *d'après*
les usemens qui contenaient les règles universellement
admises de cette jouissance et de cet usage. Il est donc
démontré que les Usemens, quoique non réunis dans
une compilation expressément autorisée, avaient au
moins indirectement reçu la sanction du législateur.

auquel il n'était pas possible de refuser la même autorité, jadis attribuée
à toutes les Coutumes, dans les tems
qui avaient précédé leur rédaction légale.

18. C'est ici le lieu d'examiner l'importante question de savoir si ces *lois*
locales, et qui avaient été constamment
appliquées comme *telles* jusqu'à la publication de la loi du 6 août 1791, ont
été *entièrement* abolies par cette loi.

Nous devons le dire, c'est l'opinion la
plus générale. Elle semble avoir été partagée par la plus grande partie des orateurs qui ont parlé sur le projet de la loi
du 9 brumaire an 6 (1), et être consacrée
par nombre d'arrêts de la Cour royale de
Rennes, qui en ont fait la base de leurs
décisions dans une foule d'espèces particulières. Nous oserons cependant soumettre aux méditations des magistrats et

(1) Voyez ci-après le commentaire sur l'art. 1.er
n.º 4, à la note.

des jurisconsultes, les raisons de douter que cette abrogation soit absolue.

Et d'abord, l'abrogation d'une loi ne peut résulter que d'une disposition d'une loi postérieure qui la prononce formellement, ou qui est tellement contraire à la loi antérieure, ou inconciliable avec elle, que celle-ci ne puisse être exécutée sans rendre l'autre sans effet.

Si donc aucune disposition des lois nouvelles actuellement en vigueur, en matière de domaines congéables, n'a prononcé formellement l'abrogation des usemens, si elles n'ont qu'apporté des modifications à certaines de leurs dispositions, on doit en conclure que les dispositions conciliables avec ces modifications doivent être combinées avec celle-ci pour former la loi des parties, en tout ce qui ne serait pas réglé différemment par de nouvelles baillées.

Or, la loi de 1791, art. 1.er, ne semble avoir eu en vue d'abolir les usemens qu'en ce qui serait contraire aux règles établies

2 *

par les articles suivans, dont l'objet a été
de supprimer tout ce qui, dans les dispositions de ces lois locales, ne se trouvait
pas en harmonie avec les lois qui avaient
aboli la féodalité.

Si, en effet, l'on consulte le texte de la
loi, on remarque que l'art. 1ᵉʳ. est le seul
qui ait parlé de l'abolition des usemens,
et cette abolition ne peut s'entendre que
des dispositions qui seraient contraires à
cette loi, puisque l'article porte que *les
baux à convenant continueront d'être exé-
cutés, mais seulement sous les modifications et conditions* CI-APRÈS EXPRIMÉES, *et
ce nonobstant les Usemens de Rohan, Cornouailles, etc., et tous autres qui seraient
contraires aux règles* CI-APRÈS EXPRIMÉES,
lesquels *Usemens*, ajoute la loi, sont, A
CET EFFET, et demeurent abolis *à partir du
jour de la publication* du présent décret.

Il nous semble résulter évidemment
de ces mots, A L'EFFET, que le législateur
n'a voulu dire autre chose, si ce n'est que
tous les usemens qui seraient contraires

aux règles établies par la loi nouvelle sont abolis, A L'EFFET que les *modifications* et *conditions* qu'elle renferme puissent avoir leur exécution.

C'est là, sans doute, une *dérogation* aux lois antérieures, mais, sans contredit, ce n'est point une abrogation entière et absolue.

Qu'on lise les articles suivans, et l'on verra que les art. 2 et 4 abrogent *diverses dispositions* des usemens ; ce qui suffirait pour prouver qu'ils ne sont pas abolis dans leur totalité.

Enfin, les art. 5 et 7 paraissent lever toute incertitude :

Le premier porte formellement que les propriétaires fonciers pourront, *d'après les seuls usemens*, exiger que les grains soient transportés par le domanier à une certaine distance.

Le second renvoie *aux usemens* pour les distinctions du fonds et des édifices (1).

(1) Ce qui, dans notre opinion, achèverait de prouver que les *usemens* n'ont point été entièrement abrogés par

Concluons donc que si l'on a pu dire
que la loi de 1791 est le *Code des domaines
congéables,* c'est parce qu'elle est la loi
principale; mais elle n'en forme pas le
Code complet, s'il est vrai, comme nous
le pensons, qu'elle n'a modifié les usemens qu'en ce qui avait rapport à la féodalité.

Dira-t-on que l'art. 13 de cette loi dispose *qu'à l'avenir les conventions des parties seront la seule règle* qui détermine *leurs
droits respectifs ?*

Mais cet article ne fait autre chose
qu'établir la liberté des conventions entre le preneur et le bailleur; il n'a pas
pu interdire aux parties ou aux juges de

la loi de 1791, c'est qu'ils ne l'ont été momentanément
que par la loi du 27 août, 7 septembre 1792. En effet,
l'art. 1.er de cette loi porte : « La tenure convenancière
» ou à domaine congéable est abolie. *Les coutumes lo-
» cales qui régissent cette tenure,* sous le nom *d'use-
» mens,* sont *abrogées* ». Cette loi ayant été rapportée
(voyez ci-après), les usemens ont donc continué de
régir la tenue à domaine congéable, sauf les modifications apportées par la loi du 6 août, remise en vigueur
par celle du 9 brumaire an 6.

recourir à l'usage des lieux pour interpréter leurs conventions, et suppléer au
silence qu'elles auraient gardé sur des
points qui étaient de la nature de leur
contrat, et qui par conséquent doivent
y être sous-entendues, suivant la maxime *in contractibus veniunt quæ sunt mo-
ris et consuetudinis.*

Décider autrement, ce serait admettre
au droit commun et aux principes généraux de tous les contrats, une dérogation
qu'on ne peut pas supposer.

Ainsi puisque, conformément à l'article 1160 du Code civil, il devient nécessaire de suppléer dans le bail à convenant,
comme dans tous les autres contrats, les
clauses qui y sont d'usage, quoiqu'elles
n'y soient pas exprimées, comment pour-
ra-t-on mieux connaître ces usages qu'en
recourant aux usemens qui les ont cons-
tatés depuis des siècles ?

Par exemple, en supposant que, dans
une nouvelle baillée, on se soit borné à
fixer la quotité de la rente et la durée du

bail, n'est-ce pas d'après les usemens qu'on réglera toutes les autres clauses qui auront été omises et qui tiennent à la nature du domaine congéable ? qu'on déterminera quels sont les objets qui composent les droits édificiers ou ceux qui font partie du fonds ; de quelle manière doit être fait le prisage en cas de congément ; si le domanier est responsable des arbres fonciers ; s'il peut construire de nouveaux édifices , etc. etc. ?

19. Telle est, suivant nous, la force obligatoire actuelle des usemens. Ils nous semblent maintenus, au moins comme l'ont été les anciens usage des lieux en matière de servitude et de congé, par les art. 645, 674, 1750 du Code civil, et afin de suppléer les clauses d'usage suivant la nature du contrat, conformément à l'art. 1160.

TITRE III.

Objet, Motifs et Historique des Lois nouvelles.

20. On ne saurait contester que les usemens contenaient un grand nombre de décisions bizarres, et dont quelques-unes étaient contraires aux premiers principes de la justice.

Ainsi, entre autres, lorsque le foncier avait principe de fief, et que le domanier demeurait dans le fief, celui-ci devenait *étagier* (1), et, comme tel, était assujéti aux devoirs ordinaires que la Coutume imposait à tous les étagiers, tels que la suite à la cour de justice ou au devoir du moulin, à l'obligation de faire la recette des droits des seigneurs.

Dans l'Usement de Cornouailles et Rohan (2), l'usage du domaine congéable

(1) Voyez le Vocabulaire, à ce mot.
(2) Cornouailles, art. 1.er et 29 ; Rohan, art. 2. Les

était tellement universel qu'il était présumé de droit, et que tout colon détenteur d'un bien rural était déclaré tenir à ce titre, et ne pouvait être réputé propriétaire, et avoir acquis le droit de propriété par prescription, s'il ne justifiait d'un titre contraire à l'usage.

Une autre maxime également intolérable était celle qui, à l'expiration du terme fixé par le bail, ne donnait qu'au foncier le droit de continuer ou de ne pas continuer le bail, et ne permettait pas au domanier de se retirer en demandant le remboursement des droits réparatoires (1). En sorte que l'effet du terme stipulé n'était que d'ôter au foncier la faculté de congédier avant l'expiration du délai, sans laisser au domanier celle de se retirer à cette époque : ce qui était rendre la convention indéfinie pour le

art. 4 et 5 de l'Usement de *Broërec* admettaient aussi cette présomption ; mais, pour ce dernier Usement, cette présomption avait cessé long-tems avant la révolution. (Voyez ci-après).

(1) Rohan, art. 9. (V. Rapport de Tronchet, p. 19).

bailleur et à tems contre le preneur, et détruisait la réciprocité naturelle qui doit résulter d'une convention entre les parties contractantes (1).

Enfin, l'Usement (2) de Rohan contenait des dispositions vraiment extraordinaires, 1°. en ce qu'il établissait le droit de déshérence en cas de décès du colon sans enfans, ce qui ne pouvait avoir lieu qu'au profit du seigneur du fief ; 2°. en ce que, entre les enfans mâles, il appelait le dernier fils (*le juveigneur*) à succéder, et à défaut d'enfans mâles, la cadette des filles (3).

(1) Mais cette réciprocité se trouvait moins blessée lorsque le bail ne portait point la stipulation d'un droit fixe de commission à l'expiration du premier terme, parce qu'alors le domanier conservait au moins l'avantage de n'être tenu qu'à la première redevance, si le foncier ne le congédiait pas.

(2) Voyez art. 3, 17 et 18.

(3) C'est ici le lieu de rappeler que, dans quelques cantons particuliers, savoir, dans l'Usement de Cornouailles, vers Corlay, et dans les terres dépendantes de l'abbaye de Nelle, qui s'étendait aussi dans l'Usement de Léon, existait l'Usement particulier de *quevaise* et

3

21. Ce furent ces dispositions et quelques autres plus ou moins injustes et vexatoires qui, lors de la convocation en 1789 des Etats Généraux du royaume, depuis constitués en Assemblée natio-

_____

motte, admettant, pour toutes les terres, ce même droit de déshérence et de succession que le seul Usement de Rohan établissait pour le domaine congéable, et en outre, une *servitude* de la personne, absolument semblable à celles des mains-mortes réelles, qui étaient connues dans d'autres pays, comme le Dauphiné, la Savoie et la Bourgogne, et qui ont été à jamais supprimées par les lois de l'Assemblée constituante. Ces serfs de la terre y étaient tellement attachés, qu'ils perdaient leur tenue s'ils cessaient de l'habiter, et le seigneur leur succédait à défaut d'enfans.

C'est à raison de ce droit de déshérence que l'on a commis l'erreur grave de confondre les tenues à quevaise avec celles à domaine congéable, pour déverser sur le bail à convenant l'odieux justement attaché à la servitude personnelle; mais il est évident que les tenues en *quevaise* n'avaient rien de commun avec le *domaine congéable* que ce nom *quevaise*, qui exprime la même chose que le mot *congéable*, c'est-à-dire l'*éviction*, en ce qu'il est composé de ces mots bretons, *quay è vaise*, VA DEHORS. C'est ce qui a été démontré par Duparc-Poullain, dans ses Principes, t. 1.er, p. 100, t. 3, p. 33, et par Beaudouin, dans ses Institutions, p. 110, aux notes.

nale , excitèrent les premières réclamations des domaniers. Mais , dans la plupart de leurs cahiers , ils se bornèrent ,
sans attaquer en lui-même le contrat ,
à demander la réformation de plusieurs
points des Usemens qui en réglaient l'effet.

La suppression du régime féodal, prononcée par les décrets de l'Assemblée
constituante, opéra bientôt un changement total dans les idées d'une partie
d'entre eux , qui prétendaient que la loi
de suppression du régime féodal et son
mode d'exécution devaient être appliqués au domaine congéable.

22. Loin de nous de rappeler ce qui fut
établi de part et d'autre dans une foule
d'écrits et soutenu à la tribune; il nous
suffira d'assigner les différences notables
qui existaient véritablement entre le domaine congéable et le contrat *féodal*.

Premièrement, nous avons vu , n°. 4 ,
que le bail à convenant résultait originairement d'une convention libre entre

deux parties, et contenue dans des actes authentiques. Or, c'était contre tous les principes que sa fréquence avait fait introduire, dans quelques Usemens, la maxime que cette tenue était présumée de droit, et jusqu'à preuve contraire.

Deuxièmement, ce contrat différait essentiellement du contrat féodal, en ce que celui-ci, soit *inféodation,* soit *accensement,* ne pouvait intervenir qu'entre un seigneur de fief et un individu qui se soumettait au régime féodal.

Dans le bail à convenant, le contrat, au contraire, pouvait intervenir et intervenait fréquemment entre deux personnes entre lesquelles il n'existait et il ne se formait aucun lien féodal.

Troisièmement, il en différait encore par sa substance. Le contrat féodal consistait essentiellement *dans la cession* faite par le seigneur au vassal, ou au censitaire de la *propriété* d'un fonds à *perpétuité,* sous la charge de prestations annuelles ou casuelles, qui étaient la seule matière *représentative du fonds aliéné*, et la seule propriété du seigneur, tandis que le fonds devenait *la propriété incommutable* du vassal.

Au contraire, dans le bail à convenant, nous avons vu, n°. 9, qu'il n'y a aucune *aliénation perpétuelle de propriété*; le fonds n'est donné qu'en *jouissance*; les édifices et superfices ne sont *aliénés* que sous une *condition résoluble*; à leur égard, c'est moins une vente qu'un engagement à tems; il n'y a qu'une redevance annuelle qui *représente cette partie du fonds engagé*, moyennant un prix en argent; et la prestation, qui n'est à vrai dire qu'un prix de fermage, ne *représente* point ce fonds, puisqu'il est expressément *réservé* par le propriétaire.

Quatrièmement, le bail à domaine congéable différait encore de *l'afféagement* ou du contrat féodal, en ce qu'il n'emportait de lui-même aucun service féodal, quand le bail était fait par un propriétaire *non seigneur* de fief; et aucun

3 *

dans le cas contraire, puisque ce n'était point *en vertu* du contrat, et par sa *seule force* et son *effet naturel*, mais *accidentellement,* que le domanier devenait assujéti à des services féodaux. Et en effet, il n'y était soumis qu'autant qu'il se trouvait *étagier* du fief, et s'il n'était pas *étagier,* il était assujéti au service féodal envers une autre personne que celle dont il tenait le domaine congéable.

C'est assez de ce simple résumé pour convaincre combien était tout à la fois injuste et mal fondé le système de ceux qui provoquaient la suppression du domaine congéable comme *droit féodal,* pour exproprier, au profit des colons, le propriétaire légitime du fonds auquel ces domaniers avaient, par leurs propres cahiers, reconnu n'avoir aucun droit (1).

---

(1) Pour soutenir que le bail à convenant était un contrat féodal, on abusait étrangement et de la qualification que lui avait donnée Duparc-Poullain, dans ses Principes de droit, t. 3, p. 3o, n.º 6, et de celle de *seigneur* foncier attribuée au propriétaire du fonds dans

23. L'Assemblée constituante crut terminer ce grand procès, suivant les règles de la justice, par une loi rendue après un examen approfondi pendant près d'une année, dans les cinq comités réunis de féodalité, de constitution, d'agriculture, de commerce et des domaines, et une discussion solennelle continuée pendant quatre séances.

Cette loi fut publiée sous les dates des

les usemens, dans les actes et dans les livres de jurisprudence.

Il est vrai que Duparc-Poullain, le plus moderne de nos auteurs bretons, et avant lui, quelques autres jurisconsultes, s'écartant de la doctrine de leurs devanciers, avaient appelé le domaine congéable un FIEF ANOMAL, BATARD, HÉTÉROCLITE, langage barbare qui ne présentait que des idées confuses nées de ce qu'on n'avait pas su distinguer les droits divers attachés aux diverses qualités de propriétaire foncier et de seigneur de fief, souvent réunies et confondues en la même personne. Ceci s'explique par deux actes de notoriété de 1758 et de 1774. Le domaine congéable n'est dit une espèce de fief *roturier*, un fief *anomal*, que quand le seigneur foncier a *fief* et *justice*, ou *quand les terres dont les domaines congéables font partie* ont un principe de fief.

C'était donc la qualité de *seigneur de fief*, ou *le principe prééminent de fief* attaché au domaine, qui produi-

30 mai, 1ᵉʳ.., 6 et 7 juin 1791, et prit celle du 6 août, jour où elle devint obligatoire par l'apposition de la sanction royale.

Elle maintient le domaine congéable, à raison de ses avantages démontrés, et parce que, les hommes étant les meilleurs juges sur ce qui concerne leur intérêt personnel, on devait abandonner à leur spéculation et à leur propre ex-

sait les droits féodaux dont jouissaient quelques propriétaires fonciers : donc ils ne dérivaient pas de ce bail, et étaient absolument étrangers à la tenure convenancière.

Aussi Duparc-Poullain (t. 3, p. 31, n.º 9) convenait-il que, DANS LA VÉRITÉ, le domaine congéable n'était qu'un bail, et ne constituait ni *féodalité*, ni *lien de foi* (voyez aussi t. 2, p. 114).

Quant à la qualification de *seigneur*, donnée au propriétaire foncier, on sait que ces mots *seigneur, maître, propriétaire*, étaient synonymes. C'est dans ce sens que le *propriétaire* d'une ferme était dénommé *seigneur* dans les Usemens de Léon et Daoulas ; que les expressions *seigneurie, seigneur*, étaient employées pour *propriété* et *propriétaire*, dans les art. 282 et 298 de la Coutume ; que dans une foule d'autres Coutumes, les propriétaires d'une maison ou d'une ferme étaient qualifiés *seigneurs d'hôtel, seigneurs de métairie*. On appelait même le colon *seigneur superficiaire*.

périence le jugement de ce qui leur convient.

Tout contrat est, d'ailleurs, libre dans son essence, et par conséquent le législateur ne peut exercer, en cette matière, d'autorité prohibitive, qu'à l'égard de ce qui blesserait les bonnes mœurs et l'ordre public.

Il était donc juste de rendre le bail à convenant absolument libre, en abolissant tous les abus *que le régime féodal y avait introduits accidentellement;* en abolissant les Usemens dans tout ce qu'ils eussent eu de contraire ou d'inconciliable avec les nouvelles dispositions que l'état des choses rendait nécessaires.

24. Telles sont les bases de la loi du 6 août 1791.

Elle se divise naturellement en deux parties.

L'art. 1er. maintien les contrats existans.

Les art. 2 à 12, inclusivement, ont pour objet de réformer tous les abus que le principe féodal avait *ajoutés* à ce contrat et ceux qui résultaient des usemens, et de régler de la manière qui a paru la plus juste les effets de ce contrat ramené à sa première simplicité, et considéré comme *une convention absolument étrangère au régime féodal.*

L'art. 13, qui commence la seconde partie, à également pour objet de ramener *à l'avenir* ce même contrat à sa véritable nature, en le rendant absolument libre dans ses conditions, pourvu qu'elles n'aient plus aucun rapport, ni avec le régime féodal, ni avec celles des dispositions des usemens contraires ou inconciliables avec les nouvelles règles.

Enfin, les art. 14 et suivans, jusqu'à la fin, contiennent les réglemens législatifs destinés à prévenir les difficultés auxquelles ce contrat particulier pourrait donner lieu dans son exécution, et à expliquer les restrictions sous lesquelles il est autorisé.

Tel est le plan général de cette loi;

telles sont les deux bases fondamentales sur lesquelles elle porte.

25. Elle semblait avoir également rendu justice aux deux parties ; mais à l'époque d'une des plus violentes crises de la révolution, celle de la chute du trône, au milieu de l'exaltation des esprits, et dans le peu de liberté qu'elle laissait pour discuter tout système de couleur démocratique, se renouvelèrent les injustes prétentions de supprimer le domaine congéable comme entaché de féodalité, et d'en consolider le fonds en faveur des domaniers.

26. Dès le 27 août 1792 fut emporté d'urgence le fatal décret qui, sur le motif que la tenure convenancière participait de la nature des fiefs, et qu'il était instant de faire jouir les domaniers de la suppression du régime féodal, abolit cette tenure, abrogea les usemens dans les termes *les plus absolus*, et transporta aux domaniers la propriété incommutable du fonds, comme des édifices et superfices,

même celle des bois de futaie de toute espèce existant sur les fossés ou dans les clôtures des terres en valeur.

Il leur permit de se réserver les bois de futaie qui se trouveraient en semis faits par les propriétaires, ou en rabines ou bosquets hors des clôtures des terres mises en rapport, à condition que les colons feraient estimer ces bois par experts, et qu'ils paieraient l'intérêt, au denier vingt, du prix total de l'estimation jusqu'au remboursement, qu'ils feraient *quand il leur plairait.*

Il les autorisa à rembourser également, *quand ils le voudraient,* les redevances qu'ils furent chargés d'acquitter jusqu'au rachat effectué.

Enfin, tous les autres droits des propriétaires furent supprimés, et, à l'égard des biens nationaux composés en tout ou partie de domaines congéables, il fut permis aux acquéreurs de renoncer à leurs adjudications, et de se faire restituer le prix qu'ils auraient payé.

27. Bientôt les choses furent portées plus loin : une loi du 17 juillet 1793, qui avait supprimé sans indemnité toutes les prestations féodales, *quelles que fussent leurs dénominations,* servit de motif à une seconde loi du 29 floréal an 2, qui, par un simple ordre du jour, sur une question proposée par le tribunal de Pontrieux, relativement aux rentes convenancières, déclara *supprimées* toutes celles qui n'avaient pas été *originairement* créées sans *mélange et signe* de féodalité.

Ainsi, presque tous les domaniers furent déchargés de l'obligation du remboursement que la loi de 1792 leur avait au moins imposée ; car tout propriétaire ayant *principe* de fief n'avait jamais manqué d'en stipuler les devoirs, auxquels le preneur aurait d'ailleurs été assujéti même sans stipulation. (Voyez n°. 20).

Les autres propriétaires furent équivalemment dépouillés comme ceux-ci,

4

moyennant des remboursemens *pure-ment idéaux*. (1).

28. De longs jours de terreur réduisirent les uns et les autres au silence. Mais leurs plaintes se renouvelèrent, dès qu'il fut possible, sans exposer sa tête, de réclamer sa propriété.

Le gouvernement, par un message du 15 messidor an 4, revendiquant tout à la fois et les droits de l'état et ceux des citoyens, provoqua à son tour l'abrogation de ces lois spoliatrices, et enfin, après de *vives discussions*, fut rendue, sur la première des deux résolutions prises par le Conseil des Cinq cents (2),

---

(1) Et en effet, sans parler de la dépréciation des assignats, on peut demander si c'était racheter une tenue que de payer au denier vingt le capital d'une prestation qui souvent n'était pas la dixième ou même la vingtième partie du revenu réel du fonds, sur-tout lorsqu'on ne comprenait point dans l'évaluation les *commissions* ou *nouveautés* qui formaient une partie considérable de cette prestation.

(2) Voyez l'objet et les résultats de la seconde ci-après, n.os 31 et suivans.

le 17 thermidor an 5, la loi du 9 brumaire an 6, ainsi conçue :

ART. 1ᵉʳ. « Les décrets de l'Assemblée
» législative des 23 et 27 août 1792, sur
» la tenue convenancière, celui du 29
» floréal an 2, rédigé définitivement le
» 2 prairial suivant, et toutes autres lois
» qui seraient la suite de celle du 27 août
» 1792, sont abrogés. »

ART. 2. « Le décret rendu par l'Assem-
» blée constituante, les 30 mai, 1ᵉʳ, 6 et 7
» juin 1791 (sanctionné et devenu loi le
» 6 août), sera exécuté selon sa forme et
» teneur ; en conséquence, tous les *pro-*
» *priétaires fonciers de domaines congéables*
» *sont* MAINTENUS dans la propriété de leurs
» tenures conformément aux disposi-
» tions dudit décret. »

29. Ainsi fut terminée, par un retour
à la justice, cette lutte de sept années
entre la propriété et l'usurpation ; il n'y
eut plus désormais à contester ni sur la
propriété du domaine congéable sur la
tête du foncier, ni sur la nécessité de la

lui rendre, puisqu'il était définitivement MAINTENU et regardé comme n'ayant pas pu en être dépouillé. (1)

3o. Mais quels devaient être l'issue des procès en litispendance, le résultat des offres faites, le sort des jugemens intervenus, l'effet des remboursemens, dépôts ou consignations de deniers, et de tous autres actes, en un mot, qui auraient eu leur fondement dans les dispositions de la loi du 25 août 1792, ou dans les lois subséquentes rendues en interprétation ou confirmation de celle-là ?

31. La seconde résolution prise par le Conseil des Cinq cents, le même jour 17 thermidor an 5, comme suite et complément nécessaire de la première, convertie en loi le 9 brumaire an 6 (2), avait décidé cette importante question, en proposant de considérer comme non avenus

_____

(1) Voyez cependant troisième partie, questions transitoires.

(2) Voyez n.° 28.

tous procès, jugemens ou autres actes faits en conséquence des lois abrogées.

Et, en effet, il était bien sensible que la loi de brumaire n'eût pas eu son exécution, et qu'elle eût inutilement *maintenu*, dans leurs tenures, les propriétaires que celle de 1792 dépossédait, s'ils eussent pu en être privés d'après des actes quelconques.

Ce ne fut qu'en thermidor an 6 que s'ouvrit la discussion sur cette résolution, qui fut rejetée le 18, sans expression de motifs, en sorte qu'il est douteux si ce rejet eut pour cause une improbation pleine et entière, ou seulement relative, soit à quelques dispositions, soit à leurs conséquences, soit enfin à quelques lacunes.

32. Quoi qu'il en soit, il paraît vraisemblable, d'après la discussion, que, d'un côté, la crainte de blesser le principe de la non rétroactivité, de l'autre, le silence gardé sur les intérêts des tiers qui eussent acquis des colons, pendant

4*

l'existence de la loi de 1792, furent les causes principales de ce rejet, source encore *subsistante* d'une foule de contestations qui eussent été prévenues par une loi sage.

33. En l'an 7, de vains efforts furent employés au Conseil des Cinq cents pour obtenir l'abrogation de la loi de brumaire an 6. Le 23 ventôse, ce Conseil déclara qu'il n'y avait lieu à délibérer sur le projet de résolution tendant à ressusciter le désastreux décret de 1792; et le 23 du même mois, sur nouvelles tentatives pour rétablir la discussion, il passa à l'ordre du jour. (1)

34. Enfin, pour calmer les inquiétudes que ces dernières réclamations avaient élevées, et faire cesser les entraves qui en résultaient dans le cours de la justice et

_____

(1) Voyez les intéressans détails insérés dans la Jurisprudence de la Cour royale de Rennes (an 8 à an 11), p. 134 et 161, tant sur la seconde résolution de thermidor an 5 et le décret de rejet que sur les nouvelles tentatives faites en l'an 7, pour l'abrogation de la loi du 9 brumaire.

à l'égard des ventes des propriétés natio-
nales tenues à domaine', le gouvernement, par un arrêté du 13 germinal an 7,
s'empressa de recommander la stricte
exécution de la loi de brumaire an 6, aux
magistrats, aux administrateurs, au mi-
nistère public, en déclarant « que le Conseil des Cinq cents ayant, dans sa séance
du 21 ventôse an 7, rejeté les réclamations élevées contre cette loi, *la législation, sur la matière des domaines congéables, consiste uniquement* (1) *dans les
dispositions de la loi du 6 août 1791, dont
il importe à l'intérêt public et particulier
d'assurer promptement la pleine et entière
exécution.* »

35. C'est dans cette proclamation solennelle de l'abrogation de la loi de 1792,
avec l'effet *rétroactif* qui résultait né-

_____

(1) *Uniquement,* en ce sens que les lois intermédiaires
ne sont plus à considérer, et non pas que l'on ne puisse
absolument recourir aux usemens, si l'on adopte l'opinion que nous avons émise (voyez n.° 18), et sur laquelle nous reviendrons dans les notes sur l'art. 1.er de
la loi de 1791.

cessairement de ce qu'elle-même avait attenté à des droits sacrés, acquis en vertu de conventions autorisées par toutes les lois du tems, que nous trouverons le principe de décision de la plupart des questions transitoires que nous aurons à traiter dans la troisième partie.

36. Passons à l'explication des dispositions de la loi du 6 août 1791.

II.e PARTIE.

Commentaire de la Loi du 6 août 1791.

ARTICLE I.er.

« LES concessions ci-devant faites dans
» les départemens du Finistère, du Mor-
» bihan et des Côtes-du-Nord, par les
» propriétaires fonciers aux domaniers,
» sous les titres de baux à convenant ou
» domaines congéables, et de baillées ou
» renouvèlement d'iceux, continueront
» d'être exécutées entre les parties qui
» ont contracté sous cette forme, leurs
» représentans ou ayant-cause, mais seu-
» lement sous les conditions et modifica-
» tions *ci-après exprimées,* et ce, nonobs-
» tant les Usemens de Rohan, Cornouail-
» les, Broërec, Tréguier et Goëlo, et tous
» autres qui seraient contraires aux rè-

» gles ci-après exprimées , lesquels use-
» mens *sont,* A CET EFFET, et demeureront
» abolis, à compter du jour de la publi-
» cation du présent décret. »

1. Nous avons vu dans l'introduction
qui précède (voyez n°. 24), que cet article et les suivans, jusqu'à l'art. 13, con-
cernent plus particulièrement les concessions à domaine congéable , faites avant
la publication de la loi du 6 août 1791,
que celles qui ont été faites depuis, ou
qui pourraient l'être à l'avenir.

Les premières sont maintenues sous
les modifications exprimées aux art. 2,
3, 4, 5, 6, 7, 8, 9, 10, 11, 12.

2. Nul doute, à l'égard de ces concessions, que les usemens n'ont été abolis
qu'à l'effet seulement de les soumettre
aux modifications qui ont été faites *ré-
troactivement* par les articles que nous
venons d'indiquer.

Il s'ensuit qu'à ces modifications près,
les usemens ont été maintenus à l'égard
des concessions antérieures à la loi, et,

qu'ainsi, pour tout ce qui les concerne, c'est toujours dans leurs dispositions, et dans les décisions de la jurisprudence qui les a interprétées, que les propriétaires fonciers et les colons doivent chercher la mesure de leurs droits et de leurs devoirs, qui n'auraient pas été expressément supprimés.

3. Mais en est-il de même, lorsque les parties ont renouvelé leurs conventions, ou passé pour la première fois des baux à convenant depuis la publication de la loi ?

Nous avons exposé, n°. 18, les raisons d'après lesquelles nous estimons que, même à l'égard de ces baillées de renouvèlement ou de ces baux primitifs, les usemens ne sont pas abrogés d'une manière tellement absolue, que l'on ne puisse, en aucun cas, lorsque ces usages n'ont rien de contraire aux dispositions nouvelles des art. 13 et suivans, y recourir, soit pour interpréter les conventions des parties, d'après leur nature et les antiques usages généralement suivis, soit pour y suppléer des omissions.

4. Quoi qu'il en soit, nous avons dit (1) que telle n'est pas l'opinion commune. Et, en effet, tous les orateurs qui soutinrent, en l'an 6 et en l'an 7, les droits des propriétaires fonciers, se sont servis d'expressions propres à fournir des argumens contre celle que nous émettons, (2)

_____

(1) Voyez n.º 18.

(2) Par exemple, on lit, 1.º dans le Rapport de Tronchet, p. 29 : « L'art. 13, qui commence la seconde par- » tie (de la loi de 1791), *rend le contrat absolument* » *libre dans ses conditions, pourvu qu'elles n'aient plus* » *AUCUNS RAPPORTS ni avec le régime féodal ni avec* » *les usemens SUPPRIMÉS;*

2.º Dans celui de notre respectable compatriote Lemerer : « L'Assemblée constituante, en même tems » qu'elle *ABROGEA les usemens par son décret de 1791,* » *garantit et conserva les baux courans, parce qu'en ma-* » *tière de contrats, la volonté des parties est la règle* » *fondamentale;*

3.º On lit également, p. 31 et 37 de l'excellent écrit fait pour les propriétaires de Broërec, par un autre de nos compatriotes aussi distingué que le premier par ses lumières, aussi regretté que lui de la magistrature, du barreau et de ses concitoyens, *Desnos de la Grée:* « *La* » *loi de 1791 avait ABOLI les usemens et coutumes* et il en est de même des expressions que l'on trouve dans plusieurs arrêts que nous aurons à rapporter.

5. Cela posé, une question importante se présente à examiner; c'est celle de savoir si ceux qui se prétendent propriétaires fonciers de domaines dont ils ne représentent ni baux ni baillées, peuvent invoquer la présomption de tenue à domaine congéable, établie par ces usemens, et sont relevés de l'obligation de prouver par titres leur qualité de propriétaires?

Cette présomption, comme nous l'avons dit, p. 23 de l'introduction, à

» *locales sur les domaines congéables.* Par quel motif » l'auteur du Rapport de 1792 en *a-t-il renouvelé le* » *souvenir?* »

Mais quels que soient les argumens que l'on puisse tirer de ces passages, nous croyons que leurs auteurs n'ont entendu parler de l'abolition des *usemens* que dans le sens suivant lequel nous l'avons expliquée; c'est-à-dire de leur abrogation en tout ce qui serait *contraire à la loi nouvelle.*

la note, n'était admise que dans les seuls Usemens de Rohan, Cornouailles et Broërec, par la raison que le titre de *convenant* y était *général* et *universel*.

Elle n'existait pas de droit, et d'une manière absolue, en Tréguier et Goëlo (1), où les rentes convenancières n'étaient guères plus communes que les chefs-rentes, les rentes censives, foncières, etc.

(1) Par arrêt du 25 juillet 1820, la Cour, troisième chambre, a reconnu que, sous l'Usement de Goëlo, la propriété foncière à titre de domaine congéable n'était point présumée de droit en faveur des seigneurs de fief et autres propriétaires fonciers, et décidé en conséquence que ceux-ci étaient tenus de la prouver, conformément au droit commun, par titre ou possession. Par suite, attendu qu'il existait un commencement de preuve par écrit émané des auteurs du colon, et duquel résultait que les appelans avaient été propriétaires d'une tenue portant le même nom que l'héritage qu'ils revendiquaient, elle avait ordonné la preuve par témoins qu'antérieurement à la révolution ils percevaient de l'intimé ou de ses auteurs une rente en grains sur cet héritage; mais, par arrêt définitif du 23 décembre suivant, après avoir déclaré que les appelans ne justifiaient point par leurs enquêtes la possession qui seule pouvait suppléer au titre qu'ils ne représentaient pas, elle les a déclarés sans griefs.

Elle servait seulement à lever, en faveur du propriétaire, les incertitudes qu'eût présentées un titre équivoque. (1)

Il est certain que cette présomption a été abolie par la loi de 1791. M. Tronchet s'en explique suffisamment, dans son rapport sur celle de brumaire an 6 (2), en la mettant au nombre des décisions *injustes, vexatrices* et *intolérables,* que renfermaient les usemens, et que la première loi avait supprimées. (3)

Mais nous ne pensons pas que cette suppression puisse s'appliquer avec effet *rétroactif,* puisque, jusqu'à la publication de cette loi, il y avait *droit acquis* à tout propriétaire, à l'effet de profiter de la présomption sur la foi de laquelle il eût pu *négliger d'exiger des titres recognitoires, ou de faire de nouvelles baillées.*

(1) Voyez Institutions convenancières de Beaudouin, t. 1.er, p. 31, 32, 33, 66 et 68.

(2) Voyez p. 4.

(3) Voyez ci-dessus n.o 20.

Il suit de là que tout détenteur, dans le distroit des usemens qui admettaient la présomption dont il s'agit, doit, suivant nous, être réputé, jusqu'au 6 août 1791, n'avoir possédé qu'à titre de domaines congéables ; qu'il ne pourrait donc se prétendre propriétaire, sous le prétexte qu'il eût possédé en son nom personnel, et mettre la preuve du contraire à la charge de celui qui revendiquerait à titre de *foncier*, qu'autant qu'il se serait écoulé, depuis cette époque, quarante années, terme requis par l'ancienne législation pour la prescription des immeubles, et duquel il faut encore retrancher l'intervalle pendant lequel la prescription a été suspendue dans les départemens de l'Ouest.

Ainsi donc, la preuve de la possession *pro suo* serait à la charge du détenteur. Il doit présenter un titre d'acquisition qui, s'il est antérieur à 1791, doit être contradictoire avec le foncier, aux termes des usemens; et s'il n'en présente aucun , soit antérieur, soit postérieur, il sera réputé posséder à titre de colon de celui qui prouvera d'une manière quelconque avoir exercé par lui-même, ou par ses auteurs, les droits de propriétaire foncier.

Cette opinion est fondée sur ce que la qualité de domanier, qui avait existé dans le possesseur primitif, s'est transmise dans la personne des possesseurs subséquens, qui étaient censés continuer la même possession.

C'est d'ailleurs ce qui a été reconnu par la Cour royale de Rennes, dans un arrêt du 21 juillet 1813, troisième chambre (1), où on lit que des pièces de terre réclamées étaient, *par la seule force de la loi locale,* présumées tenues à domaine congéable.

Il faut dire ici que, par un autre arrêt du 18 juillet 1814 (2), première

(1) Voyez Journal des arrêts , t. 4, p. 124 et 166.

(2) *Ibidem* , p. 282.

5*

chambre, la même Cour a rejeté la présomption, et mis à la charge du propriétaire la preuve que plusieurs objets qu'il revendiquait, non compris dans une baillée de l'an 10, faisaient partie du domaine désigné dans cet acte.

Mais il est à remarquer que cette baillée étant postérieure à la loi de 1791, le propriétaire, en négligeant d'y mentionner les objets qu'il revendiquait, avait à s'imputer cette négligence, de laquelle résultait une reconnaissance tacite que les objets omis ne faisaient pas partie du domaine.

Il est vrai que, dans les considérans du même arrêt, la Cour déclare que la présomption établie en 1570, par l'Usement de Broërec, sur le motif que le titre de convenant était universel dans ce canton, avait dû cesser depuis cette époque, le titre de domaine congéable ayant cessé lui-même d'être *général* et *universel* dans ce même canton, dès qu'il y a existé un grand nombre de particuliers qui possé-

daient des immeubles *à titre de propriété*. (1)

Nous remarquerons qu'aucun arrêt
n'a été ainsi motivé à l'égard des terres
situées en Cornouailles (voyez pour Rohan, la note 1, p. 56); et en existât-il,
ce motif serait encore sujet à critique.

En effet, dès que les usemens ont eu
force de loi, jusqu'à la publication de
celle du 6 août, il ne saurait exister de
raisons pour que le juge fût fondé à décider qu'une présomption que ces usemens établissaient d'une manière for-
mélle, ait pu cesser sans qu'il fût besoin
d'une disposition qui l'abolît *d'une manière également expresse et avec effet rétroactif.*

(1) Cet arrêt est en opposition formelle avec un autre
de la première chambre, du 1.er décembre 1813, dans
les considérans duquel on lit « que, suivant l'art. 2 de
» l'Usement de BROEREC, le titre de *convenant*, ou do-
» maine congéable, est *général* et *universel*, et que la
» présomption est pour le propriétaire foncier, jusqu'à
» preuve contraire par titre ou possession ». (Voyez
Journal, t. 4, p. 165).

Sans doute il peut se faire que des dé-
tenteurs d'une terre anciennement tenue à domaine congéable, se trouvent
dans l'impuissance de représenter les
titres d'une acquisition de la propriété
du fonds par leur auteur. Mais aussi un
ancien propriétaire foncier a pu perdre,
comme il est arrivé dans le cours de la
révolution, des baux, des baillées ou des
déclarations ; il a pu, et nous ne pour-
rions trop reproduire cette considération, négliger d'exiger des actes reco-
gnitifs.

Entre les deux inconvéniens d'être injuste envers les uns ou les autres, la loi
s'était interposée, en déclarant la présomption de dominité. Tant qu'elle n'a
pas été abrogée, elle a formé, en faveur
de ceux qui, à défaut de titres, pouvaient prouver autrement leur qualité
de propriétaire, un droit acquis dont
le magistrat ne peut les priver sans ex-
céder les bornes de son pouvoir. (1)

(1) L'opinion que nous émettons se rapporte en gé-

ARTICLE 2.

« AUCUN propriétaire foncier ne pour-
» ra, sous prétexte des usemens dans
» l'étendue desquels les fonds sont si-
» tués, ni même sous prétexte d'aucune

néral à la présomption de dominité, indépendamment
des expressions des différens usemens qui l'établissaient.
Mais il est une observation à faire sur l'Usement de
Rohan, dont les art. 1.er et 2 sont fondés sur une distinction entre les personnes nobles ou non nobles ; distinction que ne font point les autres usemens. C'est cette
distinction qui semble avoir motivé un arrêt de la Cour
de cassation, du 19 novembre 1811, entre la régie de
l'enregistrement, représentant M. Ducleux-Dugage,
émigré, et la veuve Clequin. Cet arrêt, qui n'a été imprimé en aucun recueil, décide, en confirmant un arrêt
de la Cour de Rennes, de 1809, qui déjà avait rejeté la
présomption établie par l'Usement de Rohan, « Que
» l'arrêt attaqué n'avait point induit des lois abolitives
» de la féodalité que les rentes convenancières fussent
» supprimées ; qu'il avait jugé seulement que le statut
» qui, par sa nature, *présume*, *par l'effet* seul de la dis-
» tinction des personnes nobles ou non nobles, la te-
» nure d'un terrain à titre de domaine congéable au
» profit du seigneur, porte un caractère de féodalité
» abolie par les lois rendues sur cette matière ; qu'en
» cela, il en a été fait une juste application, sans rétroac-

» stipulation insérée au bail à convenant
» ou dans la baillée, exiger du domanier
» aucun droit ou redevance convenan-
» cière de même nature et qualité que
» les droits féodaux supprimés , sans in-
» demnité, par le décret du 4 août 1789
» et jours suivans, par le décret du 15
» mars 1790 et autres subséquens , et

» tivité pour le passé ; qu'il ne résulte point de ce que la
» loi a supposé qu'il pouvait exister des convenans sans
» bail, qu'elle ait maintenu la force abusive du statut ;
» qu'il résulte, au contraire, de l'ensemble de la loi du
» 6 août 1791, art. 2, 4 et 15, que le législateur a entendu
» défendre de raviver les droits féodaux ; que ceux-ci, qui
» n'étaient exigibles qu'en vertu des usemens, ou d'une
» clause de soumission à leur empire, ne pouvaient être
» rétablis; et que l'art. r.er, en maintenant *les concessions*
» *ci-devant faites* de domaines à rente convenancière,
» explique assez que les propriétés n'y seront plus su-
» jettes de droit *par l'effet de l'usement,* et qu'il faut
» une concession ».

On voit que cet arrêt ne statue que sur la présomption de l'Usement de Rohan : d'où suit qu'on ne peut
rien en conclure à l'égard de celle des autres usemens,
qui ne repose point sur la qualité des personnes, et si
la dernière partie du considérant ci-dessus transcrit est
conçue en termes généraux, nous pensons que les motifs
que nous avons exposés n'en doivent pas moins prévaloir, comme fondés sur les principes rigoureux du droit.

» notamment l'obéissance à la justice
» ou jurisdiction du foncier, le droit de
» suite à son moulin, la collecte du rôle
» de ses rentes et cens, et le droit de dé-
» shérence ou échute. »

1. Ces droits abolis, et par les décrets des 4, 6, 7, 8 et 11 août 1789, publiés par lettres-patentes du 3 novembre, et par celui du 20 mars, ne pouvaient pas subsister pour les domaniers de la ci-devant Basse-Bretagne, lorsque, dans le reste de la France, tous les tenanciers s'en trouvaient affranchis.

Mais à compter de quelle époque l'abolition de ces droits a-t-elle été applicable aux domaines congéables ?

Cette question s'est présentée à l'égard des droits de *déshérence* ou *échute* (1), que l'art. 3 de l'Usement de Rohan accordait aux propriétaires fonciers.

Par arrêt du 12 germinal an 10, rendu entre les héritiers Audouin Restinais et

(1) Voyez ces mots au Vocabulaire.

les héritiers de Mathurin Lelouer, décédé domanier de la terre de Khoch, le
14 mars 1791, sans enfans, ni frères, ni
sœurs, arrêt qui n'a été imprimé dans
aucun recueil, la Cour d'appel de Rennes
a décidé que ce droit était aboli, à dater
de la publication des lettres-patentes du
3 novembre 1789.

Or, il est à remarquer que, sur le refus
du Parlement, ces lettres ne furent enregistrées que le 22 février 1790, par la
Cour supérieure provisoire qui le rem-
plaça. Cependant elles avaient été adres-
sées par le roi à l'intendant de Bretagne,
le 3 novembre 1789, et l'intendant les
avait envoyées aux municipalités pour
y être publiées et enregistrées.

La publication faite par cette dernière
voie dut suffire pour les rendre exécutoires. Cela résulte évidemment de la
quatrième disposition du préambule du
décret du 2 novembre 1790, et conséquemment c'est ici le lieu d'appliquer
les arrêts de la Cour de cassation, des

2 ventôse an 9 et 14 frimaire an 10, rapportés par Sirey, t. 2, p. 105—110.

ARTICLE 3.

« Pourront les domaniers, nonobstant
» tous usemens ou stipulations contrai-
» res, aliéner les édifices ou superfices
» de leurs tenues, pendant la durée du
» bail, sans le consentement du proprié-
» taire foncier, et sans être sujets aux
» lods et ventes; et leurs héritiers pour-
» ront diviser entre eux lesdits édifices
» et superfices, sans le consentement
» du propriétaire foncier, sans préjudice
» de la totalité de la redevance, ou des
» redevances dont lesdites tenues sont
» chargées. »

1. Ce n'est pas seulement *pendant la
durée du bail* que les domaniers peuvent
aliéner leurs édifices et superfices ; ils
ont la même faculté après l'expiration
de leurs baux, baillées ou assurances,
et jusqu'à ce qu'ils soient congédiés.

6

Jusque-là ils sont propriétaires de leurs droits réparatoires, et libres de les vendre, échanger, donner, léguer. Tant qu'ils n'en sont pas remboursés, ils ont le droit de jouir de leurs tenues, d'aliéner comme bon leur semble leurs droits à cette jouissance, et leurs édifices et superfices.

2. Cette faculté d'aliéner leurs droits réparatoires était aussi accordée aux domaniers par les usemens. Celui de Rohan, art. 28 et 29, y mettait seulement quelques entraves; il ne permettait aux domaniers qui n'avaient pas d'enfans de vendre leurs droits réparatoires qu'en cas d'imminente nécessité; et, en ce cas, il autorisait le propriétaire foncier à exiger le cinquième denier de la vente, pour y donner son consentement.

Il permettait au domanier qui avait un ou plusieurs enfans de vendre ses droits superficiels; mais alors il donnait au propriétaire foncier le choix de rembourser l'acquéreur (ce qui était une espèce de retrait féodal), ou de lui payer les droits réparatoires à *égard* de priseurs, autrement à dire d'experts, (ce qui était une espèce de congément), ou d'exiger le prix des lods, et ventes fixés par l'usage local, comme par la Coutume générale de Bretagne, au denier huit du prix du contrat.

3. Ce sont ces dispositions de l'Usement de Rohan que la première partie de l'art. 3 de la loi du 6 août 1791 a voulu supprimer.

4. La seconde partie de l'article a eu aussi pour objet d'abolir l'art. 19 de ce même usement. Elle ne parle que de la solidarité des héritiers du colon pour le paiement des prestations convenancières ; mais la même solidarité existe, par égalité de raison, pour tous les droits et actions que le propriétaire foncier peut avoir à exercer contre eux, en cette qualité de propriétaire foncier.

Ainsi, soit qu'il s'agisse de poursuivre le paiement des rentes convenancières, soit qu'il s'agisse des dommages-intérêts résultant des bois fonciers sur une ou plusieurs portions de la tenue divisée par les colons, soit qu'il s'agisse d'exercer le congément de la tenue, ou d'en faire vendre les droits réparatoires par simples bannies, à défaut de paiement des redevances, le propriétaire foncier pourra diriger son action contre un seul des colons, solidairement, pour lui et ses consorts; il ne sera pas obligé, pour le congément, de faire estimer séparément les droits réparatoires de chaque portion; il pourra faire priser les édifices et superfices de toute la tenue en masse, sans avoir égard au partage.

C'est ainsi qu'il a été jugé par arrêt de la Cour royale de Rennes, du 2 prairial an 12, deuxième chambre. (1)

5. L'effet de cette solidarité est tel, qu'il a encore été jugé par la même Cour, le 15 pluviôse an 10, troisième cham-

(1) Voyez Jurisprudence de cette Cour, p. 691 et suiv.

bre (1), qu'un des contenanciers cités afin de congément ayant acquiescé à la demande en bureau de paix, tandis que les autres y plaidaient, ceux-ci se trouveraient liés par cet acquiescement.

Ils avaient réussi, en première instance, à faire annuler la demande pour vice de forme.

Sous l'appel, ce jugement fut réformé, et le congément jugé contre tous les tenanciers, par le motif qu'un d'eux y ayant consenti, les autres ne pouvaient plus s'y opposer, attendu leur solidarité et l'indivisibilité de la tenue vis-à-vis du propriétaire foncier. (2)

6. Il en serait autrement, quoique le partage fût fait sans le consentement du propriétaire foncier, si celui-ci y prenait droit, s'il recevait particulièrement de chaque colon sa part de la rente sans

(1) Voyez Jurisprudence de cette Cour, p. 687.

(2) Voyez, pour d'autres conséquences du principe de l'indivisibilité, le commentaire sur l'art. 11 et sur l'art. 17.

6*

réserver la solidarité, si pendant dix ans consécutifs il continuait de recevoir ce paiement divisé, comme l'exige l'article 1212 du Code civil, et sur-tout s'il donnait aux coportionnaires des baillées distinctes de leurs diverses portions : il serait présumé alors avoir approuvé le partage, avoir consenti à la division de la tenue, et avoir voulu en faire plusieurs tenues distinctes.

Le privilége de l'indivisibilité de la tenue convenancière est réciproque entre les propriétaires fonciers et les colons : de même que ceux-ci ne peuvent, en partageant leurs droits réparatoires, préjudicier aux propriétaires fonciers, ces derniers ne peuvent aussi, en partageant leurs droits fonciers, préjudicier aux domaniers.

7. Ainsi, supposant qu'il soit permis aujourd'hui, comme autrefois (1), d'exiger des domaniers des *déclarations convenancières* qu'on appelait aussi *titres recogni-*

(1) Voyez ci-après art. 7.

toires, titres nouvels ou *aveux,* les propriétaires fonciers qui auraient partagé
entre eux la foncialité, ne pourraient
exiger, après comme avant le partage,
qu'une déclaration de toute la tenue,
sans que le domanier ou les domaniers
qui fourniraient cette déclaration fussent obligés d'y tenir compte du partage de la foncialité.

8. Ainsi encore, après le partage du
fonds entre les copropriétaires fonciers,
ceux-ci ne pourraient pas congédier séparément les portions de la tenue qui
leur seraient respectivement désignées
par le partage; le domanier ou les domaniers, jouissant de la tenue en indivis,
ne peuvent être obligés de recevoir leur
remboursement par portions.

9. Cependant il pourrait en être autrement, si le domanier ou les codomaniers, jouissant de la tenue indivisément,
avaient consenti au partage du fonds, ou
avaient postérieurement approuvé ce partage.

La tenue de Kdaniel, en Tréguier, avait été partagée par les héritiers le Baron et la demoiselle Kamazé, propriétaires fonciers.

Le domanier, qui avait remboursé aux héritiers le Baron ce qui leur revenait de la rente convenancière, sans rembourser ce qui revenait à la demoiselle Kamazé, obtint de celle-ci la baillée ou assurance de la portion qui lui était échue par le partage des droits fonciers.

Les héritiers le Baron l'assignèrent en congément, en lui donnant l'option du remboursement de ses droits réparatoires sur leur portion ou sur la totalité de sa tenue.

Il leur répondit qu'ils ne pouvaient le congédier de la totalité de sa tenue, puisqu'il avait une assurance pour une portion, et qu'ils ne pouvaient le congédier sur la portion qui leur était échue par le partage des fonds, parce qu'il ne pouvait pas être obligé de recevoir le remboursement des droits par parties.

En première instance, les héritiers le Baron furent déboutés de leur demande; mais la Cour, en réformant la décision du premier tribunal, les autorisa à exercer le congément sur leur portion de tenue.

10. Un des copropriétaires fonciers ne peut concourir au congément avec ses consorts, s'il a converti en rente foncière sa portion de la rente convenancière.

La Cour, par arrêt du 4 août 1820, première chambre, a décidé qu'à son égard la tenue avait cessé d'être un domaine congéable dans sa portion, et que par conséquent il n'avait pu figurer dans la demande en congément. Mais ce copropriétaire avait stipulé pour lui et ses consorts, dans la transaction par laquelle ce convertissement avait eu lieu, et de là une nouvelle question, qui était celle de savoir si le colon pouvait opposer cet acte aux autres copropriétaires? La Cour a jugé la négative, attendu que la transaction n'avait pu porter atteinte aux droits de ceux-ci, parce qu'encore bien que leur consort eût stipulé pour eux, le défaut de mandat et celui de ratification avaient rendu sans effet les conventions passées en leur nom; qu'ainsi la demande en congément était bien dirigée dans leur intérêt : elle a été admise en conséquence pour ce qu'ils y étaient fondés.

ARTICLE 4.

« Le propriétaire foncier ne pourra
» exiger du domanier aucunes journées
» d'homme, voiture, chevaux ou bête
» de somme qui n'auront point été sti-
» pulées et détaillées par le bail ou la
» baillée, et, à leur défaut, par actes re-
» cognitoires, et qui n'auraient été exi-
» gées qu'en vertu des usemens ou d'une
» clause de soumission à iceux ; lesdites
» journées qui auront été expressément
» stipulées ne s'arrérageront pas; elles ne
» pourront être exigées qu'en nature ; et

» néanmoins les abonnemens seront exé-
» cutés suivant la convention. »

1. On a toujours distingué les corvées (1) *d'usement* ou *légales* et les corvées *conventionnelles* ou *spécifiques*.

Si les baux, baillées et déclarations
ne parlaient pas de ces corvées, les propriétaires fonciers pouvaient exiger les
premières, c'est-à-dire, celles qui étaient
établies par l'usement qui régissait la tenue.

Le plus souvent les baux, baillées et
déclarations soumettaient vaguement les
domaniers *aux corvées suivant l'usement,*
et alors le propriétaire foncier ne pouvait
aussi exiger que les corvées d'usement,
ou légales.

2. Dans l'un et l'autre de ces cas, les
corvées sont supprimées et ne peuvent
être exigées ni en nature ni en argent.

3. Mais quelquefois les titres convenanciers soumettent les colons à une ou

(1) Voyez ce mot au Vocabulaire.

plusieurs journées d'hommes, de voitures, de chevaux ou bêtes de somme par an ; ce sont alors des corvées *conventionnelles* ou spécifiques : celles-ci ne sont pas supprimées.

Elles font partie de la redevance convenancière, comme les prestations qu'un fermier a stipulées envers le propriétaire font partie du prix de fermage ; mais elles ne peuvent être exigées qu'en nature, et au tems où elles doivent être faites, suivant leur espèce ou suivant la convention ;

Elles n'arréragent pas et se prescrivent, s'il n'en a été formé demande dans l'an.

4. Souvent aussi, les baux, baillées et déclarations portent que le domanier paiera 12ᶠ, par exemple, suivant l'usage attesté par plusieurs réglemens rapportés par Sauvageau (1), ou toute autre somme fixe pour corvées : il y a alors

(1) Addition de 1712, liv. 1.ᵉʳ, ch. 213, et liv. 2, ch. 47 et 48.

abonnement; c'est une redevance en argent qui est substituée aux corvées.

Cette redevance peut *s'arrérager*, et ne peut se prescrire que comme les autres rentes convenancières ;

Mais il n'y a pas *d'abonnement*, et par conséquent lieu à l'application de ce principe, lorsque le propriétaire s'est réservé la faculté d'exiger la corvée, soit en nature, soit en argent, suivant l'évaluation faite dans la baillée. Cette évaluation ne peut, en effet, être envisagée que comme la fixation de la somme qu'il percevrait du colon pour cette corvée, quand il lui plairait de ne pas l'exiger en nature (1).

ARTICLE 5.

« Pourront néanmoins les propriétai-
» res fonciers, *d'après les seuls usemens*,
» exiger que les grains et autres denrées,
» provenant des redevances convenan-

_____

(1) Arrêt de la Cour royale de Rennes, du ... mars 1810, deuxième cahier, Journal, t. 1.er, p. 49 et suiv.

» cières, soient transportés et livrés par
» le domanier, à ses frais, au jour indi-
» qué par le propriétaire foncier, jusqu'à
» trois lieues de distance de la tenue ; et
» ledit droit de transport ne pourra s'af-
» férager.

1. L'intérêt du commerce a fait maintenir cette corvée, établie par l'art. 15 de
l'Usement de Cornouailles, et étendue
par la jurisprudence aux autres usemens.

2. Mais il est à remarquer que l'art. 15
de l'Usement de Cornouailles obligeant
le colon au transport des vins et blés,
au prochain port de mer ou ville mar-
chande, sans déterminer la distance,
comme l'a fait l'art. 5 de la loi nouvelle,
qui en cela a beaucoup amélioré le sort
du colon.

3. Quoi qu'il en soit, cet article a été
l'un des sujets de reproches faits à la loi
nouvelle ; mais on reconnaîtra que sa
disposition, loin d'être onéreuse pour le
colon, lui est plus favorable qu'au propriétaire, puisqu'elle limite véritable-

ment le droit que le créancier a toujours
eu d'exiger que son débiteur allât le trouver pour s'acquitter. Elle n'est d'ailleurs
que la confirmation d'une clause qui se
trouve presque toujours exprimée dans
le contrat.

4. On doit remarquer, au surplus, que
cette obligation ne peut être exigée qu'en
nature, et que, ne s'arrérageant point,
elle se prescrit, s'il n'en a pas été formé
demande dans l'année.

ARTICLE 6.

« Ne pourront les domaniers exercer,
» contre les propriétaires fonciers, au-
» cune action en restitution, à raison
» des droits ci-dessus supprimés, qui au-
» ront été payés ou servis avant la publi-
» cation des lettres - patentes du 3 no-
» vembre 1789 ; mais toute action ou
» procès actuellement existant et non
» terminé par un jugement en dernier
» ressort, avant l'époque susdite, pour

» raison desdits droits non payés ou ser-
» vis, sont éteints, et les parties ne pour-
» ront les faire juger que la question des
» dépens faits antérieurement à la publi-
» cation du présent décret. »

1. La première partie de cet article est
conforme à l'art. 33 de la loi du 15—28
mars 1790, et prouve que l'abolition des
corvées d'usemens ou légales, dont il est
parlé dans l'art. 4, du droit de *déchéance*
ou *caducité*, et les autres droits féodaux
dont parle l'art. 2, remonte à la publication des lettres-patentes du 3 novembre 1789. (1)

2. Cette disposition distingue les droits
abolis, qui ont été perçus avant la publication des lettres-patentes, et ceux
qui ont été perçus depuis. Il est défendu
aux domaniers de demander la répétition des premiers ; mais il leur a été
permis de demander la restitution des
autres.

(1) Voyez ci-dessus, art. 1er.

Ainsi, par exemple, une tenue convenancière, sous l'Usement de Rohan,
dont le propriétaire foncier se serait em-
paré par droit de déshérence, à cause de
la mort du *juveigneur*, décédé sans enfans, ni frères, ni sœurs, depuis la publication des lettres-patentes, pourrait
être revendiquée par les héritiers colla-
téraux de ce *juveigneur*.

3. La seconde partie de l'article est
conforme à l'art. 34 du tit. 2 de la loi
du 15—28 mars 1790.

En éteignant les procès alors existans,
qui avaient pour objet de faire payer ou
servir des droits abolis, elle a permis de
les faire juger pour la question des dépens; mais les lois des 25 août 1792,
17 juillet 1793, 1er. et 9 brumaire an 2,
ont décidé que ces procès devaient demeurer éteints et *anéantis*, *dépens compensés*, et ont défendu aux tribunaux de
s'en occuper, à peine de forfaiture.

7*

ARTICLE 7.

« Les propriétaires fonciers et les do-
» maniers, en ce qui concerne leurs
» droits respectifs sur la distinction du
» fonds, et des édifices et superfices,
» des arbres dont le domanier doit avoir
» la propriété ou le simple émondage,
» des objets dont le remboursement doit
» être fait au domanier lors de sa sor-
» tie, comme aussi en ce qui concerne
» les termes des paiemens des redevan-
» ces convenancières, la faculté, de la
» part du domanier, de bâtir de nou-
» veau ou de changer les bâtimens exis-
» tans, se régleront d'après les stipula-
» tions portées aux baux ou baillées, et
» à défaut de stipulation, d'après les use-
» mens, tels qu'ils sont observés dans
» les lieux où les fonds sont situés. »

1. Cet article confirme et maintient
les usemens pour ce qui concerne les
concessions faites avant la loi du 6 août

1791, lorsqu'il n'y a pas eu de renouvélement de baillée, depuis la publication de cette loi, sauf les modifications faites par les art. 2, 3, 4 et autres, jusqu'à l'art. 13.

Avant la loi du 6 août 1791, les propriétaires fonciers et les domaniers pouvaient déroger aux usemens par des stipulations particulières sur tous les objets mentionnés en l'art. 7, et ils usaient souvent de cette faculté. Il était juste de maintenir ces conventions ; mais il était juste aussi d'obliger les parties à se régler, sur tous ces objets, d'après l'usement sous lequel elles avaient contracté. S'il n'y avait pas de stipulation dérogatoire à la loi locale, alors les parties sont censées s'être référées à l'usement, et l'avoir adopté pour faire la règle de leurs droits et devoirs respectifs.

2. Quoi qu'il en soit, la Cour, par l'arrêt du 20 mars 1810, déjà cité sur l'article 4, a décidé que la loi du 6 août 1791 « a établi un droit nouveau en matière

» de domaine congéable, et qu'en abo-
» lissant les divers usemens qui régis-
» saient cette espèce de propriété, elle
» a dégagé les colons de toutes les obliga-
» tions qui résultaient de ces usemens. »

C'est pourquoi elle a déclaré dégagés
de l'obligation de former un acte de *nouvelle reconnaissance* (1) d'un convenant
prescrit par l'usement local, des colons
qui, dans un acte d'assurance de 1779,
s'y étaient d'ailleurs positivement engagés.

Les motifs de la Cour furent que cette
réserve était bien antérieure à la loi de
1791, et ne pouvait, quoique souscrite
du colon, être mise à exécution contre
lui, lorsque sur-tout le terme de jouissance, stipulé dans l'acte de 1799, était
expiré depuis 1788; que les appelans
jouissaient sans nouvelle assurance, et
que le propriétaire avait à s'imputer la
faute, soit de n'avoir pas renouvelé le

(1) Voyez le Vocabulaire, au mot lettre RECOGNI-
TOIRE, et les Institutions de Beaudouin, t. 1.er, p. 163.

bail, soit de n'avoir pas exercé le congément avant la publication de la nouvelle loi.

3. Nous oserons encore combattre cette
jurisprudence, que nous croyons assez
généralement désapprouvée dans les cantons de domaines congéables, et qui s'est
fondée sur ce que les usemens auraient
été entièrement abolis par la loi de 1791,
tandis qu'il y a de si fortes raisons de
maintenir qu'ils ont continué de subsister, comme nous l'avons dit, en tout ce
qui dérive de la nature du domaine congéable, et en ce qui n'est point contraire
aux dispositions de cette loi, ou inconciliable avec elles.

4. Si notre opinion n'est pas erronée,
il en résulterait que les lettres recognitoires ou déclarations seraient encore exigibles, parce qu'elles n'avaient aucun rapport avec le régime féodal, et dérivaient
de la nature même du bail à convenant.

Or, il est facile de prouver que ces déclarations, appelées *lettres recognitives*

par l'art. 17 de l'Usement de Cornouailles, *reconnaissances* par le supplément de celui de Broërec , *déclarations notariées* par celui de Tréguier et Goëlo, n'avaient rien de commun avec le régime féodal.

Le seul argument qui ait été fait pour supposer le contraire, reposait sur ce que l'art. 6 de l'Usement de Rohan se servait des termes D'AVEU et *déclarations*.

5. Mais qu'importe, s'il n'y avait, comme il est facile de le prouver, aucune identité entre les *déclarations* des domaniers et les aveux exigés par les seigneurs des fiefs?

En effet, l'aveu se rendait à chaque mutation du *vassal*; et si les déclarations étaient dues aux changemens de *foncier*, c'était pour que le nouveau propriétaire eût toujours un titre exécutoire pour se faire payer de son fermage.

L'aveu du vassal devait seulement faire connaître au seigneur féodal l'étendue et la consistance du fief servant les arrières fiefs et les censives, et si le domanier était obligé de déclarer le nombre, l'espèce et la quantité des bois fonciers qui existaient sur la tenue, et qui appartenaient exclusivement au propriétaire, de faire la description des bâtimens qui en dépendaient, d'en donner les dimensions, d'exprimer la qualité des matériaux dont ils étaient composés, c'était par le motif qu'il ne pouvait les augmenter qu'avec le consentement du propriétaire foncier ; autrement, il eût pu surcharger la tenue d'édifices, et rendre le congément impraticable par l'excès du remboursement qui lui eût été dû.

L'aveu hors de blâme faisait la loi entre le seigneur et le vassal, qui ne pouvait être grevé de charges plus onéreuses que celles qu'il y avait reconnues; mais l'effet de la déclaration convenancière, non attaquée en tems utile, était détruit par une baillée ou tout autre accord postérieur, qui eût augmenté les prestations du colon.

Il est vrai que le délai pour blâmer

l'aveu d'un vassal et pour faire rectifier
la déclaration défectueuse d'un domanier, était le même ; mais on en trouve
la raison dans la nature de ces deux actions, qui étaient *personnelles*, et dont
par conséquent la durée était fixée à
trente ans, conformément à l'art. 285
de la Coutume.

6. « Remarquons qu'en aucun cas, dit
» Beaudoin (1), le domanier n'était su-
» jet à l'amende de soixante sous, pro-
» noncée par l'art. 664 de la Coutume,
» pour défectuosité d'aveu, parce qu'on
» *ne pouvait étendre les attributs du fief et*
» *de l'obéissance féodale aux baux à ferme*
» *et emphytéoses.* Telle est la raison qu'en
» apporte *Hévin, Questions féodales,*
» p. 314; et elle est déterminante. » (2)

(1) Institutions convenancières, t. 1.er, p. 73.

(2) Cependant ce même auteur ajoute que celle condamnation s'était glissée dans quelques arrêts, au sujet
des tenues situées en Rohan.

Mais doit-on conclure de ces dernières expressions
que, dans tous les usemens, les domaniers étaient con-

Les aveux rendus au seigneur particulier devaient être présentés et reçus à
l'audience publique de la jurisdiction,
et l'acte de réception signé du juge, du
procureur fiscal et du greffier (1).

Ces formalités n'étaient point observées pour les déclarations des domaniers.
Elles n'eussent même pu être remplies à
l'égard du foncier qui n'avait ni fief ni jurisdiction : il donnait son récépissé au
pied d'un des doubles de la déclaration.
Voilà en quoi consistait la réception.

Les règles sur la prescription et la

damnés à l'amende de soixante sous, quand leurs déclarations étaient jugées vicieuses ?

Cette erreur n'a jamais été commise dans les Usemens
de Cornouailles, Broërec, Tréguier et Goëlo. Il paraît
à la vérité qu'elle s'était glissée, par un vice de rédaction, dans un petit nombre d'arrêts rendus sur l'Usement
de Rohan, avec lequel les autres ne doivent point être
confondus. Peut-être même les actes dont il était question dans ces arrêts contenaient-ils tout à la fois un
aveu des biens tenus en fief, et une déclaration des
fonds acconvenancés.

(1) Principes du droit français, par Duparc-Poullain,
t. 2, p. 176 et 177.

8.

péremption des instances à fin de blâme des aveux, ou réformation des déclarations convenancières, étaient les mêmes que dans tous les procès ordinaires.

D'après ces différences essentielles, entre les déclarations ou lettres recognitoires exigées du domanier par les usemens, et l'aveu que le vassal devait à son seigneur, en vertu des lois féodales, il est évident qu'on ne pourrait les confondre de bonne foi (1).

6. Il reste à prouver que l'obligation de fournir ces lettres tient essentiellement à la nature du domaine congéable, et que l'erreur commune d'assimiler *absolument* le contrat de bail à convenant ou bail à ferme, est encore une cause de celle où nous pensons que l'on est

---

(1) Il est à remarquer en outre que l'Usement de Tréguier et de Goëlo distinguait formellement entre l'aveu du vassal et la déclaration du colon. L'art. 10 de cet Usement porte *que les colons ne doivent AVEU ni hommage, mais qu'ils doivent donner DÉCLARATION NOTARIÉE à chaque mutation de seigneur propriétaire.*

tombé, en déclarant abolie cette obligation, prescrite par tous les usemens, de
fournir des lettres recognitives.

Nous avons dit, n°. 10, que le bail à
convenant participait de la nature de
plusieurs contrats, et n'était pas plus
un bail à ferme que tout autre contrat.
Si donc il existe, pour que l'obligation
de fournir des lettres recognitoires soit
imposée aux colons, des raisons sans
réplique, mais qui ne sauraient être
appliquées aux fermiers, il sera prouvé que l'on ne peut conclure de ce que
ceux-ci ne sont point tenus d'en fournir,
qu'il doit en être de même à l'égard de
ceux-là.

Or, il est évident qu'il n'y a point,
dans l'un et l'autre cas, même raison
de décider.

Le fermier ne peut pas, comme le domanier, bâtir des édifices dont il puisse
acquérir la propriété par prescription, au
préjudice du propriétaire. Si, à l'expiration de son bail, il ne veut pas renouveler

sa ferme, le propriétaire met facilement
un nouveau fermier à sa place; s'il continue sa jouissance, c'est du plein gré de
celui-ci, que rien ne force ou ne détermine à le garder, que sa volonté franche
et libre.

Au contraire, le fermier ne peut congédier le colon qu'en remboursant les
édifices et superfices, ce qu'il est souvent hors d'état de faire; il peut même,
dans ce cas, le forcer de continuer son
bail par tacite réconduction, s'il n'exploite pas lui-même la tenue.

Or, des changemens importans, soit
dans les bâtimens, soit dans la surface
et conténance des champs, peuvent s'être
opérés et s'opèrent très-fréquemment;
et si le foncier n'a de ressource qu'un
congément peut-être impossible, que
devient sa propriété?

D'un autre côté, il importe que le domanier ne puisse, pendant ces prolon-
gations de jouissance, prescrire contre
les droits du propriétaire. Or, le seul

moyen d'empêcher cette injustice, c'est de l'assujétir à fournir cette déclaration prescrite par les usemens, et dont l'obligation prend sa source dans la nature même du contrat.

Ces considérations nous semblent décisives contre la jurisprudence qui a proscrit les déclarations.

7. Nous remarquerons maintenant que l'art. 7, ainsi que l'art. 20, renvoie aux stipulations des baillées, ou, à leur défaut, aux usemens, les réglemens des droits respectifs des colons et des fonciers, sur les arbres dépendans du domaine congéable.

Ainsi, l'art. 2 de l'Usement de Tréguier n'attribuant aux colons que la jouissance des arbres fruitiers et des bois puinais seulement, ce qui ne s'étend qu'aux arbres de basse tige et aux chênes de haies (1), etc., on ne peut accorder aux colons les bois plantés par les

(1) Voyez ordonnance de 1669, art. 5 et 16, et ce que nous disons sur l'art. 16.

8*

propriétaires, à leur vu et su : ces bois sont devenus, ou bois de décoration, ou bois fonciers, détachés de la superficie par la seule force de l'usement.

Si le colon ne peut avoir même l'émonde de ces bois, à plus forte raison ne peut-il forcer le propriétaire à les abattre, ou l'obliger à purger la terre de toute plantation.

Cependant, si le colon avait émondé à la connaissance du propriétaire, sans réclamation ni empêchement de sa part, il en résulterait un consentement tacite, qui rendrait celui-ci non recevable à demander des dommages et intérêts pour le passé (1).

ARTICLE 8.

« Dans le cas où le bail ou la baillée » et les usemens ne contiendraient au- » cun réglement sur les châtaigniers et

(1) Arrêt du 20 novembre 1811, troisième chambre, Journal, t. 3, p. 284.

» noyers, lesdits arbres seront réputés
» fruitiers, à l'exception néanmoins de
» ceux desdits arbres qui seraient plan-
» tés en avenues, masses ou bosquets,
» et ce nonobstant toute jurisprudence
» à ce contraire. »

1. Aucun usement ne dit expressément à qui, du propriétaire foncier ou
du colon, appartiennent les châtaigniers
et les noyers.

Tous s'accordent pour attribuer au
domanier la totalité des plans et arbres
fruitiers (1), et tous les arbres portant
fruits (2).

D'un autre côté, les usemens accordent
aux propriétaires fonciers les arbres et
bois de décoration (3), les bois qui s'élè-
vent en haute futaie, savoir : *chênes, frê-
nes, fouteaux ou hêtres et ormeaux* (4),
les chênes dont le domanier a les émon-

---

(1) Cornouailles, art. 25, et Tréguier, art. 2.
(2) Rohan, art. 13. (Gatchair sur Broërec).
(3) Rohan, art. 13.
(4) Gatchair sur Broërec.

des (1), et les rabines et bois de décoration non accoutumés à être émondés ; les bois propres *à merrain* (à œuvre), dont le domanier a l'émonde, tous les bois de haute futaie qui croissent au dedans des parcs et clôtures des tenues (2).

Dans cette incertitude des usemens, les domaniers réclamaient les châtaigniers et les noyers comme arbres fruitiers, et les propriétaires fonciers les réclamaient aussi comme bois propres à œuvre. L'ancienne jurisprudence les avait adjugés généralement aux propriétaires fonciers : la raison en était que ces arbres, dont le bois forme la principale valeur, tiennent, sous ce rapport, le premier rang parmi les bois à merrain ou à œuvre ; celui de noyer est le plus estimé de ceux qui croissent en Europe, le châtaignier sert à toutes sortes d'ouvrages ; on en fait sur-tout des charpentes

(1) Tréguier, art. 2.
(2) Cornouailles, art. 7.

très-solides. Ces deux arbres diffèrent essentiellement des pêchers, pruniers, pommiers et autres arbres fruitiers, dont le produit ne consiste que dans leurs fruits. Ainsi, l'on pourrait dire que la jurisprudence, en maintenant les châtaigniers et les noyers dans la classe des bois fonciers, n'était point contraire à la raison et à la justice.

2. Quoi qu'il en soit, l'art. 8 de la loi du 6 août 1791 l'abroge, ou du moins la modifie.

Si les baux, baillées, déclarations ou tout autre acte, intervenus entre les propriétaires fonciers et les colons, règle leurs droits concernant les châtaigniers et les noyers, il faut s'en tenir à ce réglement.

Dans le cas contraire, la loi nouvelle accorde les châtaigniers et les noyers qui se trouvent plantés en avenues et allées ou bosquets, au propriétaire foncier, parce qu'il est naturel de penser qu'ils ont été plantés par lui ou par ses auteurs.

Tous les autres noyers ou châtaigniers,
en quelqu'endroit de la tenue qu'ils se
trouvent, sur fossés ou ailleurs, pourvu
qu'ils ne forment pas avenues ou bosquets, doivent être réputés arbres fruitiers, et appartiennent au domanier.

3. Concluons, d'après les observations
ci-dessus, que la loi de 1791 a beaucoup
avantagé les colons, s'il est vrai qu'il
existe, sur plusieurs tenues, des bois de
châtaigniers qui souvent seraient vendus
plus cher que le fonds même.

ARTICLE 9.

« Dans toutes les successions directes
» ou collatérales qui s'ouvriront à l'ave-
» nir, les édifices et superfices des do-
» maniers seront partagés comme im-
» meubles, selon les règles prescrites par
» la Coutume générale de Bretagne et par
» les décrets déjà promulgués, ou qui
» pourront l'être par la suite comme lois
» générales par tout le royaume. »

1. Cet article confirme le principe consacré par tous les usemens, que les édifices et superfices sont meubles à l'égard du propriétaire foncier, et immeubles à l'égard de tous autres; et c'est dans la nature même des choses qu'a été puisée cette règle.

2. Respectivement au propriétaire, les droits du colon, sur la tenue, ne sont qu'objets mobiliers, par suite de ce principe général, que tout ce qui existe sur le fonds d'autrui est réputé *meuble* à l'égard de ce fonds : de là cette faculté accordée au propriétaire par l'art. 24, de faire vendre les *droits superficiaires*, faute au colon d'acquitter les prestations convenancières.

3. A cette exception près, les mêmes droits devaient être réputés immeubles à cause de leur importance, et ces immeubles *fictifs*, rangés dans le droit commun près des immeubles réels, et soumis aux mêmes règles, ont toujours pu être vendus, engagés, hypothéqués par

les colons; et dans le réglement des conventions matrimoniales, ou dans le partage des successions, on suit, à cet égard, les dispositions générales sur le mode d'acquérir ou de transmettre le domaine des choses.

Le propriétaire ne se mêle en rien de ces divers arrangemens, auxquels il n'a nul droit de consentir ou de s'opposer, parce que ses droits sont suffisamment garantis par la double faculté de congédier à l'expiration du bail, et, pendant son cours, de faire vendre, sur simples bannies, les droits superficiaires, si les prestations domaniales n'étaient pas exactement acquittées.

4. Suivant l'Usement de Cornouailles, les édifices et superfices se partageaient dans les successions directes ou collatérales, suivant la Coutume générale de Bretagne, sauf la solidarité des copartageans envers le propriétaire foncier, pour le recouvrement de ses droits convenanciers.

L'Usement de Rohan ne permettait pas le partage des tenues convenancières entre cohéritiers, soit en succession directe, soit en succession collatérale : s'il n'y avait qu'une tenue, elle passait au plus jeune héritier mâle, appelé *juveigneur*; à défaut d'héritier mâle, la plus jeune héritière recueillait la tenue. S'il y avait plusieurs tenues, les plus jeunes héritiers choisissaient chacun une tenue. Ce choix une fois fait par le plus jeune, les frères choisissaient ainsi dans le même ordre ; et s'il y avait plus de tenues que d'héritiers, le même choix recommençait, sans que jamais il pût y avoir division de tenues.

C'est cette disposition de l'Usement de Rohan que la première disposition de l'art. 9 de la loi du 6 août 1791 a voulu abolir.

5. Depuis la publication de cette loi, les édifices et superfices, sous cet usement comme sous les autres, ont dû être partagés suivant la Coutume de

9

Bretagne, dans les successions ouvertes sous l'empire de cette Coutume; ils ont dû être partagés suivant la loi du 17 nivôse an 2, dans les successions ouvertes sous cette loi; ils ont dû et devront se partager suivant le Code civil, dans les successions qui se sont ouvertes ou qui s'ouvriront sous l'empire de ce Code.

6. Il y a plus : par arrêt du 18 ventôse an 13 (1), la troisième chambre de la Cour de Rennes a considéré que ce droit de juveigneur, privilége exorbitant, contraire même au vœu de la Coutume, qui était de maintenir l'égalité dans les partages de successions roturières, avait été aboli, du moins implicitement, par la loi du 15 mars 1790 (2); qu'il ne pouvait être classé parmi les exceptions faites; que les expectatives respectées par ces dernières lois, étaient des expec-

(1) Il n'a pas été imprimé,

(2) Art. 7 et 11 du tit. 1.er de cette même loi.

tatives acquises comme celles de l'aînesse, et non *éventuelles*, telles que celle
de juveigneur, dont la qualité était toujours subordonnée à la survenance d'enfans, et, en conséquence, elle a réformé
un jugement du tribunal de Pontivy,
qui avait accueilli la prétention d'un juveigneur à la propriété exclusive de la
tenue, dont ses frères et sœurs deman-
daient le partage.

Un second arrêt du 18 mai 1812, première chambre (1), ayant prononcé de
la même manière, et par les mêmes motifs, on peut donc considérer la jurisprudence de la Cour comme invariablement fixée sur ce point.

7. Mais aussi, lorsque la succession
s'est ouverte avant la loi du 15 mars, les
droits que l'usement accordait au juveigneur lui sont irrévocablement acquis,
et, réciproquement, il ne pourrait re-
cueillir, sous l'empire des lois posté-

(1) Journal des arrêts, t. 3, p. 522.

rieures, des avantages que, d'après ce même usement, ses pères et mères ne pouvaient lui faire. (1)

La seconde partie de l'article abolit l'art. 25 de l'Usement de Rohan, qui refusait à la veuve du domanier le douaire que tous les autres usemens lui accordaient, suivant la Coutume générale, sur les droits réparatoires, propres de son mari, et qui devait consister dans l'usufruit du tiers de ces droits, s'il n'y avait convention contraire dans le contrat de mariage.

Ainsi, depuis la publication de la loi du 6 août 1791, le *douaire coutumier* a eu lieu, et devra avoir lieu, sous l'Usement de Rohan comme sous les autres usemens, au profit des veuves des domaniers, si elles sont mariées avant la loi du 17 nivôse an 2. A l'égard de celles qui se sont mariées depuis la publication

_____

(1) Arrêt du 27 août 1811, seconde chambre, Journal, t. 2, p. 270.

de cette loi, elles ne peuvent prétendre aucun douaire légal.

Les statuts qui, par le seul fait du mariage, accordaient à la femme, en cas de survie, une portion quelconque des biens de son mari, soit en propriété, soit par usufruit, sont devenus sans effets relativement aux mariages contractés depuis cette époque, et il en est de même des mariages contractés sous l'empire du Code civil.

9. On a élevé la question de savoir si l'on doit annuler un acte de vente faite à un successible, comme renfermant un avantage indirect, dont l'effet eût été de le faire jouir du privilége aboli du juveigneur.

Le tribunal de Morlaix avait jugé l'affirmative; mais la question, soumise à des jurisconsultes de Rennes, a été résolue dans un sens opposé, par la raison qu'il importait peu qu'un tel avantage pût, en dernier résultat, procurer au successible le bénéfice accordé par l'use-

9*

'ment, pourvu que cet avantage n'excédât pas la quotité disponible.

1o. Selon la première et la seconde dispositions de l'article, les édifices et superfices sont réputés immeubles pour *les sociétés conjugales.* Ainsi, aujourd'hui comme autrefois, les droits réparatoires, propres de l'un ou de l'autre conjoint, ne tombent point en communauté, s'il n'y a pas une convention expresse d'ameublissement;

2°. Si les droits réparatoires d'un des époux sont vendus ou congédiés pendant le mariage, il en est dû reprise à cet époux ou à ses héritiers;

3°. Si, pendant le mariage, il est construit un nouvel édifice, ou entièrement reconstruit un édifice caduc ou tombé en vétusté, sur la tenue d'un des conjoints, il en sera dû récompense par ce conjoint à la communauté;

4°. La même récompense est due pour ce que la communauté aurait payé au propriétaire foncier, afin d'obtenir le droit de planter les bois fonciers, et d'en disposer sur la tenue d'un des époux, c'est-à-dire, pour obtenir sur la tenue de celui-ci ce qu'on appèle vulgairement *le droit de bois.*

En un mot, les droits réparatoires, propres des conjoints, sont soumis aux mêmes lois, aux mêmes règles que les autres biens propres.

11. D'après la première et la deuxième parties de l'article, les édifices et superfices sont, comme nous l'avons dit, *immeubles* DANS TOUS LES CAS, si ce n'est à l'égard des propriétaires fonciers.

Ainsi, premièrement, ils sont susceptibles d'hypothèques, sans préjudice cependant du privilège qu'a le propriétaire foncier pour le paiement de ses rentes convenancières et autres droits résultant du bail, pour la conservation desquels on n'a pas besoin de prendre inscription, puisqu'à leur égard les droits du colon sont meubles, et qu'il est de principe (1) que les meubles n'ont point de suite par hypothèque.

Deuxièmement, aujourd'hui comme autrefois, le congément transfère au congédiant les droits congédiés quittes de toutes les hypothèques et de toutes les actions hypothécaires de la part des créanciers du colon expulsé par cette voie.

12. Mais nous remarquerons que ces objets étant *meubles* à l'égard du foncier, les créanciers du colon peuvent mettre des saisies-arrêts entre les mains du congédiant, qui doit y déférer autant qu'il le peut, sans se mettre dans l'impossibilité d'exercer son congément dans les termes des art. 21 et 22 de la loi du 6 août, et d'entrer en jouissance à la Saint-Michel. Il est certain qu'il se compromettrait à l'égard des créanciers arrêteurs, si, sans considération de leurs arrêts, il payait le prix du congément aux congédiés.

Il doit en conséquence signifier à ceux-

_____

(1) Loi du 11 brumaire an 7, et Code civil, art. 2118.

ci les copies des arrêts avec interpellation d'en faire obtenir main-levée, et offrir paiement sous cette condition.

S'ils ne font pas donner main-levée, il fera des offres réelles et en fera juger la validité, puis la consignation, et il en signifiera la quittance aux arrêteurs; mais cela ne doit avoir lieu qu'au cas où l'on craindrait que l'instance en validité n'entraînât au-delà de la Saint-Michel (1).

Troisièmement, ils sont susceptibles de la saisie immobilière, et ce n'est même que par cette voie que les créanciers du colon autres que le *propriétaire foncier*, peuvent les discuter et les faire vendre, en se conformant aux lois générales concernant cette espèce de saisie.

Quatrièmement, si on les afferme, ou s'ils changent de mains par vente volontaire ou forcée, par échange, rétrocession, succession, donation entre vifs ou testamentaire, ils sont soumis aux

(1) Voyez sur les art. 23, 24 et 25.

mêmes droits d'enregistrement que les autres biens immeubles.

Mais il doit en être autrement dans le cas où le propriétaire foncier les fait vendre par simples bannies, parce que c'est comme meubles qu'ils sont alors vendus. Il en est de même *dans le cas où le colon les vend, ou les abandonne au propriétaire, pour se libérer* de ce qu'il lui doit pour les prestations convenancières, parce qu'il ne s'agit encore en ce dernier cas que d'une vente ou abandon de biens meubles.

ARTICLE 10.

« Pour éviter toute contestation entre
» les fonciers et les domaniers, nonobs-
» tant le décret du 1er. décembre der-
» nier, auquel il est dérogé quant à ce,
» pour ce regard seulement, et sans ti-
» rer à conséquence pour l'avenir, les
» domaniers profiteront, pendant la du-
» rée des baillées actuelles, de l'exemp-

» tion de la dîme ; mais ils acquitteront

» la totalité des impositions foncières,

» et ils *retiendront* au foncier, sur la rede-

» vance convenancière, une partie de cet

» impôt , proportionnellement à ladite

» redevance. »

1. Le décret du 1er. décembre 1790,
dont parle cet article , avait décidé que
les fermiers et colons des fonds dont
les fruits étaient sujets à la *dîme ecclésiastique* ou inféodée , seraient tenus de
payer, à compte des récoltes de l'année
1791 , aux propriétaires, la valeur de la
dîme qu'ils acquittaient, suivant la liquidation qui en serait faite à l'amiable ,
ou pardevant les juges qui en devraient
connaître.

Ainsi, l'art. 10 de la loi du 6 août
1791 n'a entendu faire profiter les domaniers que de la suppression des dîmes
ecclésiastiques et des dîmes inféodées ,
qu'on a toujours présumées avoir été originairement des dîmes ecclésiastiques.

Cet article n'a aucun rapport aux dî-

mes féodales, et ne décide pas que les
domaniers doivent profiter de la suppression de ces dîmes, s'il en était dû
autrefois sur leurs tenues.

Il s'applique encore moins aux dîmes
foncières et convenancières, dues sur
plusieurs convenans et reconnues par
les domaniers dans leurs baux, baillées
ou déclarations.

2. Quelques propriétaires fonciers
avaient prétendu que les domaniers ne
pouvaient profiter de la suppression des
dîmes ecclésiastiques et inféodées, qu'à
la charge d'acquitter toutes les contributions foncières, sans diminution de
leurs redevances. Cette prétention, contraire au texte et à l'esprit de l'art. 10 de
la loi du 6 août 1791, a été condamnée d'abord par arrêt du 29 brumaire
an 10 (1), ensuite par un autre arrêt

(1) Voyez Jurisprudence de la Cour de Rennes, p. 614
et suivantes.

du 23 février 1809, deuxième chambre (1).

Il est évident, ainsi qu'il a été jugé par
cet arrêt, que, d'un côté, la loi a accordé
aux domaniers, pendant la durée des
baux alors existans, *le bénéfice de la suppression de la dîme, et que, d'un autre
côté,* si elle veut que les domaniers ac-
quittent la totalité des impositions foncières, elle les autorise a retenir au foncier, sur la redevance convenancière,
une partie de cet impôt, proportionnellement à cette redevance.

On ne peut donc pas dire que la loi
ne donne au domanier que l'alternative
de tenir compte au propriétaire foncier
de la valeur de la dîme supprimée, ou
d'acquitter sans reprise, et par compensation, avec le bénéfice de la suppression de la dîme, la totalité des impositions foncières.

3. Il était dû des *prémices* (2) sur quel-

(1) Il n'a pas été imprimé.
(2) Voyez le Vocabulaire, à ce mot.

ques convenans. Elles consistaient en
une certaine quantité de grains ou une
somme d'argent sur toute la tenue, ou
sur quelques pièces de terre de la tenue.
On a prétendu que les domaniers devaient payer aux propriétaires fonciers
la valeur de ces *prémices*.

Mais les prémices participaient de la
nature de la dîme ecclésiastique, et
n'étaient souvent qu'un abonnement de
cette dîme : elles tombent donc sous la
disposition de l'art. 10 de la loi du 6
août 1791.

4. Des propriétaires fonciers ont voulu
que leurs domaniers leur tînssent compte
de la valeur des tailles et fouages,

Mais ces impositions roturières étaient
la dette propre des domaniers, et elles
étaient assises sur leurs édifices et superfices. Ils les devaient même dans le
cas où leurs bailleurs et le fonds de leur
tenue étaient nobles et exempts de pa-
reilles contributions.

La suppression de ces charges a donc

profité aux colons et non aux propriétaires fonciers.

5. S'il en était autrement, les domaniers paieraient un double impôt foncier
sur leurs droits convenanciers, puisque,
d'un côté, ils paieraient à leurs bailleurs
la valeur des tailles et fouages, et que,
d'un autre côté, ils paieraient au trésor
public les impositions foncières qui rem-
placent les tailles et fouages, et toutes
les anciennes taxes réelles.

6. Ces mots, *pendant la durée des
baillées actuelles*, qui se trouvent dans
l'art. 10 de la loi du 6 août 1791, ne signifient pas qu'à l'expiration des baillées qui avaient cours lors de la publication de la loi, les domaniers aient dû
commencer de tenir compte aux propriétaires fonciers de la valeur de la dîme.

Le vœu de l'article, ainsi que l'a jugé
l'arrêt du 29 brumaire an 10 déjà cité,
est que les colons jouissent du bénéfice
de la suppression de la dîme, tandis
qu'ils jouiront par tacite réconduction,

par suite de baux consentis avant la publication de la loi du 6 août, et aux clauses et conditions de ces baux, jusqu'à ce qu'ils les renouvèlent sous l'empire de cette loi.

C'est alors que les propriétaires fonciers devront faire entrer en considération la suppression de la dîme, pour obtenir, s'ils le peuvent, une augmentation proportionnelle de la redevance convenancière.

7. Si les domaniers, pour profiter toujours de la suppression de la dîme, et pour se dispenser de payer des pots-de-vin ou commissions, ou d'augmenter leurs redevances, refusent de renouveler leurs baux, et préfèrent de tenir par tacite réconduction, les propriétaires fonciers n'ont que la ressource de les congédier ou de les faire congédier par des tiers, à qui ils céderont leurs droits de congément, en leur accordant des baillées, et en stipulant des redevances plus

fortes, s'ils le peuvent, que celles que leur paient leurs domaniers actuels.

8. Comment le domanier qui a payé la totalité des contributions sur la tenue, doit-il faire *la retenue* que lui permet l'art. 10?

Si le propriétaire foncier et le domanier étaient cotisés séparément, il n'y aurait pas de difficulté : le domanier qui aurait payé la totalité des impositions retiendrait, sur la redevance, la somme qu'il aurait payée pour la cote du propriétaire foncier, suivant la matrice du rôle.

Dans le cas où il n'y a qu'une cote pour toute la tenue, sans distinction de ce que doit payer le domanier pour ses édifices et superfices, l'arrêt précité du 29 brumaire an 10 décide qu'en pareil cas, si le propriétaire foncier et le colon ne peuvent se concilier, il serait, par experts convenus ou nommés d'office, fait entre les parties une répartition au marc le franc, du montant de la

10*

somme y énoncée, sans déduction de
la subvention de guerre, proportionnellement, tant à la redevance convenancière qu'au revenu, au denier vingt du
capital de la valeur des édifices et superfices imposables à la contribution foncière.

Les motifs de cette décision sont « que
» la redevance convenancière ne peut
» être assimilée aux rentes foncières pro-
» prement dites, ni à plus forte raison
» aux rentes constituées, et qu'il résulte
» de l'art. 10 de la loi du 6 août, que la
» proportion à laquelle il veut que le pro-
» priétaire foncier contribue à l'impôt,
» doit être déterminée par comparaison
» de la redevance qui lui est payée avec
» l'évaluation du produit annuel et pré-
» sumé des édifices et superfices du co-
» lon. »

Telle est la jurisprudence de notre
Cour royale, dans l'intérêt du colon,
mais constante, et fondée sur un grand
nombre d'arrêts.

9. Après avoir fait connaître cette ju_
risprudence, nous soumettrons à nos
lecteurs quelques réflexions qui nous
semblent mériter toute leur attention,
dans l'intérêt des domaniers.

Et d'abord, l'on a prétendu que l'article
que nous expliquons ne parlant que des
baux existans à l'époque de la publication de la loi ces baux, étant censés expirés au plus tard neuf ans après cette
époque, les domaniers ne peuvent plus
faire aucune retenue pour l'impôt.

Il est évident que ce système repose
sur une erreur.

La loi n'a point consacré cette conséquence, que nous serions porté à qualifier d'injustice ; elle n'a fait et ne pouvait faire aucune limitation, puisqu'il est
sensible que l'on doit tenir compte au
domanier de la portion de l'impôt assis
sur les droits fonciers, et dont il ne fait
qu'une avance en l'acquit du propriétaire.

Cependant, on a des exemples de

l'abus que l'on a fait, à cet égard, de l'ignorance de certains colons, auxquels on a refusé toute déduction, ou que l'on a du moins réduite à un dixième.

Telle est, en effet, la fixation qui a été faite par plusieurs arrêtés du Conseil de préfecture des Côtes-du-Nord, pour les rentes dues à l'administration de l'enregistrement ; fixation adoptée par la régie, mais à laquelle les colons ne peuvent être obligés de se soumettre, puisqu'évidemment les Conseils de préfecture sont incompétens sur ce point.

Revenons à la jurisprudence de la Cour, d'après laquelle on devrait recourir à l'expertise pour déterminer le montant de la retenue.

Nous conviendrons, avant tout, que les redevances convenancières ne sont pas de la nature des rentes perpétuelles, constituées à prix d'argent, ni de la nature des rentes viagères ; cela est certain.

Mais pourquoi ne seraient-elles pas

assimilées aux rentes foncières, en général, pour le mode de retenue?

« La rente convenancière, dit Duparc-
Poullain, t. 3 de ses Principes, p. 45,
est aussi *une rente foncière,* quoiqu'il n'y
ait point d'aliénation du fonds, et qu'elle
ne soit assise que sur les édifices et superfices, qui sont meubles entre le propriétaire foncier et le domanier. *Elle conserve même le caractère de rente foncière,*
lorsque le propriétaire foncier l'aliène,
quoiqu'il ne transporte pas en même
tems les droits fonciers. »

La loi du 6 août ne dit pas que la proportion à laquelle le propriétaire foncier
contribuera à l'impôt, doit être déterminée par comparaison de la redevance
qui lui est payée *avec l'évaluation du produit annuel et présumé des édifices et superfices du colon.*

Elle ne dit pas non plus que la proportion à laquelle le propriétaire foncier
contribuera à l'impôt, doit être déterminée par comparaison de la redevance

qui doit lui être payée *avec l'évaluation du produit annuel et présumé des édifices et superfices du colon.* —

Elle ne dit pas, enfin, que la proportion à laquelle le propriétaire foncier contribuera à l'impôt, sera déterminée par la comparaison de la rente qui lui est payée avec *le revenu, au denier vingt du capital de la valeur des édifices et superfices.*

Elle dit que le colon payant la totalité des contributions imposées sur la tenue, *retiendra* au foncier, sur la redevance convenancière, *une portion de cet impôt proportionnellement à ladite redevance.*

Pour connaître le véritable sens de cette disposition, il faut recourir aux lois des 1er. décembre 1790 et 6 août 1791.

La première de ces lois dit que les propriétaires dont les fonds sont grevés de rentes foncières, d'agriers, de champarts ou d'autres prestations, soit en argent, soit en denrées, soit en quotité de fruits, feront, en acquittant les rentes ou prestations, *une retenue proportionnelle à la contribution,* sans préjudice de l'exécution des baux et contrats faits sous la condition de la non retenue.

Elle dit : Que les débitans d'intérêts et de rentes perpétuelles constituées, qui sont autorisés à faire la retenue des impositions, feront ladite retenue à leurs créanciers *dans la proportion de la contribution foncière.*

Elle dit : Que les débitans de rentes viagères constituées ne feront la retenue que dans la proportion de *l'intérêt que le capital eût porté en rentes perpétuelles ;* que le capital sera connu, et que lorsque le capital ne sera pas connu, la retenue sera de la moitié de la proportion de la contribution foncière.

La contribution foncière ayant été fixée au cinquième du revenu imposable, la loi du 6 août 1791 décida que les débitans de rentes foncières, d'agriers, champarts ou autres prestations, ainsi que les débitans d'intérêts et rentes perpétuelles constituées, autorisés, par la loi du 1er. décembre 1790, à faire une retenue à raison de la contribution foncière, la feraient au cinquième du montant des rentes et intérêts pour l'année 1791, et pour tout le tems pendant lequel la contribution foncière resterait dans la proportion fixée pour ladite année, sans préjudice de l'exécution des baux et contrats faits sous la condition de la non retenue.

A l'égard des rentes ou pensions viagères non stipulées exemptes de la retenue, cette loi dit : Que les débiteurs *feront aussi la retenue au cinquième,* mais seulement sur le revenu que le capital, s'il est connu, produirait au denier vingt; que, dans le cas où le capital ne serait pas connu, la retenue ne se fera qu'au dixième du montant de la rente ou pension viagère, c'est-à-dire suivant la loi du 23 novembre—1er. décembre 1790;

que la retenue sera de la moitié de la proportion de la contribution foncière.

On a remarqué que la loi du 1er. décembre 1790 dispose que la retenue sur les rentes viagères se fera *dans la proportion de l'intérêt, ou proportionnellement à l'intérêt que le capital, s'il est connu, produirait au denier vingt.* Cela ne signifie pas que, pour déterminer la retenue, on doive comparer l'intérêt que le capital produirait au denier vingt, avec *l'évaluation du produit annuel et présumé des propriétés du débiteur de la rente,* ou avec le revenu net au denier vingt de la valeur des propriétés du débiteur.

Cela signifie seulement, ainsi que l'a expliqué la loi du 7—10 juin 1791, que la retenue se fera proportionnellement à la contribution foncière et au revenu que le capital de la rente viagère, s'il est connu, produirait au denier vingt.

Cela signifie que si le capital d'une rente viagère de 80ᶠ est de 1,200ᶠ, produisant au denier vingt 60ᶠ, et que la

11

contribution foncière soit fixée au cinquième du revenu imposable, le débiteur retiendra sur la rente de 80ᶠ le cinquième de 60ᶠ, c'est-à-dire 12ᶠ.

Ces mots *proportionnellement à ladite
redevance*, qui se trouvent à la fin de
l'art. 10 de la loi du 6 août 1791, ne signifient donc pas que, pour déterminer
la retenue à faire sur la redevance convenancière, il faille procéder à grands frais
à des expertises, afin de comparer la redevance convenancière, soit avec l'évaluation du produit annuel présumé des
édifices et superfices du colon, soit avec
le revenu au denier vingt du capital de
ces mêmes édifices et superfices.

On ne peut pas raisonnablement supposer que, dans l'art. 10 de la loi du
6 août, l'Assemblée constituante ait entendu attacher à ces mots, *proportionnellement à la redevance*, un autre sens que
celui qu'elle a donné dans les lois du
1ᵉʳ. décembre 1791 à ces mots, *dans la
proportion de l'intérêt que le capital de la*

rente viagère, s'il est connu, produirait au denier vingt.

Elle a donc voulu dire que les domaniers, dont plusieurs étaient aussi débiteurs de champarts et de dîmes, feront la retenue suivant le mode général établi pour tous les débiteurs de rentes foncières, d'agriers, de champarts ou autres redevances, soit en argent, soit en denrées, soit en quotité de fruits.

Elle a voulu que les domaniers fissent la retenue *proportionnellement* à leurs redevances et à la contribution foncière; qu'en acquittant leurs redevances, ils en retinssent le cinquième, le sixième ou le dixième, selon que la contribution foncière serait fixée au cinquième, au sixième ou au dixième du revenu imposable; qu'ils en fissent la retenue en argent sur les redevances en argent, et qu'ils la fissent en nature sur les rentes en denrées, et sur les prestations en quotité de fruits.

Le mode général de retenue consacré

par l'Assemblée constituante a été confirmé par plusieurs lois postérieures, et
particulièrement par celle du 3 frimaire
an 7.

Cette dernière loi porte, art. 98 : « Que
» les propriétaires de valeurs, d'intérêts
» et de rentes, ou autres prestations per-
» pétuelles constituées à prix d'argent,
» ou foncières dues avant la publication
» de la loi du 1er. décembre 1790, et qui
» étaient autorisés à faire la retenue des
» impositions lors existantes, feront la
» retenue à leurs créanciers dans la pro-
» portion de la contribution foncière. »

« Ils feront aussi la retenue, dit l'art. 99,
» dans la même proportion (de la con-
» tribution foncière) sur les rentes et
» autres prestations foncières non sup-
» primées, dont leurs fonds, *édifices* et
» usines se trouvent encore grevés, et
» dont la création est antérieure à la pu-
» blication de la loi du 1er. décembre
» 1790, quoique non autorisés à la faire
» par les anciennes lois *ou usages,* sans

» préjudice néanmoins de l'exécution
» des baux et actes faits sous la condi-
» tion *expresse* de la non retenue des
» impositions publiques, ou avec toute
» autre clause de laquelle résulte la vo-
» lonté conventionnelle des parties que
» les contributions publiques soient à la
» charge du preneur, en sus de la rente
» ou prestations. »

L'art. 100 porte : « Que les débiteurs
» de rentes constituées avant la même
» époque, et qui étaient autorisés à faire
» la retenue des impositions publiques,
» ne la feront que *dans la proportion de*
» *l'intérêt que le capital*, s'il est connu,
» *porterait en rentes perpétuelles*, et que,
» quand le capital ne sera pas connu, la
» retenue sera de la moitié de la propor-
» tion de la contribution foncière. »

L'art. 101 dit : « Qu'à l'avenir, les sti-
» pulations entre les contractans, sur la
» retenue de la contribution foncière,
» seront entièrement libres, mais qu'elle
» aura toujours lieu, à moins que le con-

11*

» trat ne porte la condition expresse de
» non retenue. »

Cette loi n'excepte de ces dispositions
aucun débiteur de rentes ou prestations,
soit foncières, soit constituées à prix
d'argent. L'art. 99 est conçu de manière
qu'on ne peut y méconnaître l'intention
du législateur de l'appliquer aux domaniers, comme à tous ceux dont les *édifices* sont grevés de rentes ou autres prestations foncières, et dont les propriétés
ont été régies par des *usages* locaux.

Dira-t-on, pour se dispenser d'appliquer aux domaniers le mode général de
retenue, qu'ils ne sont que des fermiers?

Cette objection ne serait pas faite de
bonne foi ; car il est certain qu'aujour-
d'hui même, bien loin de considérer les
domaniers comme des fermiers, au
moins lorsqu'il s'agit des contributions
foncières, les domaniers sont obligés de
payer une partie de ces contributions
pour leur propre compte ; comme leur
propre dette, et sans retenue, quoique,

par leurs baux, ils ne soient pas obligés à payer les charges publiques assises sur leurs tenues, sans diminution de leurs redevances.

Lorsque la loi du 6 prairial an 7 créa *la subvention extraordinaire de guerre*, elle décida que les fermiers feraient seulement l'avance de ce nouvel impôt, et qu'ils en feraient *la retenue* sur le prix de leurs baux, *dans le cas même où ils seraient chargés du paiement des contributions foncières*. Elle voulut que cette nouvelle contribution ne pesât que sur les propriétaires fonciers ou usufruitiers de biens fonds, et cette contribution a pesé sur les domaniers aussi bien que sur leurs bailleurs, depuis sa création.

Il n'y a donc aucun prétexte d'excepter les domaniers du mode de retenue établi par les lois antérieures et postérieures à celle du 6 août 1791, pour tous les débiteurs de rentes foncières ou constituées en perpétuel. Ils doivent faire la même retenue que *les propriétaires dont les fonds, édifices et usines* sont grevés de rentes foncières, d'agriers, de champarts ou d'autres redevances, soit en argent, soit en denrées, soit en quotité de fruits.

En s'écartant en cette matière de la règle générale, on s'expose presque nécessairement à commettre quelqu'injustice.

Le dispositif de l'arrêt du 29 brumaire an 10 a ordonné que les sommes payées par le domanier, pour la contribution foncière et la subvention de guerre, seraient réparties entre lui et le propriétaire foncier, proportionnellement à la redevance convenancière qu'il paie annuellement sur la tenue et au revenu, c'est-à-dire à l'intérêt au denier vingt du capital de la valeur des édifices et superfices.

Il faudrait donc estimer, en détail, tous les droits du domanier, pour en connaître la valeur vénale, et comme s'il était question de les rembourser en congément. Cependant, ces droits du

domanier peuvent se détériorer ou s'a-
méliorer considérablement d'une année
à l'autre : il faudrait donc réitérer souvent, à grands frais, l'estimation.

D'ailleurs, si l'on estimait minutieu-
sement tous les droits du colon, on serait obligé, pour être juste dans la répartition proportionnelle des impositions
foncières, d'estimer aussi tous les droits
du propriétaire foncier.

La rente convenancière est souvent
d'autant plus modique, que le propriétaire foncier, en la stipulant, en la fixant,
a exigé un pot-de-vin considérable, sous
le nom de *commission* ou *nouveauté*. Les
bois fonciers peuvent être aussi d'une
très-grande valeur.

Si donc on ne considère que la redevance que le propriétaire foncier reçoit
annuellement pour la comparer avec
l'intérêt, au denier vingt, du capital de
valeur estimative vénale et remboursa-
ble des droits du domanier, il est évi-

dent qu'on n'observera pas l'égalité proportionnelle , et que le colon sera lésé.

Dans les motifs de l'arrêt du 29 brumaire an 10, la Cour semble indiquer
une règle de proportion moins injuste
que celle qu'elle a prescrite dans le dispositif.

Elle déclare, en effet, dans les motifs,
que la proportion à laquelle le propriétaire foncier contribue à l'impôt, doit
être déterminée par la comparaison de
la redevance qui lui est payée *avec l'évaluation du produit annuel* et présumé des
édifices et superfices du colon.

Si cela signifie qu'on doit comparer la
redevance convenancière avec la valeur
locative des droits du colon, avec le *revenu annuel* que le colon pourrait retirer
de ses droits en louant la tenue, l'égalité proportionnelle pourrait être conservée, en augmentant la redevance convenancière à raison du pot-de-vin qui a
été payé au propriétaire foncier.

Ainsi, supposons que la redevance

convenancière stipulée par un bail de neuf ans, soit de 200^f, et que le propriétaire foncier ait touché un pot-de-vin de 900^f, on eût considéré la redevance annuelle comme étant de 300^f.

Supposons ensuite que le domanier afferme, ou que des experts décident qu'il peut affermer sa tenue 400^f; le revenu net du colon, après la redevance convenancière acquittée, est de 100^f; par conséquent, la répartition payée pour la contribution foncière devra se faire dans la proportion de 300 à 100^f, de 3 à 1, en sorte que la retenue à faire au propriétaire foncier sera des trois quarts de la somme payée au percepteur, l'autre quart restant à la charge du colon.

Nous pensons que l'on se convaincra aisément que ce mode de retenue est plus juste que celui prescrit par le dispositif de l'arrêt du 29 brumaire, si l'on fait attention que c'est sur le revenu que les contributions foncières doivent frapper; que le domanier, s'il a beaucoup de

logemens , peut avoir des droits d'une
grande valeur, en les estimant comme
en congément, quoique leur produit annuel et leur valeur locative soient très-
médiocres ; que la valeur de ses droits
ainsi estimée, comme en congément,
peut n'être, pour la plus grande partie,
qu'une valeur morte pour lui, et qu'on
ne doit considérer que le revenu annuel
que sa terre peut lui produire en main
de fermier, pour la contribution du propriétaire foncier.

10. Il nous reste maintenant à observer, sur l'art. 10, que les États de Bretagne avaient assujéti les domaniers aux
vingtièmes réels, suivant l'esprit de l'édit
de 1749, qui y soumettait tous les immeubles; que, par conséquent, les droits
réparatoires étaient taxés dans les rôles
pour leur contribution particulière, indépendamment de celle du fonds. (1)
Aujourd'hui, quoique le domanier ne

(1) Voyez Beaudouin, t. 1.er, p. 209.

soit point assujéti à une contribution particulière, et qu'il paie, sauf la retenue dont nous venons de parler, celle à laquelle l'immeuble est imposé en totalité, néanmoins l'on doit, dans les matrices cadastrales, ainsi que dans les rôles exécutoires, où il est prescrit de distinguer soigneusement les métairies des tenures convenancières, et suivant décision du ministre des finances, du 22 octobre 1807, employer les noms du colon et du foncier, suivant le mode qui suit :

TENURE DES AUBIERS : *Joseph, foncier; Paul, domanier.*

Si, comme il arrive souvent, il existe des consorts, il est inutile d'indiquer les noms et les parts de chacun d'eux, parce que toutes les parties intégrantes de la tenure sur lesquelles l'impôt frappe directement restant toujours les mêmes, cette distinction serait peu importante; ce serait se livrer à une opération d'intérêt personnel et en quelque sorte do-

mestique, dont l'administration générale n'est pas dans le cas de s'occuper.
Ainsi, on écrirait simplement :

JOSEPH *et consorts*, FONCIERS ; *Paul et
consorts, domaniers.*

Mais il est nécessaire d'ouvrir dans le
livre des mutations un nouvel article à
chaque changement, soit de propriétaire
foncier, soit de domanier. L'ordre et la
clarté qui doivent régner dans les livres
de mutations, et qui en font le mérite
principal, exigent la pratique constante
de cette méthode.

ARTICLE II.

« A l'expiration des baux ou des baillées
» actuellement existans, il sera libre aux
» domaniers (qui exploitent eux-mêmes
» leurs tenues), de se retirer et d'exiger
» le remboursement de leurs édifices et
» superfices, pourvu néanmoins que les
» baux ou baillées aient encore deux an-

» nées complètes à courir, à compter de
» la Saint-Michel, 29 septembre 1791.

» Dans le cas où les baux ou baillées
» seraient d'une moindre durée, le do-
» manier ne pourra se retirer avant l'ex-
» piration desdites deux années, à comp-
» ter de la Saint-Michel 1791, sans le
» consentement du propriétaire foncier;
» et réciproquement, le propriétaire fon-
» cier ne pourra congédier le domanier
» sans le consentement de celui-ci,
» qu'après l'expiration du délai fixé par
» le présent article.

» Les domaniers dont les baux sont ex-
» pirés et qui jouissent sans nouvelle as-
» surance, ne pourront être congédiés ni
» se retirer qu'après quatre années com-
» plètes échues, à compter de la Saint-
» Michel 1791. »

1. Sous l'empire des usemens, les domaniers, tous soumis au congément,
pouvaient être congédiés dès que leurs
baillées ou assurances étaient expirées;

mais ils ne pouvaient jamais exiger le remboursement de leurs droits.

Les fonciers les congédiaient donc si bon leur semblait, sans pouvoir jamais y être contraints par eux.

Ainsi, les domaniers qui, pour quelque motif que ce fût, voulaient quitter la tenue, n'avaient que la ressource de faire *exponse*, c'est-à-dire, d'abandonner leurs édifices et superfices, après avoir exactement payé toutes les levées échues de leurs prestations.

On doit convenir que la faculté qui eût été accordée au colon d'exiger son remboursement, eût été contraire à la nature du bail à convenant, tel qu'il était établi par les usemens, tandis que celle de congédier était le signe caractéristique de la propriété du fonds.

Mais les législateurs de 1791 considérèrent le défaut de réciprocité comme tellement en opposition avec les principes du droit commun, en matière de conventions, qu'ils ont cru juste d'ac-

corder du moins aux colons qui exploi-
teraient leur tenue, la faculté d'exiger
le remboursement.

On peut observer ici que les domaniers
ayant tous le même titre, les mêmes qualités, et leur propriété étant de même nature, il semble qu'on devait les traiter
tous de la même manière, et les autoriser, sans distinction, à exiger le remboursement de leurs droits superficiaires. C'est aussi ce que portait le projet
de loi.

Mais en consultant l'expérience, on
reconnut, dans la discussion, que les domaniers qui exploitaient eux-mêmes
leurs tenues ne chercheraient guère à
se faire rembourser, et l'on considéra,
d'un autre côté, que ceux qui affer-
maient étant pour la plupart de riches
propriétaires qui, en grande partie, eussent pu se porter à demander le remboursement, il y eût eu à craindre qu'en
usant de la rigueur de l'art. 23 ci-après,
ils ne réduisissent leurs propriétaires.

12*

fonciers à la triste extrémité, soit de laisser vendre leurs rentes foncières et tous leurs droits fonciers, par défaut de moyens de rembourser les édifices et superfices, soit de les abandonner aux colons.

Tels ont été, sans doute, les motifs de l'exception faite par l'article que nous expliquons.

Quoi qu'il en soit, il est évident que ce n'est qu'aux domaniers qui exploitent eux-mêmes leurs tenues, que la loi accorde la liberté d'exiger le remboursement de leurs édifices et superfices, et que c'est avec réflexion qu'on a refusé cette faculté aux autres colons.

2. On a cependant soutenu et plaidé que les domaniers qui n'exploitent pas leurs tenues eux-mêmes pouvaient, comme ceux qui exploitent les leurs, exiger leur remboursement.

Mais il est désormais décidé, *in terminis*, qu'il n'y a que ceux qui *exploitent eux-mêmes* qui puissent exiger leur rem-

boursement, et que les autres demeurent toujours soumis à l'obligation qu'ils
ont contractée expressément ou tacitement, sous l'empire des usemens, d'at-
tendre leur remboursement sans pouvoir
l'exiger. (1)

3. On a en outre argumenté de ces
expressions, *qui exploitent eux - mêmes
leurs tenues,* pour soutenir que s'il s'agissait seulement de maisons ou d'usines
possédées à titre de domaine congéable,
les domaniers de ces biens qui les affer-
maient pouvaient exiger leur remboursement.

Mais l'art. 11 est aussi général que les
articles qui le précèdent, aussi général
que l'art. 1er, et la rubrique de la loi, qui
parlent de *toutes les concessions ci-devant
faites sous le titre de baux à convenant ou
à domaine congéable.*

Or, la concession à titre de bail à convenant d'une maison déjà construite ou

(1) Voyez arrêts de la première chambre, du 9 janvier, et de la seconde chambre, du 26 mai 1809.

d'un terrain pour y construire une maison d'habitation, *en ville* ou *à la campagne*, constitue une *tenue à domaine congéable* (1), aussi bien que la concession à titre de convenant de terres pour être labourées, et le domanier d'une maison qui l'habite *exploite* sa tenue dans le sens de l'art. 11, aussi bien que celui qui laboure les terres qu'il tient à ce même titre de domaine congéable.

Au surplus, la Cour de Rennes, par arrêt du 13 mai 1809, a fait l'application de l'art. 11 à des maisons situées à Lorient.

4. Mais il importe de remarquer l'espèce de cet arrêt, qui présente à examiner la question de savoir s'il y a lieu à admettre la demande en remboursement, de la part du colon qui eût affermé sa maison, en se réservant la jouissance d'une portion quelconque.

Les sieur et dame Thomas, domaniers

_____

(1) Voyez Beaudouin, t. 1.er, p. 42, n.º 25.

d'une maison située à Lorient, avaient demandé et fait juger, le 27 juin 1808, leur remboursement contre les héritiers Floyd.

Ceux-ci soutenaient, en cause d'appel, que les sieur et dame Thomas n'exploitaient pas eux-mêmes leur tenue à l'époque de leur demande en remboursement.

Les sieur et dame Thomas répondirent qu'à la vérité ils avaient loué leur maison, mais qu'ils s'y étaient réservé un cabinet. Ils ne couchaient cependant pas dans ce cabinet, mais dans une maison séparée, où ils tenaient un café.

La Cour, sans s'expliquer particulièrement sur cette circonstance, que les domaniers s'étaient réservé un cabinet, et sans établir aucun considérant sur leur maintien à cet égard, décida, en point de fait, *qu'ils n'exploitaient pas leur tenue eux-mêmes*, ou en d'autres termes, *qu'ils n'occupaient pas leur maison eux-mêmes*, lors de leur demande en remboursement; elle conclut de là, en point de droit, que, suivant l'art. 11, ils n'avaient pu demander leur remboursement, et elle les débouta de cette demande, en réformant le jugement du tribunal de Lorient.

Il est à regretter que cet arrêt ne se soit pas expliqué plus clairement sur la retenue que les sieur et dame Thomas avaient faite d'un cabinet, en affermant le reste de la maison. Il nous paraît cependant que la Cour a entendu juger que cette circonstance était indifférente; et en effet, il est dérisoire de dire qu'on exploite soi-même sa tenue, qu'on occupe soi-même sa maison, dans le sens de l'art. 11, lorsqu'on a loué la totalité, à la réserve d'un cabinet dans lequel on ne demeure pas, et où l'on ne couche même pas : c'est faire dépendre le principal de l'accessoire et se jouer de la loi.

5. Mais, par la raison contraire, et parce que l'accessoire doit suivre le principal, nous pensons que cet arrêt est sans

application pour le cas où des personnes
demeureraient dans une maison considérable, et l'occuperaient toute entière,
à l'exception, par exemple, d'un étage
qu'ils auraient loué.

Il nous semble qu'elles seraient bien
dans la classe des domaniers auxquels
l'art. 11 permet de se retirer ou d'exiger
le remboursement de *leurs édifices et superfices* : autrement, la loi serait rigide
jusqu'à la minutie ; presque tous les domaniers de maisons seraient dans l'alternative d'en laisser une partie vide et
sans produit (ce qui rendrait les loyers
plus rares et plus chers), ou de ne jamais pouvoir demander leur remboursement.

Nous ne pouvons nous persuader que
ce soit là le vœu de la loi ; et comme,
dans l'esprit de l'arrêt du 13 mai 1809,
la Cour *de minimis non curavit*, en jugeant qu'un domanier n'occupait pas lui-
même sa maison, parce qu'il s'y était
réservé un cabinet où il ne logeait pas,

il nous semble qu'on doit juger que
les domaniers exploitent eux-mêmes
leur tenue, dans le sens de l'art. 11,
lorsqu'ils occupent eux-mêmes une maison, et qu'ils y ont tout leur ménage, etc.

Ici se présente naturellement l'examen de la question de savoir s'il en est
des *tenues à culture* comme des *maisons;*
en sorte qu'un domanier qui exploiterait lui-même une partie de la tenue,
et qui eût affermé l'autre, pourrait exiger son remboursement.

Nous ne le pensons pas, attendu qu'il
existe pour les maisons des raisons particulières qui ne sauraient être appliquées aux tenues à culture; que d'ailleurs, comme nous l'avons dit n°. 1er,
la faculté de remboursement semble une
exception aux conséquences qui dérivent de la nature du domaine congéable;
or, une exception ne peut être étendue
au-delà de ses limites.

On connaît d'ailleurs la maxime *ubi
lex non distinguit nec nos distinguere*

debemus : il n'est pas permis de distinguer là où la loi ne distingue point, et
s'il est un cas sur-tout dans lequel cette
maxime doive recevoir son application,
c'est sans contredit lorsqu'il s'agit de faire
profiter de la faveur d'une exception des
personnes qui évidemment ne sont pas
comprises dans la généralité des expressions de la loi : celui qui n'exploite
qu'une partie de sa tenue n'exploite point
sa tenue dans le sens de l'art. 11.

5. Telle est notre opinion *particu-*
lière; mais nous devons observer qu'en
argumentant de la jurisprudence de la
Cour, sur la question traitée au numéro
suivant, il serait douteux, tant que cette
jurisprudence n'aura pas changé, que
cette opinion fût suivie, du moins en
thèse générale; il est probable, au contraire, que dans le cas où le domanier
exploiterait une partie considérable de
la tenue, on considérerait comme en opposition au droit commun, et par conséquent peu favorable, la disposition qui

13

interdit aux colons qui n'exploitent pas la faculté d'exiger le remboursement, et que l'on appliquerait, en faveur de ceux qui exploitent en partie, la maxime *odia restringenda favores ampliandi.* Nous n'en persistons pas moins à considérer cette indulgente interprétation comme opposée à la nature du domaine congéable, à l'esprit et au texte de l'art. 11.

6. La question à laquelle se rapporte la jurisprudence dont nous venons de parler, est celle de savoir si, *une tenue étant indivise entre plusieurs codomaniers, dont un seul demeure dans la tenue et l'exploite, le remboursement des édifices et superfices peut être exigé, soit par tous les codomaniers conjointement, soit* POUR EUX TOUS, *par celui qui exploite.*

L'affirmative est consacrée par la jurisprudence de la Cour royale de Rennes, et se fonde sur les motifs que nous allons développer :

Le propriétaire foncier pouvant congédier tous les codomaniers, et *la loi de vant être égale*, on doit décider *réciproquement* que le codomanier qui occupe la tenue, peut demander le remboursement de ses édifices et superfices *pour lui et consorts.*

Le propriétaire ne peut avoir aucun prétexte plausible de se refuser à cette demande, puisqu'en congédiant le détenteur, c'est-à-dire, le domanier qui exploite la tenue, et en lui remboursant le prix de la totalité des droits réparatoires, il se libère envers tous les cotenanciers.

Si les codomaniers non exploitans se réunissent à celui qui exploite, pour demander le remboursement de la totalité des édifices et superfices, il ne peut y avoir plus de difficulté : c'est de la tenue *in solidum* que le remboursement est demandé ; le propriétaire foncier n'aura pas à distinguer les droits de chacun des codomaniers, pour faire le remboursement ; chacun des tenanciers ayant droit *in toto et quâlibet parte*, chacun d'eux

pouvant demander le remboursement
du total pour lui et consorts, et en donner un titre valable quittance, il suffit
qu'un seul d'entre eux soit dans la tenue
et l'exploite, pour que la demande en
remboursement qu'ils formeraient *conjointement* fût valable et tout aussi recevable que celle qui serait formée par le
détenteur pour lui et ses consorts.

Il est à remarquer, d'ailleurs, que si
nous avons dit, nᵒˢ 3 et 4, à l'égard des
maisons, que le domanier ne doit être
réputé *exploiter* par lui-même qu'autant
qu'il habite, il ne s'ensuit pas que cette
condition soit exigée, lorsque la tenue
se compose tout à la fois, et d'édifices,
et de terres. Le mot *exploiter* signifie
faire valoir; or, on *fait valoir* les terres
lorsqu'on les cultive, même sans les habiter, tandis que les maisons ne sont
pas susceptibles d'autre mode de jouissance que l'*habitation*; et c'est parce
que l'art. r r devait produire ses effets à
leur égard, comme à l'égard des terres;

qu'il a bien fallu décider que l'habitation équivaudrait à l'exploitation.

Par suite de cette doctrine, on se trouve porté à décider de la même manière, dans le cas où les codomaniers auraient partagé entre eux la tenue sans le concours ou l'approbation du propriétaire foncier, et sans que ce propriétaire eût pris droit par le partage, ni consenti à faire de la tenue plusieurs tenues distinctes.

Dans ce cas-là, aucun des tenanciers ne pourrait sans doute demander le remboursement des édifices et superfices *de sa portion*, quoiqu'il l'exploitât lui-même, parce que le propriétaire foncier ne peut pas être obligé de diviser la tenue, et de la rembourser par portion.

Mais, par la raison aussi que la tenue est *indivisible*, et que le partage fait par les colons est étranger au propriétaire foncier, le remboursement *de la totalité* des édifices et superfices peut être demandé, ou par l'un des tenanciers, *pour*

13*

lui et consorts, ou par tous les ténanciers *conjointement*, quoique chacun d'eux n'exploite pas sa portion, et qu'il n'y en ait qu'un seul à exploiter toute la tenue, comme propriétaire de sa portion, et comme fermier des portions de ses consorts.

La décision paraît encore devoir être la même dans le cas où, après le partage, un seul des tenanciers exploiterait lui-même sa portion, tandis que les autres, au lieu d'exploiter les leurs ou de les affermer à leur consort, les affermeraient à des étrangers.

En effet, tous ces domaniers étant solidaires, et la tenue étant *indivisible* par rapport au propriétaire, le domanier qui exploite sa portion est dans la tenue, et la couvre même toute entière à l'égard de ce même propriétaire foncier. Ce domanier peut donc, ou se réunir à ses consorts pour demander le remboursement des édifices et superfices de toute la tenue, ou en faire la demande pour lui et ses consorts.

Le propriétaire foncier ne peut pas éluder la demande de remboursement, en se prévalant de faits et de circonstances qu'on ne pourrait lui objecter pour faire rejeter sa demande de congément, s'il lui plaisait de congédier, ni pour le forcer à faire autant de prisages que le partage des colons contiendrait de loties.

Tout ce qui précède est justifié par les arrêts de la Cour de Rennes, des 27 février et 15 avril 1811, 19 février, 3 mai et 16 juin 1813, et 16 juillet 1815 (1).

Il est à remarquer, premièrement, que tous ces arrêts sont rendus sauf le droit du propriétaire foncier d'user de compensation sur le prix à rembourser, jusqu'à concurrence de la somme qui pourrait lui être due pour arrérages des

(1) Voyez Journal des arrêts, t. 2, p. 82 et 119, et t. 4, p. 42, 80 et 99.

prestations; secondement, que par une conséquence de cette jurisprudence, il a été décidé par l'arrêt du 15 avril 1811, qu'une procuration par laquelle les consorts du domanier qui a formé seul l'action en congément déclareraient adhérer à ses poursuites, serait surabondante et inutile pour valider l'action, soit en première instance, soit en appel.

Ajoutons que cette réciprocité, établie par l'art. 11, entre le bailleur et le preneur d'un immeuble à domaine congéable, n'est pas seulement considérée comme une disposition transitoire; qu'elle règle l'avenir comme le moment actuel, et qu'ainsi, relativement aux baux postérieurs à la loi de 1791, le preneur a conservé la faculté d'exercer lui-même le congément. En effet, dans le système de la jurisprudence que nous venons de retracer, le défaut de réciprocité, dans la faculté de congément, est réputé contraire au droit commun et aux principes ordinaires des conventions; il ne serait fondé que sur des lois d'exception, et les usemens supprimés par l'art. 1er. de la loi du 6 août 1791; et il suffit que cette réciprocité n'ait pas été interdite au preneur par une convention expresse, pour qu'elle ait lieu à l'égard des baux tant antérieurs que postérieurs à cette loi.

Tels sont aussi les motifs pour lesquels la Cour de cassation (1) a rejeté, le 17 avril 1815, un pourvoi formé contre un arrêt de la Cour de Rennes, du 24 juillet 1812, qui avait prononcé le congément sur la demande du colon.

Enfin, on fait encore résulter de ce principe de réciprocité absolue, que l'on considère comme établi par la loi du 6 août, que les domaniers ont maintenant le droit d'exiger et de poursuivre leur remboursement vers un seul des propriétaires fonciers de la tenue ou de leurs héritiers, sauf à lui à s'entendre

(1) Voyez Sirey, t. 15, p. 296.

avec ses consorts, de même que nous avons dit sur l'art. 3, n°. 4, que le propriétaire foncier pouvait poursuivre le congément vers un seul des colons, en quelque nombre qu'ils fussent.

7. C'est encore ce qui a été jugé par les arrêts précités. Quoi qu'il en soit, nous devons dire que l'on n'est pas généralement d'accord sur les principes consacrés par cette jurisprudence, qui, sous le prétexte de l'indivisibilité de la tenue du propriétaire foncier au domanier, et de la réciprocité du congément et du remboursement, attribuent à un colon le droit de provoquer le dernier pour lui et ses consorts, sans le concours de ceux-ci.

Nous devons donc soumettre à nos lecteurs les raisons de douter que l'on oppose :

Et d'abord, on argumente de l'analogie qui existe entre l'action de congément dans ce cas et l'action rédhibitoire, et l'on invoque les principes que Pothier établit à cet égard dans son Traité du contrat de vente, n°. 224, où il établit que l'action rédhibitoire est indivisible à l'égard de plusieurs acheteurs, lorsque la chose leur a été vendue *sub specie unitatis*, quoiqu'ils ne se soient pas obligés solidairement au paiement du prix, attendu qu'en ce cas il n'y a qu'un contrat de vente d'une seule chose : d'où suit que l'action rédhibitoire ne peut être exercée que conjointement.

Cela posé, lorsque le propriétaire d'une portion des édifices, qui exploite toute la tenue comme fermier de ses consorts, forme seul une demande en remboursement, le propriétaire foncier pourrait lui répondre : « Vos consorts ne demandent pas le remboursement de leur part ; je ne me libérerais pas envers eux en vous payant la totalité du prix des édifices ; vous ne pouvez pas non plus exiger le remboursement de votre part, parce qu'à raison du préjudice que j'éprouverais, si j'étais ensuite obligé de rembourser une partie de la tenue, mon obligation d'effectuer le remboursement est indivisible par rapport à vous. »

Ces raisonnemens d'induction, tirés de l'action rédhibitoire, ne nous semblent pas mériter une grande considération, par la raison que le principe d'indivisibilité établi par Pothier, relativement à cette action, est fondé, comme il le dit lui-même, n°. 223, sur ce que le vendeur souffrirait dommage *s'il était obligé de reprendre seulement pour partie la chose vendue.*

Or, ici le propriétaire foncier ne peut être obligé, sur la demande d'un seul colon, de ne reprendre qu'une portion des édifices : il rembourse et reprend la totalité. On ne saurait donc appliquer ce que dit Pothier, relativement à l'action rédhibitoire.

Une analogie plus exacte, peut être, se trouverait entre notre cas et la vente à pacte de rachat, attendu que l'aliénation résoluble des édifices et superfices semblerait plutôt participer du contrat à réméré, au moyen du droit de congément donné au propriétaire foncier, et à l'exercice duquel il est contraint par l'action en remboursement.

C'est dans cette assimilation du congément à l'exercice du droit de rachat que contient le bail à convenant, que l'on puise le plus fort argument contre la jurisprudence établie sur la question qui nous occupe. En effet, il résulterait de cette assimilation que, si l'action en congément n'est pas formée par tous les copropriétaires fonciers, le domanier pourrait, aux termes des art. 1669 et 1670 du Code civil, être *renvoyé de la demande..*

Par la même raison, d'après la règle de réciprocité, qui recevrait ici son application, le propriétaire foncier devrait être également renvoyé de la demande, lorsqu'elle ne serait pas formée par tous les codomaniers.

On a vu que c'est au contraire cette

14

règle de réciprocité que l'on invoque, pour en conclure, suivant la jurisprudence de la Cour, qu'un seul des copropriétaires fonciers pouvant exercer le congément pour lui et ses consorts, un seul des codomaniers peut provoquer le remboursement pour lui et les siens.

Mais l'on maintient que la loi de 1791 n'a pas entendu détruire en lui-même le principe originaire que le domanier ne pouvait pas exiger le remboursement; que ce n'est que par une exception et une dérogation aux conventions présumées des parties, qu'il a été autorisé à exercer une action à cette fin, et pour le cas seulement où il exploite lui-même la tenue.

Or, comme une exception ne peut être étendue, on en conclut qu'on ne peut poser en principe que la loi ait établi une réciprocité *parfaite* entre le foncier et le colon; que cette réciprocité serait injuste si ce dernier pouvait exiger son remboursement toutes les fois

que le propriétaire peut exercer le congément, puisque la condition de celui
qui serait forcé d'acheter serait beaucoup plus dure que celle de celui qui serait forcé de vendre.

En effet, on place plus facilement ses
fonds qu'on ne s'en procure, pour faire
une acquisition souvent onéreuse, dans
l'espèce où nous raisonnons.

On convient bien que les droits édificiers sont indivisibles, par rapport au
propriétaire foncier, et qu'il peut, par
conséquent, former la demande en congément contre un seul des codomaniers,
et que *réciproquement* les fonds de la tenue étant indivis, et ce, par rapport au
domanier, celui-ci peut former la demande en remboursement contre un
seul des copropriétaires fonciers.

Mais c'est la seule conséquence que
l'on puisse tirer du principe de la réciprocité établi par l'art. 11, et pour en
tirer celle qu'un des codomaniers ait le
droit de provoquer le remboursement

sans le concours de ses consorts, il faudrait qu'un des copropriétaires fonciers
eût *toujours* eu le droit d'exercer le congément sans le concours des siens.

Cependant, le principe contraire était
constant, comme l'atteste Beaudoin, et
comme il a été jugé par un arrêt qu'il
cite.

Ainsi dire : « La loi est *égale* pour le
» domanier et le foncier. Or, les édifices
» étant indivisibles par rapport à ce der-
» nier, et celui-ci pouvant, par consé-
» quent, former sa demande en congé-
» ment contre un seul des codomaniers,
» un seul des codomaniers peut, en
» vertu de la réciprocité, former sa de-
» mande en remboursement contre le
» propriétaire foncier », c'est faire un
faux raisonnement, puisqu'il en résulte
que l'on accorde au domanier, *en vertu
de la réciprocité*, un droit que le propriétaire foncier n'a jamais eu.

On fait valoir, au surplus, les inconvéniens qu'entraîne ce système d'accor-

der à un seul consort le droit de disposer de ce qui ne lui appartient pas.

En effet, si l'on admet dans un sens aussi absolu le principe de la réciprocité, on pourrait refuser les mêmes droits aux propriétaires fonciers, et il en résulterait qu'après que l'un d'entre eux eût exercé le congément sans le concours de ses consorts, il deviendrait domanier par rapport aux autres; un d'eux pourrait également, sans son concours, le congédier lui-même l'année suivante; un troisième congédierait le deuxième, et successivement chaque année un des consorts pourrait exercer le congément sur celui qui aurait congédié avant lui.

Il est donc vrai de dire que la prétention des domaniers tend à leur faire accorder, en vertu de la réciprocité, un droit que les propriétaires fonciers n'avaient jamais eu et qu'ils ne pouvaient pas avoir.

Si nous avons dit, art. 3, n°. 4, que le propriétaire peut exercer le congément

14*

contre un seul des codomaniers, c'est parce que le partage que ceux-ci ont fait lui est étranger et ne peut pas nuire à ses droits, et réciproquement le domanier peut demander le remboursement à un seul des copropriétaires fonciers, parce que leurs arrangemens lui sont également étrangers et ne peuvent pas lui préjudicier.

Mais celui qui a fait un partage peut-il dire que ce partage lui soit étranger et ne peut pas lui être opposé? Après avoir partagé, peut-il exercer les droits de son copartageant? Jamais on n'a accordé un pareil droit au propriétaire foncier, et, réciproquement, on doit le refuser au codomanier.

Telles sont, en partie, les objections que l'on fait contre le système que nous avons exposé, d'après la jurisprudence de la Cour.

8. C'est maintenant le lieu de traiter une question diversement jugée, et sur laquelle la jurisprudence a été fixée dans

un sens qui n'est pas encore généralement approuvé :

*La renonciation du domanier à provo-
quer le congément par l'action de remboursement des édifices et superfices est-elle valable, tant pour le passé que pour l'avenir?*

Cette question a été jugée pour l'affirmative, attendu, en général, que la loi
ne proscrivant pas expressément cette
renonciation, elle est présumée de droit
avoir été autorisée par le seul effet du
principe que *toute personne peut renoncer
au droit établi en sa faveur.*

Telle est la décision donnée par arrêts
des 6 décembre 1811, troisième chambre, 13 décembre 1813, première chambre, etc., (1) et elle a été préjugée en
quelque sorte par l'arrêt de la Cour de
cassation, du 17 avril 1815, déjà cité,
p. 153.

On opposait contre ces décisions :

1°. Les principes de la législation ci-

____

(1) Voyez Journal, t. 2, p. 296; t. 4, p. 175.

vile sur la liberté individuelle, et sur la prohibition de toutes charges et redevances perpétuelles;

2°. La loi du 6 août 1791, dans son ensemble, en ce que réglant la substance du contrat à domaine congéable et abolissant, à cet effet, les anciens usemens convenanciers, elle aurait établi une réciprocité générale, quant à la jouissance et à la faculté du congément, entre le propriétaire foncier et le domanier, tellement que les conventions des parties sont subordonnées aux lois générales du royaume relatives aux fermes (art. 16), et qu'en assignant l'époque où devra s'effectuer le congément, le législateur lui-même a soin de dire : *Ne pourra être* RÉCIPROQUEMENT *exercé*, etc.

3°. L'art. 13, en ce que cet article, lorsqu'il parle de la durée des baux, suppose manifestément une durée déterminée, afin que son application se concilie avec les lois abolitives du régime féodal, régime dont le caractère principal était

l'attache de l'homme à la glèbe, et enfin en ce que ce même article aurait pour
objet une durée réciproquement obligatoire.

Comme la jurisprudence consacrée
contre ce système par la Cour de Rennes,
est un objet de plaintes qui se renouvèlent chaque jour, nous exposerons, en
résumé, les motifs que MM. Desnos et
Lesbaupin avaient développés dans une
consultation du 2 mai 1811, sur laquelle
intervint l'arrêt du 6 décembre 1811.

9. « Suivant ces jurisconsultes, le système consacré par la jurisprudence de
la Cour de Rennes n'est point contraire
aux principes sur la liberté individuelle
et aux prohibitions de toutes charges et
redevances perpétuelles, et pour le prouver, on ne peut mieux faire que de comparer l'état d'un propriétaire ordinaire,
qui jouit d'un bien fonds qui lui appartient, avec celui du domanier qui a une
tenue congéable, et qui s'est engagé,

par une stipulation parfaitement libre et spontanée, à ne point exiger du foncier le remboursement de ses édifices et superfices.

» Le propriétaire d'un bien quelconque ne peut faire de sa propriété d'autre usage que de jouir par lui-même de ce bien, et de l'exploiter, ou de le donner à ferme, ou s'il n'en veut plus, de le vendre ou l'aliéner. Le domanier qui a renoncé à être congédié jouit des mêmes droits : il peut ou exploiter sa tenue, ou l'affermer, ou en vendre les édifices et superfices. Ses droits sont donc aussi étendus que ceux de tout autre propriétaire quelconque : il n'est donc point attaché à perpétuelle demeure à sa tenue.

» Quant à la prohibition de toutes charges et redevances perpétuelles, cette perpétuité ne pourrait être réprouvée qu'autant qu'elle aurait lieu sur la propriété d'un autre qui y serait asservi pour toujours ; mais cela ne se rencontre pas dans le domaine congéable, puisque la redevance convenancière n'est due au propriétaire foncier qu'à raison de la jouissance de son fonds et sur son fonds : ce n'est donc pas une charge ou redevance perpétuelle ; c'est la jouissance et l'utilité que le propriétaire retire de son bien.

» Le vice des moyens opposés contre cette opinion est sensible, si l'on veut faire attention à la nature du bail à domaine congéable. Il renferme, comme nous l'avons dit dans nos Préliminaires, deux conventions distinctes et séparées : *un bail à ferme*, qui forme la convention prédominante, mais qui ne s'applique qu'au fonds que le propriétaire loue seulement au domanier, mais dont il se retient la propriété, et un *contrat d'engagement* des édifices et superfices. C'est une idée inexacte de dire que le foncier vend *à réméré* les édifices et superfices au domanier. »

« La vente faite avec cette clause de » réméré, dit Pothier, Contrat de vente,

» n°. 385, est différente du *contrat d'en-*
» *gagement*. Celui qui engage une chose
» en conserve la propriété; il ne trans-
» fère à l'engagiste à qui il l'a donnée par
» engagement que le droit de la posséder
» jusqu'au rachat, et d'en percevoir jus-
» qu'à ce tems tous les fruits et toute
» l'utilité; mais celui qui vend une chose
» avec la clause de réméré, transfère à
» l'acquéreur à qui il la délivre la pro-
» priété de cette chose; il n'a que le
» droit de la racheter, qui naît de l'obli-
» gation que l'acheteur contracte par la
» clause de réméré. »

« Dès lors que le foncier se réserve la
propriété du fonds, et que les édifices
et superfices existent sur le fonds, dont
ils ne pourraient être séparés sans être
détruits, c'est un effet nécessaire de la
nature des choses, que le bail à convenant ne puisse transporter au colon
ou domanier qu'une propriété impar-
faite et résoluble.

« Elle ne pourrait être pleine et abso-

lue qu'autant que le fonds serait vendu
en même tems; mais c'est ce qui ne se
rencontre ni ne peut se rencontrer dans
le bail à convenant, dont l'essence est
que la propriété du fonds de la tenue
reste au foncier.

» Ainsi donc, le domanier n'est véritablement qu'un simple engagiste des
édifices et superfices.

» Mais comme tout engagiste peut
donner à ferme les biens engagés, ou les
hypothéquer, ou vendre son droit à un
autre, ou en disposer de toute autre
manière, le colon, domanier ou tenancier, jouit des mêmes facultés; et si l'on
en excepte la résolution de son titre, qui
peut arriver par le congément, ses droits,
quant à la jouissance, sont les mêmes
que ceux de tout autre propriétaire.

» Comme personne ne doit être dépouillé de son gage, l'engagiste ne peut
être contraint de remettre l'objet dont
il est en possession, qu'il ne soit remboursé de la somme pour laquelle il lui

15

a été délaissé, et de tout ce qui lui est dû, suivant le texte exprès de la loi unique au Code *etiam ob chirographariam pecuniam pignus teneri posse;* de même le foncier ne peut exercer le congément, sans rembourser au domanier la valeur des édifices et superficies.

» Suit-il de là que le domanier, surtout lorsqu'il a renoncé par une clause expresse à provoquer le congément, puisse forcer le foncier d'acheter les édifices et superficies à un prix qui aurait été fixé par des experts dévoués peut-être à ce domanier? Si celui-ci n'avait pas renoncé au congément, le foncier ne lui aurait point accordé sa tenue. Dispenser le colon d'exécuter ce qu'il a promis, ce serait violer la loi de la convention, contre le texte de l'article 1134 du Code, qui prononce que les conventions légalement formées tiennent lieu de loi à ceux qui les ont faites.

» 2°. Si l'on examine la question d'après les dispositions de la loi du 6 août 1791,

on doit distinguer deux cas très-diffé-
rens ; l'un est celui des baillées consenties avant la loi du 6 août 1791 ; l'autre celui des baillées faites postérieurement.

» Quant aux baillées faites auparavant
cette loi, s'il était interdit aux domaniers de provoquer le congément, c'était
en vertu des anciens usemens : sous ce
rapport ils ont été abrogés par l'art. 11.

» Il n'en est pas de même des baillées
postérieures à la loi. Elles ont été le fruit
de la volonté libre des contractans ; elles
n'ont point été déterminées par les usemens : elles doivent donc être exécutées
dans toutes leurs stipulations.

» On ne peut pas dire que la clause
de renoncer à provoquer le congément
soit contraire aux bonnes mœurs, ni à
la liberté individuelle ; elle n'a aucun
trait aux mœurs, et l'on vient de voir
qu'elle ne préjudicie en rien à la liberté
individuelle. Sous quel prétexte donc
pourrait-on lui refuser son exécution ?

» La loi du 6 août 1791 a, dit-on, établi

la réciprocité entre le foncier et le domanier ; celui-ci peut provoquer le congément tout comme le foncier.

On ne conteste point cet effet de la
loi, quand il s'agit d'une baillée passée
avant le 6 août 1791, à un domanier
qui exploite lui-même la tenue, ni
même à une baillée faite depuis cette
loi, lorsqu'elle ne contient point la stipulation que le colon renonce à la faculté de provoquer le congément. Mais
quand cette renonciation se trouve dans
la convention faite depuis 1791, entre
les parties, on ne voit pas de motifs
qui puissent la faire annuler.

Qu'on lise la loi du 6 août 1791, on
n'y trouvera nulle part une prohibition
faite au domanier de renoncer lui-même
à l'exercice du congément. L'art. 15 dit :
« Ne pourra pareillement le propriétaire
» foncier, sous prétexte de la liberté des
» conventions portées en l'art. 13, sti-
» puler en sa faveur aucun des droits
» supprimés par les art. 1 et 3. »

» Quels sont ces droits supprimés? Ce sont, suivant l'art. 2, ceux qui seraient de la même nature que les droits féodaux, abolis sans indemnité par les décrets des 4 août 1789, 15 mars 1790 et autres subséquens, et notamment l'obéissance à la ci-devant justice et jurisdiction du foncier, le droit de suite à son moulin, la collecte du rôle de ses rentes et cens, et le droit de déshérence ou échûte.

» Selon l'art. 5 de la même loi, les droits dont l'exercice ne peut être interdit aux domaniers, sont, 1°. celui d'aliéner les édifices et superfices de leur tenue : ils sont autorisés à les vendre pendant la durée de leurs baux, sans le consentement du propriétaire foncier, et sans être sujets aux lods et ventes;

» 2°. Le droit concédé à leurs héritiers de diviser entre eux les édifices et superfices, sans le consentement du même propriétaire.

» On ne voit, dans aucun de ces arti-

15*

cles, la prohibition de renoncer à l'exercice du congément. Il faut donc en re-
venir à l'art. 13 de la même loi. Ses dispositions sont précises, et elles donnent la
plus grande latitude possible aux parties;
elles leur confèrent même la liberté la
plus indéfinie sur les conventions qu'elles
voudraient faire, et en particulier sur le
tems de la durée des baux.

» Ainsi il n'existe, dans la loi du 6 août
1791 , aucune disposition qui prohibe
aux domaniers de renoncer à provoquer
le congément, ni qui défende aux fonciers d'accepter cette renonciation. Au
contraire, la même loi les autorise à
faire telles conventions qu'ils voudront,
pourvu qu'elles ne renouvèlent point les
droits ci-dessus rappelés, dans le nombre
desquels n'est point la renonciation à
l'exercice du congément. Que deviendrait donc la liberté des parties contractantes, s'il leur était interdit de stipuler
ce que la loi ne leur défend point?

» En vain voudrait-on ajouter à la loi,

en invoquant les rapports ou les dis-
cours des orateurs qui ont parlé lors
de sa formation ; ce serait substituer
une opinion particulière à la décision
du législateur. Il permet tout ce qu'il
ne prohibe point ; et cette règle a encore bien plus de force, quand il a
autorisé les parties à stipuler ce qu'elles
voudraient, et lorsqu'il a dit que leurs
stipulations, textuellement exprimées,
seraient à l'avenir la *seule règle* qui dé-
terminerait leurs droits respectifs.

» Si l'art. 22 dit que le congément ne
pourra être *réciproquement* exercé à d'autre époque de l'année qu'à celle de la
Saint-Michel, 29 septembre, qu'en peut-
on conclure?

» On ne conteste pas que, suivant la
loi de 1791, et en thèse générale, le congément ne soit réciproque ; mais cette
réciprocité n'a et ne doit avoir lieu que
pour les baux ou baillées à domaine
congéable, consentis avant la loi du
6 août 1791, et quand les domaniers

exploitent eux-mêmes leurs tenues, ou par ceux consentis postérieurement, par lesquels le domanier n'a point renoncé à provoquer le congément. Quand il a renoncé librement et de son plein gré, sans que rien ne le violentât, à un droit qui avait été établi en sa faveur, sa renonciation doit avoir son effet : *licitum est unicuique juri pro se introducto renuntiare.*

» En troisième lieu, il est erroné de dire que l'art. 13 de la loi du 6 août 1791, suppose manifestement une durée déterminée, afin que son application se concilie avec les lois abusives du régime féodal, dont le caractère principal était d'attacher l'homme perpétuellement à la glèbe.

» Dans quelle source pourrait-on puiser cette assertion sur le régime féodal? Il n'y avait autrefois que la main-morte qui attachât l'homme à la glèbe : jamais on n'a entendu dire qu'un vassal le fût, et il ne l'était point.

» En quoi consistait l'attache du main-
mortable à la glèbe? En ce qu'il ne pouvait la quitter; qu'il était obligé de la cul-
tiver lui-même ; qu'il ne pouvait point
l'affermer ni aller demeurer ailleurs.

» Il n'y a nulle comparaison à faire entre le domanier et le main-mortable. Le
simple vassal n'était pas même attaché
à la glèbe.

» L'art. 13 de la loi du 6 août 1791 n'a
eu pour objet d'autre durée déterminée
que celle qu'il plairait aux parties contractantes de fixer par leurs conventions.
Cette durée réciproquement obligatoire,
que l'on supposerait dans l'art. 13 (lequel n'en fait aucune mention), n'aurait
d'ailleurs été relative qu'au bail à ferme
du fonds , et non au contrat d'engagement des édifices et superfices. Sans
doute, il est naturel que le colon qui
veut sortir de la tenue cherche à tirer
parti de ses édifices et superfices, puisqu'il ne pourrait plus en jouir, quand
il aurait quitté cette tenue ; mais, on ne

saurait trop le redire, n'a-t-il pas alors la ressource de les affermer ou de les vendre ?

» L'art. 3 de la loi du 6 août 1791 ne l'autorise-t-il pas à faire cette vente sans le consentement du propriétaire foncier ?

» Il jouit de la même liberté pour en consentir un bail à ferme.

» Forcer le propriétaire foncier de racheter les édifices et superfices, ce serait violer tous les principes sur les conventions, et en particulier sur la vente, qui doit être le fruit de la volonté libre, tant de l'acheteur que du vendeur.

» Il y aurait une double contravention aux conventions des parties : le propriétaire n'a point contracté l'obligation de racheter les édifices et superfices, à la volonté du domanier; il a exigé une stipulation toute contraire, sans laquelle il n'aurait pas acconvenancé sa tenue, et on le contraindrait de faire ce rachat !

» Le domanier s'est engagé à ne point provoquer son congément, et à ne point exiger du propriétaire le remboursement des édifices et superfices, et il serait autorisé à manquer à ces deux engagemens ! Quelle bizarrerie entraînerait ce systême radicalement destructif de la loi du contrat !

» Les raisonnemens faits pour les domaniers, et tirés de la nature du bail à ferme, sont essentiellement vicieux. On reconnaît qu'il y a dans le bail à convenant un bail à ferme d'une espèce particulière ; il forme même une convention prédominante (voyez p. 8), parce que le fonds étant le principal, et les superfices n'étant que l'accessoire, la convention qui s'applique au principal est plus considérable que celle qui ne concerne que les accessoires.

» Mais on ne doit pas confondre ce qui se rapporte seulement au bail à ferme du fonds, avec ce qui est relatif au contrat d'engagement des édifices et superfices. Quand l'art. 16 de la loi du 6 août 1791 a dit que les conventions des parties, dans les baux ou baillées à domaine congéable, seront subordonnées aux lois générales du royaume, établies ou à établir pour l'intérêt de l'agriculture, relativement aux baux à ferme, il a eu soin d'ajouter cette modification remarquable, *en ce qui sera applicable au bail à convenant.*

» Le législateur n'a donc point considéré le bail à convenant comme un simple bail à ferme. Il a prononcé qu'il ne serait soumis aux lois portées sur les baux à ferme, qu'en ce qu'elles lui seraient applicables : c'est avoir décidé que le bail à convenant renferme des conventions différentes de celles d'un bail à ferme. D'où il suit que les règles des baux à ferme ne sont applicables qu'à celles des clauses du bail à convenant qui tiennent au bail à ferme. Celles relatives aux édifices et superfices n'y ayant aucun rapport, il serait déraisonnable de vouloir les faire régir par les dispositions qui gouvernent les baux à ferme.

» Peut-on judicieusement entrepren-
dre d'identifier un bail à ferme et un
contrat d'engagement? Une telle idée répugne. Que deviennent donc toutes les
objections proposées par les domaniers,
puisqu'elles n'ont pour base que cette
confusion évidemment inadmissible ?

» Il est choquant de dire que le bail à
convenant, dans la partie où il forme
un bail à ferme du fonds, n'aurait point
de terme respectivement au preneur,
tandis que celui-ci peut s'en débarras-
ser, ou en donnant à ferme la tenue, ou
en vendant ses droits superficiaires.

» Et il est évident, puisqu'il est au pouvoir du preneur de faire cesser sa jouissance après l'expiration du tems convenu, et même pendant sa durée, que
ce bail a un terme ; et, ce qui est plus
fort, que ce terme dépend de la volonté
du preneur.

» Mais on objecte l'autorité d'un arrêt
de la Cour d'appel, rendu le 25 août 1809,
entre François-César-Marie *le Garsmeur*

16

et Anne *Peuron*, sa femme, meuniers à titre de domaine congéable des moulins de *Trieux* et de *Kerderrien*, et la dame veuve *Legonidec*, propriétaire foncière de ces moulins.

» Cet arrêt infirma un jugement du tribunal de première instance de Guingamp, du 13 janvier 1809, qui avait rejeté la demande en congément de le Garsmeur et de sa femme, et réformant, déclara en tant que besoin nulle la partie de la stipulation insérée dans la baillée du 19 floréal an 7, par laquelle le Garsmeur aurait renoncé à exiger le remboursement de ses droits réparatoires; restreignit cette renonciation à l'espace de neuf années, tant pour le domanier que pour la propriétaire du fonds; condamna celle-ci à rembourser à le Garsmeur la valeur des droits convenanciers superficiels et réparatoires, qu'il justifiait lui appartenir sur les moulins de Trieux et de Kderrien, suivant l'estimation qui en serait faite par experts, avec dépens.

» On ne peut disconvenir qu'au premier aperçu, une semblable décision ne paraisse avoir préjugé que la renonciation faite par le domanier à exercer le congément serait une convention nulle ; mais il y a diverses observations à faire :

» La seconde des questions posées dans l'arrêt était de savoir, en fait, si le Garsmeur et sa femme avaient renoncé à demander en aucun tems le remboursement de leurs droits réparatoires.

» L'un des considérans de l'arrêt décide affirmativement que les expressions de la baillée du 19 floréal an 7, grammaticalement entendues, ne formaient qu'une obligation respective de neuf ans entre la veuve Legonidec et le Garsmeur.

» Si la question était décidée en fait, pourquoi la convertir en point de droit ?

» Ce serait vouloir statuer sur autre chose que sur ce qui était en contestation, et étendre la décision au-delà des bornes dans lesquelles elle doit être circonscrite.

Cette première observation doit naturellement conduire à l'application de la règle générale, suivant laquelle les arrêts rendus entre les parties, sur leurs contestations particulières, ne sont que de simples préjugés auxquels la loi veut que l'on ne s'arrête pas, parce qu'il est rare qu'il se trouve deux espèces parfaitement semblables : *non exemplis, sed legibus judicandum*, dit la loi 13 au Code *de sententiis et interlocutionibus omnium judicum*.

Un arrêt isolé et solitaire ne peut former une jurisprudence ; elle ne peut résulter que d'une suite d'arrêts conformes les uns aux autres sur la même question.

L'on ignore si, lors de l'arrêt de la Cour d'appel, du 25 août 1809, la dame Legonidec fit valoir tous les moyens qui viennent d'être développés ; mais n'est-il pas permis de penser qu'elle n'aurait point succombé, du moins sur la question de droit, si elle avait insisté sur ce que les nullités ne se suppléent point; qu'aucun acte, aucune convention ne peut être déclarée nulle, si quelque loi n'en prononce impérieusement la nullité; que les contrats, ouvrage de la volonté libre des parties, doivent avoir leur effet dans toutes les stipulations qu'ils renferment, lorsque les lois et les mœurs n'y sont point blessés? »

10. Ainsi, pour le système adopté par les arrêts de 1811 et 1813 ci-dessus cités, on peut faire valoir, et la disposition générale de l'art. 1134 du Code civil, qui veut que les conventions légalement formées tiennent lieu de loi à ceux qui les ont faites; et les dispositions particulières de l'art. 13 de la loi du 6 août 1791, suivant lesquelles il a été déclaré libre à l'avenir aux parties, et sous les seules restrictions que contient la loi, et qui n'ont aucun rapport à la renonciation du domanier à la faculté de provoquer le congément, de faire des concessions à titre de convenant, sous telles

16*

conditions qu'elles jugeront à propos, et sur-tout la fin de cet article, qui porte ces termes si énergiques : « Les conven- » tions des parties, textuellement expri- » mées, seront à l'avenir *la seule règle* » qui déterminera leurs droits respec- » tifs ».

Enfin, et pour terminer sur cette importante question, nous ajouterons, à toutes les raisons tirées de la nature du bail à domaine congéable, et des lois qui ont établi les règles de ce contrat, une réflexion que nous croyons de nature à mériter la plus sérieuse attention.

Il existe sur beaucoup de tenues congéables des inscriptions hypothécaires, prises par des créanciers de différens propriétaires fonciers.

Plusieurs de ces créanciers inscrits n'ont accepté les tenues congéables pour hypothèques qu'après avoir vérifié, sur les baillées, que les domaniers avaient renoncé à provoquer le congément, et qu'à ce moyen ils ne pourraient, en aucun cas, faire vendre le fonds des tenues.

Si la renonciation à la provocation du congément était jugée illicite, les créanciers des propriétaires fonciers verraient s'évanouir leur hypothèque ; car les édifices et superfices étant estimés, non selon leur valeur vénale ou locative, mais eu égard à un prix exagéré donné aux matériaux et à la main-d'œuvre, comme si les bâtimens étaient à construire, le prix de la vente des édifices et superfices ne suffit jamais pour rembourser le colon, et la vente du fonds suit aussitôt après. Alors, les hypothèques fondées sur le Code civil, et revêtues de toutes les formes qu'il exige, deviendraient sans force et sans effet. Le créancier, trompé par la loi même, serait privé de sa créance, et verrait ainsi s'évanouir la sûreté qu'il avait acquise.

Serait-il juste de faire céder ainsi les droits des créanciers légitimes du véritable propriétaire, à la faveur que l'on accorderait aux colons de les dégager d'une obligation qu'ils ont librement contractée, et qui n'est prohibée par aucune loi?

11. Nous venons d'exposer, sans en omettre un seul, tous les argumens que l'on peut faire à l'appui de la doctrine consacrée par la Cour ; mais quelle qu'en soit la force, on ne saurait dissimuler qu'il y a, d'un autre côté, des raisons imposantes pour considérer cette doctrine comme étant en opposition formelle avec l'esprit de la loi de 1791.

En effet, l'esprit de cette loi se retrouve dans les opinions énoncées à la tribune, sur celle du 9 brumaire an 6, et on lit dans le rapport de Tronchet, p. 19, le passage suivant, que nous avons déjà rapporté p. 24 de l'introduction : « Une » autre maxime également *intolérable* » étant celle qui, à l'expiration du terme » fixé par le bail, ne donnait qu'au fon- » cier le droit de continuer ou de ne pas

» continuer le bail, et ne permettait
» point au domanier de se retirer en
» demandant le remboursement de ses
» droits réparatoires, ensorte que l'effet
» du terme stipulé n'était que d'ôter au
» foncier la faculté de congédier avant
» l'expiration du délai, sans laisser au
» domanier celle de se retirer à cette
» époque : ce qui était rendre la con-
» vention indéfinie pour le bailleur et à
» tems contre le preneur, et détruisait
» la réciprocité naturelle qui doit ré-
» sulter d'une convention entre les par-
» ties contractantes. »

D'après cela, peut-on bien présumer
qu'il soit entré dans l'intention du législateur d'autoriser une convention qui aurait pour objet de produire le même effet
que celui qui résultait d'une maxime
qu'il a supprimée comme *intolérable,*
en accordant au colon la faculté de provoquer le congément ?

On oppose que la renonciation n'a
rien de contraire à l'ordre public et aux

bonnes mœurs; qu'elle ne tient qu'à l'intérêt privé, et l'on applique la maxime *anicuique licet juri in favorem suum introducto renuntiare.*

Mais on peut dire aussi que la prescription ne tient point à l'ordre public, puisque l'exception qui en résulte n'a pour objet que de soustraire celui qui l'oppose à l'accomplissement d'une obligation qui ne tient qu'à l'intérêt privé.

Cependant l'art. 2220 défend *de renoncer d'avance à la prescription*, et le motif bien reconnu de cette disposition, c'est que la renonciation deviendrait de *formule* dans tous les contrats, ensorte que les dispositions concernant la prescription seraient rendues illusoires au gré d'une seule partie qui, abusant de la nécessité de contracter où se trouverait l'autre, forcerait son consentement à la renonciation.

C'est ainsi que, dans tous les baux ou baillées de renouvellement, cette clause s'insère aujourd'hui, et que le législa-

teur aura vainement établi la réciprocité entre les fonciers et les domaniers,
relativement au congément.

Il est vrai, et nous l'avons reconnu
nous-même, p. 158, que la faculté de
rembourser ne tient pas à l'essence du
bail à convenant, tel qu'il était régi par
les usemens. De là sans doute la conséquence que le principe de réciprocité ne
peut être étendu au-delà du cas pour-le-
quel l'art. 11 l'établit.

Mais, ne considérant que le droit
accordé par cet article de provoquer le
remboursement, n'est-il pas vrai de dire
que le bail à convenant a été, sous ce
rapport, modifié par la loi nouvelle, et
que, ramené à l'application des principes généraux sur les conventions, ce
droit tient en quelque sorte à la substance même du bail à convenant, tel
que l'envisage la loi de 1791, qui ne le
maintient que sous la condition de la faculté de rembourser ?

Or, une chose qui tend à détruire cette

condition est évidemment contraire à la loi , et doit par conséquent être réputée non écrite , conformément à l'art. 1172 du Code civil.

Ainsi donc , et jusqu'à ce que la Cour de cassation ait définitivement prononcé sur la question , il sera permis de douter qu'il soit conforme à la volonté du législateur de déclarer valide la clause dont il s'agit.

Au reste , nous sommes convaincus qu'il y aurait nullité de la clause par laquelle le domanier se serait engagé à ne pouvoir affermer sa tenue qu'en vertu d'une permission du propriétaire. Cette clause serait réputée non écrite , mais elle n'annulerait pas la renonciation au remboursement, si tant est que cette renonciation continuât d'être considérée comme valable.

12. Ici se présente naturellement la question de savoir si le propriétaire foncier peut renoncer à exercer le congément, et quels sont les effets de cette renonciation,

Beaudouin examine cette question, t. 1.ᵉʳ, p. 62. « Un propriétaire, dit-il, baille ou continue les baux préexistans, à la charge aux colons de lui payer perpétuellement à l'avenir télle somme pour commission de neuf ans en neuf ans, parce qu'au moyen de ce paiement, ils auront de droit l'assurance de ne pas en être congédiés durant les neuf années suivantes ; à défaut, le foncier les pourra contraindre à payer la commission périodique, ou à exercer le congément de la tenue ».

« Ces traités, ajoute-t-il, dont l'invention récente est due à la subtilité de quelques gens d'affaires, procurent l'avantage réciproque d'assurer des deniers au propriétaire et la jouissance de la tenue au colon ; mais on les intitule mal du nom de *baux convenanciers*. La détention utile de l'héritage étant abandonnée au colon à perpétuité, dès lors la faculté de rembourser les édifices et superfices s'éteint chez le bailleur ; l'évè-

17.

nement de l'expulsion cesse de dépendre de sa dominité, puisqu'il y renonce irrévocablement, tandis que ses redevances lui seront servies.

» Il se fait par conséquent un transport absolu, non seulement des superfices, mais du domaine utile de la propriété entière au tenancier. La clause résolutive apposée à cette aliénation n'en altère pas plus l'incommutabilité, que dans quelques afféagemens, dans les censives de Goëlo, dans la plupart des baux à rente foncière, où des conditions semblables sont très-ordinaires, où elles se suppléeraient et seraient sous-entendues, si elles n'y étaient pas exprimées. »

Il résulte de là, suivant l'auteur, que le bailleur cessant d'être propriétaire du fonds, sa rente cessait d'être convenancière, et ne pouvait devenir que féagère, s'il avait principe de fief, ou *purement foncière, etc.*

Cette renonciation à la faculté de congédier n'a jamais été contredite dans les tems antérieurs à la révolution, et nous estimons sur-tout, puisque la jurisprudence admet celle du colon, qu'elle doit avoir aujourd'hui son effet, soit qu'elle soit antérieure, ou qu'elle soit postérieure à la loi de 1791. La raison en est d'ailleurs qu'elle n'est contraire, ni à cette loi spéciale, ni au droit commun.

13. Les délais fixés par l'article, aux propriétaires fonciers pour congédier, et aux domaniers pour demander le remboursement de leurs droits, ont eu pour objet d'empêcher que les domaniers ne fussent surpris et gênés, peut-être même ruinés, par des congémens exercés précipitamment, et que les propriétaires fonciers n'éprouvassent le même embarras, s'ils étaient subitement assaillis par un grand nombre de demandes de remboursement.

Les propriétaires fonciers et les domaniers plaidaient alors les uns contre les

autres, et leurs juges étaient législateurs.
La loi du 6 août 1791, en jugeant ce grand
procès, a voulu empêcher des demandes
irréfléchies, des actions en congément
ou remboursement qui auraient pu être
exercées par humeur, et sans de justes
raisons : c'est par le même motif que la
loi des 16 et 24 août 1790, tit. 5, art. 14,
et l'art. 449 du Code de procédure civile,
veulent qu'aucun appel ni jugément non
exécutoire par provision, ne puissent
être relevés dans la huitaine, à dater du
jour du jugement.

Ces délais n'ont donc de rapport qu'à
la position où se trouvaient les propriétaires fonciers et les domaniers, au moment de la publication de la loi.

Or, ils sont expirés depuis long-tems,
et, par conséquent, les propriétaires
fonciers et les domaniers qui n'ont pas
renouvelé leurs conventions depuis la
loi du 6 août 1791, et qui ne sont pas
réciproquement liés par des baillées ou
assurances non expirées, peuvent, les

uns demander leur remboursement (s'ils exploitent eux-mêmes leurs tenues), les autres exercer le congément, en se conformant aux art. 21 et 22 ci-après.

ARTICLE 12.

« Les propriétaires qui justifieront par
» actes authentiques, antérieurs au 1er.
» mars de la présente année, ou ayant
» date certaine avant cette époque, avoir
» concédé à de nouveaux domaniers les
» tenues, pour entrer en jouissance avant
» l'expiration des délais accordés par l'ar-
» ticle précédent, pourront, nonobstant
» les dispositions dudit article, congé-
» dier les domaniers dont les baux ou
» baillées seront finis avant l'expiration
» desdits délais. »

1. Cette exception faite à l'art. 11 est de toute justice : des propriétaires fonciers pouvaient avoir accordé de bonne foi à des tiers des baillées, avec faculté de congédier leurs domaniers dans un

bref délai. Il ne convenait, ni d'annuler ces baillées, ni d'en retarder l'exécution.

2. Sur cet art. 2 s'est élevée la question de savoir si un remboursement qu'il autorise est valablement fait au mari, lorsque la femme à laquelle la tenue appartient en propre, n'a été que présente aux préliminaires de la sommation de recevoir, sans concourir activement au fait du remboursement.

Par arrêt du 29 juillet 1812 (1), la Cour a déclaré le remboursement nul et les arrérages échus depuis exigibles ; elle a considéré que, pour la validité d'un remboursement, sans liquidation précédente, la loi du 20 avril 1791 supposait la présence active de la femme à ce remboursement, son concours avec le mari, ou du moins un consentement séparé par écrit antérieur et en bonne forme.

(1) Voyez Journal des arrêts, t. 3, p. 591.

ARTICLE 13.

« A l'expiration des baux ou baillées
» actuellement existans aux époques ci-
» dessus fixées, il sera libre à l'avenir aux
» parties, et sous les seules restrictions
» ci-après exprimées, de faire des con-
» cessions à titre de bail à convenant,
» sous telles conditions qu'elles jugeront
» à propos, soit sur la durée desdits baux,
» soit sur la nature et quotité des rede-
» vances et prestations, soit sur la fa-
» culté du domanier de construire de
» nouveaux bâtimens, ou de changer les
» anciens, soit sur les clôtures ou dé-
» frichemens, soit sur la propriété ou
» jouissance des arbres, soit sur la fa-
» culté par le domanier de prendre des
» arbres, de la terre ou du sable, pour
» réparer les bâtimens ; et les conven-
» tions des parties textuellement expri-
» mées seront, à l'avenir, la seule règle
» qui déterminera leurs droits respec-
» tifs ».

1. Cet article dégage entièrement les parties de l'obligation de suivre les usemens, non seulement pour les concessions à domaines congéables, qui se trouveront faites en premier détachement, depuis la publication de la loi, mais encore pour les tenues précédemment acconvenancées, dont les propriétaires fonciers accorderaient, depuis cette époque, de nouvelles baillées à leurs domaniers ou à des tiers, avec faculté de congédier leurs domaniers.

Les propriétaires fonciers et les colons qui ont traité ensemble, depuis la publication de la loi, ou qui le feront à l'avenir, ne pourront donc plus invoquer les usemens, pour exiger tel ou tel droit. Tout devra être prévu et clairement expliqué dans les baux ou baillées, puisque les conventions des parties textuellement exprimées doivent être à l'avenir, c'est-à-dire depuis la publication de la loi, et pour toutes les tenues à l'égard desquelles les parties auront contracté depuis cette publication, la seule règle qui détermine leurs droits respectifs.

Mais, comme nous l'avons dit dans l'introduction, n°. 18, les usemens n'en serviront pas moins à interpréter les clauses obscures, etc.

2. D'après cet article, les baux à convenant se trouvent aujourd'hui rangés dans la classe des baux ordinaires, en tout ce qui peut s'appliquer à ces baux (art. 16), à la seule différence de la propriété des édifices et superfices, dont les colons sont investis.

5. Il suit de là par exemple que, d'après l'art. 1449 du Code civil, la femme séparée, reprenant la libre administration de ses biens, est autorisée à prendre à bail, et conséquemment à consentir baillée et à renoncer à la faculté d'exiger le remboursement. (1)

(1) Voyez arrêt du 13 décembre 1815, déjà cité sur l'art. 11.

ARTICLE 14.

« Tout bail à convenant ou baillée de
» renouvèlement seront désormais ré-
» digés par écrit. Si néanmoins le pro-
» priétaire foncier avait laissé continuer
» au domanier la jouissance après le
» terme du bail ou de la baillée expiré,
» ou si le domanier avait continué cette
» jouissance faute de remboursement,
» le bail ou la baillée seront réputés con-
» tinuer, par tacite réconduction, pour
» deux ou trois années, selon que l'usage
» du pays sera de régler l'exploitation
» des terres pour deux ou trois années ».

1. En disposant que tout bail à convenant ou baillée de renouvèlement seront désormais rédigés par écrit, cet
article consacre le principe, qui était
spécialement admis par l'usement de
Tréguier (1), que la tenure convenan-

(1) Voyez Beaudouin, t. 1,er, p. 51.

cière ne se présume point de droit, et qu'il faut, pour la constituer, un contrat écrit, quelque modique qu'en soit l'objet.

2. Nous remarquerons que, par le mot *désormais*, l'article reconnaît qu'il y avait des baux à convenant *non écrits* : il autoriserait donc la preuve par témoins de ces baux, sur-tout dans l'usement de Rohan, où la tenue à domaine se présumait de droit, comme nous l'avons dit sur l'art. 1er, n°. 5, p. 5o, et où l'usage des baux était très-rare.

La loi eût dû accorder, dans ce cas, un délai aux propriétaires pour se faire rendre un titre, et le silence qu'elle garde à cet égard fournit un nouvel argument en faveur de l'opinion que nous avons émise sur l'art. 7, p. 81, n°. 3, relativement aux titres récognitoires; car il fait présumer qu'elle entendait accorder au propriétaire le droit d'exiger les déclarations que prescrivaient les usemens.

3. D'après le même article, on ne pourrait, dans notre opinion, appliquer au bail à convenant ou à la baillée de renouvèlement, la disposition de l'article 1714 du Code civil, portant qu'on peut louer, ou *par écrit*, ou *verbalement*. C'est, en effet, un principe incontestable, que les lois spéciales dérogent aux lois générales, et qu'il faut s'en tenir rigoureusement aux premières, quand il s'agit de matières qu'elles régissent.

4. Beaudoin dit que la forme du contrat ou bail à convenant doit être synallagmatique, s'il s'agit d'un premier détachement des droits convenanciers ; mais que l'usage s'est introduit que les baillées postérieures soient consenties et souscrites par le fermier seul.

La loi du 6 août 1791 ne fait aucune distinction entre le bail et la baillée de renouvèlement ; l'un et l'autre de ces actes doivent être rédigés par écrit, et par conséquent dans la même forme.

Or, les actes synallagmatiques, lorsqu'ils sont faits sous seing privé, ne sont valables, d'après l'art. 1325 du Code civil, qu'autant qu'ils ont été faits en autant d'originaux qu'il y a de parties ayant un intérêt distinct. Chaque original doit contenir la mention du nombre des originaux qui ont été faits, mais le défaut de cette mention ne peut être opposé par celui qui a exécuté de sa part la convention portée dans l'acte.

Il nous paraît certain que ce principe s'applique aux baux à domaines congéables, comme à tout acte synallagmatique.

4. La seconde partie de l'article présente une exception au principe consacré par l'art. 1759 du Code civil, portant que, dans le cas où il y a un congé signifié, le preneur, quoiqu'il ait continué sa jouissance, ne peut invoquer la tacite réconduction. Au contraire, le domanier, quoique congédié, continue, s'il n'a pas été remboursé, de jouir pendant deux ou trois années, selon que

l'usage du pays serait de régler *l'exploitation des terres pour deux ou trois années.*

Ces dernières expressions peuvent s'expliquer par la disposition de l'art. 1774
du Code civil, et signifient que le colon
doit jouir pendant deux ou trois années,
suivant que ce laps de tems est nécessaire, afin qu'il recueille tous les fruits
de la tenue.

5. Mais, si les fruits pouvaient être
recueillis dans une année, comme il
arriverait, si la tenue ne contenait, par
exemple, que des prés, le colon joui-
rait-il encore deux ans ?

Les mêmes motifs qui ont porté les
rédacteurs du Code civil à décider que
le bail à ferme d'un pré, d'une vigne
et de tout autre fonds, dont les fruits
se recueillent en entier, serait censé fait
pour une année seulement, nous paraissent devoir s'appliquer au domaine
congéable.

En effet, si la loi du 6 août 1791 dispose, quant aux tenues convenancières,

que la tacite réconduction sera de deux
ou trois ans, selon que, dans l'usage du
pays, l'exploitation des terres a lieu pour
deux ou trois années, c'est parce que
le législateur a supposé que, pour l'ordinaire, l'exploitation est ainsi réglée
dans les pays de domaines congéables :
il est donc évident, s'il est reconnu que
l'exploitation exige un moindre laps de
tems, une seule année par exemple, que
la tacite réconduction ne peut s'étendre
au-delà.

D'un autre côté, si l'exploitation exigeait plus de trois années, on aurait à
appliquer en cet autre cas la disposition du même art. 1774 du Code civil,
d'après lequel le bail des terres labou-
rables, lorsqu'elles se divisent par soles
ou saisons, est censé fait pour autant
d'années qu'il y a de soles.

6. Au reste, il faut observer que, soit
d'après l'art. 14 de la loi du 6 août,
soit d'après l'art. 974 du Code civil, la
durée de la tacite réconduction doit

se compter par années complètes , en comptant à la suite du bail qui écheoit, une, deux ou trois années, si l'usage est d'admettre autant de soles dans l'exploitation des terres, et à la suite de l'année, ou des deux ou trois, soit une, soit deux, soit trois, et ainsi de suite.

7. Une question des plus controversées par les jurisconsultes bretons, et décidée en sens contraires par la Cour royale de Rennes , est celle de savoir si la tacite réconduction établie par l'article 14 n'opère une fin de non-recevoir contre l'action en congément qu'autant qu'il y a eu baillée ou renouvèlement écrit depuis la loi de 1791, ou, en d'autres termes, si les domaniers qui ont coutume de jouir sans renouvèlement sont restés sous l'empire des usemens qui excluaient la tacite réconduction, sauf le répit de deux ou quatre ans, qui leur fut donné par l'art. 11, et le droit qui leur a été accordé par l'art. 22, de ne souffrir le congément qu'à l'époque de la Saint-Michel (29 septembre).

Un arrêt de la première chambre, rendu le 27 février 1811, avait formellement décidé la négative, en déclarant, d'un côté, que les terres de l'arrondissement de Guingamp étaient partagées en trois soles ou saisons; de l'autre, que la quatrième année de la tacite réconduction de trois ans, *à partir de l'expiration d'une baillée* commençant à la Saint-Michel 1789, pour finir à pareille époque de 1811, étant commencée, la demande en congément intentée dans le cours de cette quatrième tacite réconduction était formée au mépris de l'art. 14 de la loi du 6 août.

Depuis, plusieurs jugemens ont été rendus conformément à cet arrêt.

Mais la question s'étant représentée à la Cour en 1815, il est intervenu un arrêt de la chambre des vacations, du 9 septembre de cette même année, qui l'a résolue d'une manière absolument opposée (1).

(1) Voyez Journal des arrêts, t. 4, p. 451.

18*

Les motifs de cet arrêt sont :

Premièrement, qu'une baillée du 21 août 1790, depuis laquelle les colons s'étaient perpétués dans la jouissance de la tenue, était expirée à l'époque de la loi du 6 août;

Secondement, que l'art. 11, au dernier §, règle invariablement la durée de jouissance des colons qui exploitaient en vertu d'un bail expiré, et sans nouvelle *assurance*;

Troisièmement, que cette durée a été limitée à quatre ans, à compter de la Saint-Michel 1791 : d'où la Cour a conclu, dans l'espèce, que les quatre années ayant expiré à la Saint-Michel 1795, les colons avaient pu depuis être congédiés tous les ans, à la même époque, comme ils pouvaient se retirer du consentement du bailleur;

Quatrièmement, qu'il n'y avait point eu, à cet égard, de tacite réconduction, dont le terme de quatre ans accordé par la loi exclut même toute idée; que l'article 14 *n'est nullement applicable, n'ayant réglé que les baux ou baillées qui seraient consentis, à dater de la promulgation de la loi ;*

Cinquièmement , qu'il n'a été dans l'intention du législateur, ni à l'art. 11 , ni à l'art. 14, de perpétuer la jouissance des colons de trois en trois ans indéfiniment, et par des fictions d'une tacite réconduction qui n'était pas reconnue dans les pays de domaines congéables ;

Sixièmement enfin , que le Code civil , en ce qu'il rétablit la tacite réconduction , ne peut être appliqué à un colon dont le titre unique remonte à une époque (1770) lors de laquelle il était d'usage universel , dans les pays de domaines congéables , qu'après l'expiration de la baillée , les colons pouvaient être congédiés d'année en année, pourvu seulement qu'on ne devançât pas le terme de la Saint-Michel.

Pour l'opinion contraire , on maintient, et c'est encore l'avis de plusieurs jurisconsultes, que le délai de répit fixé par l'art. 11 de la loi du 6 août, ne l'a été qu'afin de ne pas exposer, soit les propriétaires, soit les colons, les uns à des remboursemens, les autres à des congémens trop subits ; mais qu'aussitôt son expiration sans congément, la tacite réconduction a couru, suivant la seconde disposition de l'art. 14 ; que cette seconde disposition est indépendante de la première, qui exige, pour l'avenir, la rédaction par écrit des baux ou baillées, et qu'au surplus, si l'on n'admettait pas que les colons jouissant en vertu d'anciens baux, peuvent révendiquer les effets de la tacite réconduction, en vertu de l'art. 14, on ne pourrait du moins leur refuser ce droit, en vertu de l'article 1738 du Code civil, qui forme le droit commun, et qui est d'autant plus applicable, que l'art. 16 de la loi du 6 août 1791 subordonne les droits et les obligations des parties, par rapport aux domaines congéables, aux lois générales

du royaume, établies ou *à établir* pour
l'intérêt de l'agriculture, relativement
aux baux à ferme.

Nous estimons néanmoins que la question doit être décidée comme elle l'a été
par l'arrêt de 1815, et voici les raisons
qui nous déterminent :

Les art. 11 et 14 ne nous semblent
avoir aucune connexité, aucun rapport
l'un à l'autre, et statuent, au contraire,
sur des cas tout-à-fait différens.

Premièrement, l'art. 11 ne concerne
que les domaniers et propriétaires fonciers qui n'ont point renouvelé leurs
baillées depuis la publication de la loi.

Il a décidé que les domaniers, dont
les baux existans à cette époque auraient
plus de deux ans à courir, à compter de
la Saint-Michel 1791, pourraient se retirer ou être expulsés à l'expiration de
leurs baux ; il a décidé que les colons
dont les baux existans aussi lors de la
publication, devaient expirer avant la
Saint-Michel 1791, ne pourraient se reti-

rer ou être expulsés avant l'expiration de deux années, à compter de cette même époque de la Saint-Michel 1791; il a décidé enfin que les domaniers dont les baux étaient expirés lors de la publication, ne pourraient se retirer ou être expulsés avant l'expiration de quatre années, à compter encore de la même époque.

On voit que dans tout cela, il n'est nullement question de la tacite réconduction, ni de soles ou saisons de deux ou trois années, puisque l'article fixe pour les uns un délai de deux ans, pour les autres un délai de quatre ans, sans considérer la manière d'exploiter les terres.

L'unique objet de cet article a été de fixer les époques auxquelles les domaniers commenceraient à pouvoir être congédiés, et à pouvoir demander leur remboursement; mais il a averti les propriétaires fonciers et les colons qu'à dater de ces époques, le congément pour-

rait être réciproquement demandé par
eux et les autres, chaque année, pourvu que ce fût six mois avant la Saint-
Michel (29 septembre), à moins qu'ils
ne se missent respectivement à l'abri de
cette demande, en se liant par de nouvelles baillées.

Secondement, l'art. 14 ne concerne
que les propriétaires fonciers et les colons qui ont passé de nouvelles baillées
depuis la publication de la loi.

Il décide, d'abord, que tout bail à
convenant ou baillée de renouvèlement
seront DÉSORMAIS *rédigés par écrit*. Ensuite, il ajoute que si *néanmoins* le propriétaire foncier avait laissé continuer
au domanier sa jouissance après le terme
du bail ou de la baillée expiré, ou si le
domanier avait conservé cette jouissance
faute de remboursement, le bail ou la
baillée seront réputés continuer par tacite réconduction de deux ou trois années, selon que l'usage du pays sera de

régler l'exploitation des terres par deux
ou trois années.

Il nous paraît évident que la seconde
partie de l'article, qui établit la tacite
réconduction, jusque-là non usitée en
matière de domaine congéable, est relative à la première partie, qui porte
que les baux et baillées qui seront faits à
l'avenir, c'est-à-dire depuis la publication de la loi du 6 août 1791, seront rédigés par écrit. La conjonction *néan-*
moins nous paraît trancher toute difficulté à cet égard.

C'est donc seulement dans le cas où
les propriétaires fonciers et les colons
ont passé de nouvelles baillées depuis
cette loi, et les ont laissées expirer sans
demander le congément, six mois auparavant, que les uns et les autres sont
obligés de suivre l'ordre des soles de
deux ou trois ans, et de saisir la dernière année d'une période de deux ou
trois ans pour former la demande en prisage,

Nous sommes fondés à conclure de
ces observations, qu'on ne peut tirer de
l'art. 14 aucune induction pour l'appliquer au cas de l'art. 11, qui veut seulement qu'après l'échéance des délais
qu'il a fixés, le congément puisse réciproquement être demandé chaque année, et qui avertit les propriétaires fonciers et les domaniers de se tenir toujours prêts à en recevoir la demande,
six mois avant chaque jour de Saint-Michel, à moins qu'ils ne se précautionnent
et ne s'entendent pour passer de nouvelles baillées.

Admettre le contraire, ce serait assimiler à une baillée un délai de grâce que
le législateur n'a voulu établir que pour
empêcher que les colons, et surtout les
propriétaires fonciers, ne fussent surpris
et ruinés par des demandes formées en
grand nombre, et pour ainsi dire par
clameur, dans le tems de fermentation
qui régnait alors. Ce serait par conséquent abuser des termes de la loi.

19

L'art. 1738 du Code civil, qui a établi la tacite réconduction supprimée pour les fermes, par l'art. 4 de la sect. 2 du tit. 1er. de la loi du 6 octobre 1791, ne nous paraît pas fournir un argument solide en faveur de l'opinion que nous combattons.

En effet, cet article n'a pu avoir d'effet rétroactif, ni pour objet de surprendre les bailleurs et preneurs à ferme ou à domaines congéables, qui ne se trouvaient alors liés ni par des baux écrits et non expirés, ni par la tacite réconduction, puisqu'elle n'existait pas. Loin de là, il est conçu de manière à éviter cette rétroactivité et cette surprise. Si, dit-il, à *l'expiration des baux écrits,* le preneur *reste et est laissé en possession,* il s'opère un nouveau bail dont l'effet est réglé par l'article relatif à la tacite réconduction.

Mais ce n'est pas là le cas des fermiers ou domaniers qui, lors de la publication de l'article, jouissaient par suite de baux

expirés avant ou sous la loi qui avait
aboli la tacite réconduction ; {c'est seulement celui des colons qui, jouissant
en vertu de baux écrits et non expirés
lors de la publication de l'article, res-
tent et sont laissés en jouissance depuis
le rétablissement de la tacite réconduction, et après l'expiration de leurs baux,
échus depuis la publication de l'art. 1738
du Code civil.

Nous terminons en faisant observer
que ce serait encore sans fondement
que l'on opposerait l'art. 16 de la loi
du 6 août : il suffit, pour se convaincre
qu'on ne peut en argumenter, de considérer les termes dans lesquels il est
conçu ; car il exprime de la manière la
plus formelle qu'il ne statue que sur
les conventions postérieures à la publication de cette loi.

Nous terminons cette discussion en
faisant connaître que cette année 1821,
la Cour a décidé la question comme
l'avait fait l'arrêt du 9 septembre 1815.

8. On peut demander si la tacite réconduction dont parle l'art. 14 n'a lieu
qu'en faveur du domanier, en sorte
qu'elle ne puisse être opposée par le propriétaire foncier au domanier qui pro-
voque le remboursement.

Ceux qui admettent presqu'indéfiniment le principe de réciprocité, ne sauraient balancer à adopter l'affirmative.

Ceux qui limitent ce principe aux
seuls cas auxquels la loi en fait l'application, pourraient douter, par le motif que l'art. 14 ne parle que du domanier.

Mais si l'on considère que l'art. 1776
du Code civil dispose que, si à l'expiration des baux ruraux écrits, le preneur reste et est laissé en possession,
il s'opère un *nouveau* bail dont l'effet
est réglé par l'art. 1774, on ne peut
s'empêcher de reconnaître que cette disposition tient lieu d'un bail pour le tems
déterminé par l'art. 1775; que la disposition de la loi équivaut ici à une pro-

rogation consentie par le fermier ; qu'il y a, par conséquent, convention légalement présumée que le colon restera dans la tenue pendant le laps de tems déterminé par soles ou saisons, et que conséquemment il est aussi bien non recevable à provoquer le remboursement durant cette période, qu'il l'est incontestablement à le faire pendant la durée d'un bail écrit.

C'est ce que la Cour a jugé, par arrêt du 4 mai 1812 (1), en déclarant que la continuation de jouissance du domanier par tacite réconduction est un droit commun au domanier et au propriétaire, et auquel l'un et l'autre peuvent également renoncer expressément ou tacitement ; qu'il y a renonciation de la part du domanier, lorsqu'il forme sa demande de remboursement dans le cours d'une période de tacite réconduction, pour un tems où elle ne serait pas

(1) Voyez Journal des arrêts.

19*

expirée, et de la part du propriétaire, lorsqu'il défend à cette demande, sans réclamer le délai auquel il peut renvoyer l'exécution.

On peut conclure de cet arrêt ce que celui de la chambre des vacations, du 11 septembre 1813, a formellement décidé, que l'exception tirée de la tacite réconduction est purement dilatoire, puisqu'elle n'a pour objet que de différer le congément, ou, comme nous l'avons dit ci-dessus, le remboursement lui-même, jusqu'à la dernière année de tacite réconduction qui resterait à courir : d'où il suit que, comme toute autre exception dilatoire, elle doit, aux termes de l'art. 186 du Code de procédure, être proposée avant toutes défenses au fond ; que conséquemment, elle est couverte par ces défenses, et par suite, comme l'a décidé l'arrêt de 1815, qu'elle ne peut être opposée en appel, si elle ne l'a pas été en première instance.

ARTICLE 15.

« Ne pourra pareillement le proprié-
» taire foncier, sous prétexte de la liberté
» des conventions portée en l'art. 13, sti-
» puler en sa faveur aucun des droits sup-
» primés par les art. 2 et 3. »

1. Il est presque superflu de faire observer que cet article étant formellement
prohibitif, la contravention à ses dispositions emporterait nullité, nonobstant
toute renonciation à s'en prévaloir, la
prohibition tenant ici essentiellement à
l'ordre public (1).

ARTICLE 16.

« Seront, au surplus, les conventions
» que les parties auront faites, subordon-
» nées aux lois générales du royaume,
» établies ou à établir pour l'intérêt de

(1) Voyez ci-dessus nos observations sur les art. 2
et 3.

» l'agriculture, relativement aux baux
» à ferme, en ce qui sera applicable au
» bail à convenant. »

1. Ainsi, le bail à convenant est, en
tous ces points, assimilé au bail à ferme,
et de là plusieurs questions importantes :

2. La première est celle de savoir *si
les arrérages de rentes convenancières se
prescrivent par cinq ans, depuis la publication du Code civil?*

Jusqu'à la publication de l'art. 2277
de ce Code, par lequel les arrérages de
rentes, loyers et fermages ont été soumis à la prescription de cinq ans, il
a été de principe constant en Bretagne,
et suivant l'ancienne jurisprudence attestée par Duparc, t. 6, p. 329 et 332,
et suivant la jurisprudence intermédiaire, constatée par divers arrêts rapportés dans le Journal de la Cour de
Rennes (1), que les arrérages des pres-

(1) Voyez Jurisprudence de cette Cour, p. 179, et
Journal, t. 4, p. 655.

tations convenancières, comme de tous les autres fermages, ne se prescrivaient que par trente années, et qu'on pouvait en exiger les vingt-neuf dernières, même quelquefois la trentième, et celle ayant cours.

Néanmoins, si l'on a laissé s'écouler cinq ans depuis la publication de l'article 2277, avant de réclamer les arrérages échus antérieurement, on aurait peut-être à essuyer une objection tirée de l'art. 2281, et du rapport de cet article avec l'art. 2277.

On répond que l'art. 2281 du Code civil n'a entendu parler que des prescriptions, qui, dans l'ancien droit, exigeaient un laps de plus de trente années. C'est à leur égard seulement qu'il décide que si, commencées avant la publication de la loi nouvelle, elles ne peuvent s'accomplir suivant l'ancienne, par un laps de plus de trente ans, à compter de cette publication, elles seront accomplies par ce laps de trente ans. C'est la plus longue prescription que le Code reconnaisse, et comme on n'a pas voulu, dit M. Malleville, sur cet art. 2281, faire concourir pendant plus de trente ans l'ancien et le nouveau droit, on a décidé avec raison que toute prescription déjà commencée *s'accomplirait par trente ans, à compter de la publication de la loi.*

Le vœu de l'art. 2281 du Code civil a donc été seulement d'accomplir, par le laps de trente ans en sus, depuis sa publication, les prescriptions de quarante ans ou plus, usitées autrefois, et dont il resterait plus de trente ans à courir, depuis qu'il a été publié ; il n'a donc pas entendu accomplir par le laps de cinq ans, échus depuis sa promulgation, la prescription trentennaire des rentes, prestations convenancières et fermages, commencés avant cette époque.

Pour toutes les prescriptions de trente ans et au-dessous, commencées avant sa publication, l'art. 2281 maintient le

cours et le réglement établis par les anciennes lois ; en sorte , par exemple,
que la prescription d'une levée de prestations convenancières commencées avant
la publication du titre des prescriptions ,
décrété le 24 ventôse an 12 , ne s'ac-
complira qu'au gré de l'ancienne jurisprudence , par le laps de trente ans ,
n'eût-elle commencé à courir qu'un an ,
six mois , ou moins encore , avant la publication de cette loi.

Au surplus, cette opinion est conforme à trois arrêts de la Cour de cassation , rendus en matière de loyers ,
fermages et intérêts , qui , comme les
arrérages de rentes , sont aujourd'hui
prescriptibles par cinq ans, en vertu de
l'art. 2277 du Code civil (1).

Mais il est sans difficulté que si on a
laissé écouler cinq ans depuis la publication du Code sans demander les arrérages , ces arrérages de cinq ans sont

(1) Voyez Sircy, t. 13, p. 182, t. 14, p. 92, t. 16,
p. 221.

prescrits, conformément à la première partie de l'art. 2281, nonobstant la date antérieure du bail à convenant.

C'est encore ici le lieu de remarquer que le paiement des rentes convenancières ne pourrait être demandé que depuis le 9 brumaire an 6, date de la loi qui a maintenu les propriétaires fonciers dans la propriété dont les avait dépouillés la loi du 27 août 1792 (1).

3. L'art. 1778 du Code civil porte que *le fermier sortant doit laisser les pailles et* ENGRAIS *de l'année, s'il les a reçus lors de son entrée en jouissance ; et quand même il ne les aurait pas reçus, le propriétaire pourra les retenir suivant l'estimation.*

Nous remarquerons d'abord que cette disposition doit s'étendre aussi au fermier entrant, que le propriétaire autorisé à exercer ses droits envers le fermier sortant, relativement aux objets que celui-

(1) Avis du Conseil d'état, du 19 août 1808, Sirey, 1817, p. 17,

ci doit laisser sur les terres, et si la disposition ne parle nécessairement que des
pailles et engrais, il nous paraît évident
qu'il est dans l'intention du législateur
de l'étendre aux foins, et en général à
tous les fourrages de l'année, parce qu'il
y a parité de raison de l'appliquer à tous
ceux qui ne se récoltent qu'une fois l'an,
et qui sont indispensables au fermier entrant, pour nourrir pendant l'hiver et
jusqu'à la prochaine récolte les bestiaux
qui lui sont nécessaires pour l'exploitation de sa ferme.

On ne peut contester cette conséquence, sans contrevenir à la jurisprudence constante qui assimile les domaniers aux fermiers, à la loi du 6 août,
qui veut que les domaniers se soumettent aux lois générales établies pour le
bien de l'agriculture, relativement aux
baux à ferme, en ce qui est applicable
au bail à convenant; enfin, à l'art. 1778
du Code, qui s'applique en général à
tous les baux à ferme des biens ruraux,

et que le législateur a jugé applicable aux baux à convenant, puisque ce sont aussi des baux à ferme de biens ruraux, qu'il n'a exceptés d'aucune des dispositions des nouvelles lois.

Il est vrai que l'auteur des Institutions convenancières, t. 2, p. 69, a dit que les pailles et fumiers amoncelés n'entrent pas dans le prisage, et que le congédié peut en disposer à son gré; mais, lorsque cet auteur écrivait, l'art. 16 de la loi du 6 août et le Code civil n'existaient pas.

Or, c'est d'après ces lois qu'il faut juger aujourd'hui; et non d'après l'ancien usage.

Au surplus, avant la publication du Code civil, la Cour de Rennes, par arrêt du 26 thermidor an 10, avait décidé que les pailles et marnis font partie des droits réparatoires, remboursables par le propriétaire foncier au colon congédié, attendu que, dans la dénomination d'*engrais* d'une tenue comme de tous autres biens donnés à ferme, sont compris tous les objets qui sont destinés à fertiliser les terres, et conséquemment les pailles et marnis, quel que soit leur placement.

Or, l'art. 19 de la loi du 6 août dispose formellement que les *engrais* doivent entrer en estimation : donc les domaniers doivent laisser les pailles et marnis sur les terres.

4. Le même Code, aux art. 1728, 1732, 1735, 1766, impose au fermier l'obligation de jouir en bon père de famille, et le rend responsable des dégradations provenant de son fait ou du fait de ceux qui sont à son service ou auxquels ils sont affermés.

Ces dispositions condamnent bien évidemment les domaniers qui, lorsqu'ils sont assignés en congément, coupent les bois courans, bois sur fossés, bois sur taillis, bois d'émonde n'ayant que trois ou quatre ans, et qui, en un mot, les coupent avant qu'ils soient parvenus à l'âge, et aux termes fixés par les lois et réglemens, ou par l'usage pour leur exploitation.

C'est là une véritable dégradation, condamnée non seulement par le Code civil, mais encore par l'art. 16 de la loi que nous expliquons, puisqu'il soumet les domaniers aux lois générales établies ou à établir pour l'intérêt de l'agriculture.

Vainement dirait-on que ces bois appartiennent aux domaniers, et qu'ils peuvent en user comme bon leur semble. Le droit de propriété a aussi ses limites. Si l'art. 544 du Code civil dit que tous les particuliers ont la libre disposition des biens qui leur appartiennent, il ajoute que ce n'est que sous *les modifications établies par la loi.*

Or, si nous consultons les lois, tant anciennes que nouvelles, nous y voyons le législateur apporter la plus sévère attention à empêcher la dégradation des bois par des coupes précipitées.

L'ordonnance des eaux et forêts, de

1669, tit. 26, art. 1er, concernant les bois appartenant aux particuliers, enjoint à tous les citoyens sans distinction de régler la coupe de leurs bois taillis *au moins à dix années.*

Les bois taillis, lit-on au Répertoire, au mot *bois,* sont ceux qui sont sujets aux coupes ordinaires, lesquelles se font dans les tems fixés par les coutumes. Dans celle-ci, c'est après une révolution de dix ans; dans celle-là, c'est de quinze en quinze ans; dans d'autres, de vingt ans en vingt ans.

Un décret de l'Assemblée constituante, du 18 mars 1790, veut qu'on *ne coupe les bois taillis* que conformément aux aménagemens, et à défaut *d'aménagement, à l'âge auquel ils sont accoutumés d'être coupés.*

A la vérité, ce décret ne parle nommément que des bois domaniaux; mais il est prouvé, par le préambule des décrets des 10 décembre 1789 et 19 décembre 1790, que l'intention de l'As-

20 *

semblée constituante n'a pas été de tolérer, dans les bois des particuliers, l'abus qu'elle proscrivait dans les bois domaniaux.

Telle n'a pas été non plus l'intention des auteurs du Code civil. L'art. 590 dit : « Que si l'usufruit comprend des » bois taillis, l'usufruitier est tenu d'ob- » server l'ordre et la quotité des coupes, « conformément à l'aménagement et à » l'usage constant des propriétaires. »

C'était aussi l'ancienne jurisprudence de Bretagne. « Quant aux bois taillis, » dit Duparc, dans ses Principes, t. 5, » p. 329, veuve (douairière) en *a la* » *jouissance, sans pouvoir anticiper les cou-* » *pes ni les retarder;* ce qui, ajoute-t- » il, s'applique également aux émondes » des bois qui étaient émondables, c'est- » à-dire, dans l'usage d'être émondés, » avant la mort du mari. »

Ce passage, et ce que dit le même auteur, t. 4, p. 123, et t. 5, p. 22, prouvent que le domanier assigné en congément ne peut pas plus anticiper la coupe des émondes des arbres qui sont dans l'usage d'être émondés, qu'il ne peut anticiper la coupe des bois taillis.

5. La même décision doit s'appliquer, par identité de raison, aux bois qui croissent sur souche, aux *têtards,* et en général à tous les bois qui entrent en prisage au profit du domanier congédié. On doit seulement en excepter les épines, ronces et autres menus objets, que les colons sont dans l'usage de couper quand il leur convient, soit pour faciliter les réparations de leurs fossés, soit pour le chauffage des fours, soit pour clore les brèches, ou pour d'autres usages.

Remarquons ici que plusieurs coutumes, entr'autres celles de Bourbonnais, Melun, Sens et Clermont, contenaient des dispositions contre un abus à peu près pareil à celui que les domaniers assignés en congément commettraient, s'ils anticipaient les coupes. Ces coutumes, dit-on au Répertoire, au mot *taillis*, disposaient que si, avant le terme accordé pour exercer l'action de retrait, l'acquéreur abattait des bois taillis qui n'étaient pas en âge d'être coupés, il devait en restituer la valeur au retrayant.

Il nous semble que cette restitution, qui serait la peine la moins sévère que l'on pût appliquer au défendeur en congément, ne serait pas toujours suffisante pour indemniser le congédiant. La marche que celui-ci doit tenir en pareil cas est indiquée par l'auteur des Institutions convenancières, t. 2, p. 74 : il doit demander un dédommagement à dire d'experts, qui vaqueraient au prisage des droits à congédier si les dégradations étaient commises, et la demande en dédommagement formalisée avant ce prisage.

6. Ce que nous venons de dire, surtout en commençant, sert à résoudre une question qui pourrait s'élever sur

les landes et genêts qui se convertissent
en engrais, soit en les répandant dans
les étables, soit en les étendant dans
les cours, soit en les mêlant avec des
fumiers amoncelés.

Il ne faudrait pas, sans doute, tirer à
l'extrême rigueur à l'égard d'un domanier qui, assigné en congément six mois
avant la Saint-Michel, ayant droit de
jouir jusqu'à cette époque, aurait mo-
dérément, suivant l'usage, usé des landes et genêts; mais s'il affectait de les
couper tous et en grande partie, dans
l'intention de les emporter, la même loi
qui autorise le congédiant à retenir, suivant estimation, les pailles et engrais de
l'année, doit, par identité de raison,
l'autoriser à retenir de la même manière
les landes et genêts coupés.

Il pourrait aussi demander des dommages-intérêts contre le congédié, si
celui-ci avait anticipé les coupes de ces
objets, et cela, par la même raison qui
l'autorise à en demander pour l'antici-

pation de la coupe des bois taillis, bois courans et d'émondes. L'auteur des Institutions convenancières, t. 2, p. 74, paraît n'en faire aucun doute.

Au reste, il convient que dès les premiers actes afin de congément, le congédiant manifeste son intention de retenir les coupes de bois, landes et genêts, et les foins, pailles et engrais, suivant estimation, et qu'il proteste de tous dépens, dommages-intérêts contre le congédié, dans le cas où celui-ci se permettrait d'en disposer depuis la demande.

7. Il peut arriver souvent qu'un colon établisse une pépinière sur le domaine, et de là est née la question de savoir s'il est fondé à exiger la valeur des plantes, ou, en d'autres termes, si le droit que les usemens accordent aux colons de faire des jardins, de planter des vergers, renferme celui de faire des pépinières.

Nous estimons que l'on ne pourrait contester au colon qualité pour forcer le propriétaire foncier à lui rembourser la valeur de cette plantation, si on pouvait la considérer comme un objet d'utilité et d'amélioration, respectivement au terrain sur lequel elle se trouve.

En effet, le droit reconnu au colon, *vi legis*, c'est-à-dire, par les anciens usemens (qui, d'après l'art. 20, sont, à défaut de conventions nouvelles, les seuls régulateurs des choses qui doivent entrer dans l'estimation des édifices et superfices), de faire des changemens utiles, des améliorations, par exemple, de planter des vergers sans l'agrément du propriétaire foncier, emportait nécessairement celui de former des pépinières, d'élever des sujets pour atteindre le but proposé.

Mais, s'il était constant que les plans placés en pépinière n'eussent pas été destinés à demeurer perpétuellement sur la terre; s'ils n'y avaient pas été mis pour l'améliorer, pour l'enrichir, mais dans le seul intérêt d'un commerce qu'eût fait le colon, il y aurait lieu à distinguer, comme on l'a toujours fait , entre les arbres qu'un fermier plante, pour être à perpétuelle demeure, et ceux qu'il met en pépinière, pour en faire commerce.

Quant aux premiers, il n'est pas en son pouvoir de les arracher ni de les couper; ils sont irrévocablement acquis au sol sur lequel ils sont implantés. Quant aux autres, ils conservent la nature de meubles; le propriétaire du fonds n'y a aucun droit; le fermier a la liberté de les enlever, d'en faire telle disposition que bon lui semble : c'est la doctrine enseignée par les auteurs qui ont traité de la matière, et notamment par Desgodets, sur l'art. 90 de la Coutume de Paris.

Ce que nous disons ici du fermier s'applique naturellement au domanier, puisqu'il est vrai de dire qu'en tout ce qui ne répugne pas à la substance du bail à convenant, le domanier doit être assimilé au fermier, comme le décide, sous plusieurs rapports, la loi du 6 août 1791.

La raison de décider est d'ailleurs la même dans le cas dont il s'agit.

Au surplus, le systême de réciprocité admis par la jurisprudence , quant à l'exercice du congément, dans les intérêts respectifs du propriétaire foncier et du domanier, pourrait trancher toute difficulté. Il est, en effet, incontestable que le propriétaire ne pourrait retenir une pépinière plantée dans l'intérêt d'un commerce habituel du colon : d'où suit que celui-ci ne pourrait contraindre le propriétaire à lui en faire le remboursement.

8. Dans cette hypothèse, où le colon ne peut forcer le propriétaire au remboursement des plants, on demandera s'il ne serait pas du moins fondé à demander et obtenir le tems nécessaire pour les retirer, les vendre ou les transporter dans une autre terre, ou plus particulièrement, si l'on ne doit pas laisser au colon la jouissance de la pièce où se trouve la pépinière, pendant le

21

tems nécessaire pour en tirer parti, sauf toutefois paiement au foncier d'un prix de jouissance fixé de gré à gré ou à dire d'experts ?

Cette question nous semble résolue par la loi du 6 août. Elle entend que le domanier cesse sa jouissance à l'époque du 29 septembre ; elle veut seulement qu'il soit prévenu six mois d'avance et désintéressé sous cette époque : elle a donc ainsi déterminé l'espace de tems qu'elle a cru convenable et nécessaire d'accorder au colon, pour faire toutes ses dispositions de déménagement.

Cela posé, nous ne pensons pas qu'en *thèse générale*, le colon puisse réussir dans la prétention de se faire autoriser judiciairement à maintenir sa pépinière sur le terrain, au-delà du 29 septembre. Si le foncier remplissait, sous cette époque, toutes les formalités voulues en pareille matière, ce serait, à notre avis, provoquer le juge à un excès de pouvoir.

Cependant, s'il était reconnu, ou
que l'on parvînt à prouver que la plantation de la pépinière eût eu lieu au vu
et su du propriétaire, sans observation
ni protestation de sa part ; que le dé-
placement des arbres ne pût s'opérer
utilement et sans danger, dans les six
mois qui précèdent le 29 septembre, il
pourrait se faire que les juges considé-
rassent le silence gardé lors de la plantation comme approbation tacite, et renonciation à la faculté de faire extraire
les plants à contre-saisons. Alors, conci-
liant l'intérêt de l'agriculture et l'équité
avec la rigueur des principes, ils pourraient accorder au colon une proroga-
tion de délai, strictement nécessaire pour
l'enlèvement, à la charge à celui-ci d'une
indemnité fixée par experts.

ARTICLE 17.

« Après l'expiration des baux ou des
» baillées actuellement existans, et lors-

» qu'il s'agira de procéder au rembour-
» sement des édifices et superfices, il
» sera procédé au prisage à l'amiable
» entre les parties, ou à dire d'experts
» convenus ou nommés d'office, par le
» juge de paix du canton dans le res-
» sort duquel les tenues seront situées,
» sauf aux parties, en cas de contesta-
» tion sur l'estimation, à se pourvoir
» devant le tribunal de district (aujour-
» d'hui *tribunal civil d'arrondissement ou
» de première instance*).

» Il en sera usé de même pour les
» baux à convenant qui pourraient être
» passés à l'avenir, lorsque, d'après les
» conventions des parties, il y aura lieu
» à un remboursement et à une estima-
» tion ».

1. La rédaction peu claire de cet article avait fait croire à plusieurs juges
de paix qu'ils pouvaient juger le congément, soit lorsque le défendeur se présentait devant eux et refusait d'y con-

sentir, soit lorsque, laissant défaut sur
la citation, il le contestait virtuellement.

Mais la jurisprudence a refusé avec
raison cette compétence au juge de paix.
L'art. 17 commence par décider que le
défendeur et le demandeur en congément pourront procéder au prisage à
l'amiable, et sans convenir d'experts,
s'ils peuvent ainsi s'accorder ; ce qui
semble avoir eu pour objet d'abroger
l'art. 11 de l'Usement de Tréguier, qui
exige en général, pour le congément,
une assignation en jugement *et des experts nommés en justice.*

Il dit ensuite que, s'il n'est pas procédé
au prisage à l'amiable entre les parties,
il y sera procédé par des experts convenus ou nommés d'office par le uge de
paix.

C'est de ces mots, *ou nommés d'office,*
qu'on a voulu conclure que les juges de
paix n'étaient pas bornés dans cette matière au rôle de conciliateurs, et qu'ils
pouvaient juger le congément contre le

défendeur contestant expressément ou
défaillant.

Cependant, on doit convenir que la loi
suppose ici que les parties sont d'accord pour l'exercice du congément,
mais qu'elles ne le sont pas pour procéder au prisage à l'amiable entre elles.

C'est alors que, pour économiser les
frais, elle décide que les parties, au lieu
de recourir aux tribunaux de première
instance, devront se pourvoir devant le
juge de paix pour y convenir d'experts,
ou pour les laisser nommer d'office par
ce magistrat, qui, dans l'un et l'autre
cas, recevra le serment.

Enfin, la loi ajoute qu'en cas de contestation sur l'estimation, les parties se
pourvoiront au tribunal civil de première
instance : il faut donc ici, pour sauver le
législateur du reproche d'absurdité, dire
qu'il suppose toujours qu'il y a de part et
d'autre consentement au congément, et
que les parties ne sont divisées que sur
la forme ou l'injustice de ce prisage; ou

bien il faut dire que, dans l'art. 17, la loi entend par la contestation sur l'estimation, les contestations sur le congément ou sur la demande en remboursement, comme dans l'art. 21. Elle confond évidemment la demande du prisage avec la demande en remboursement.

Il répugne, en effet, de croire que le législateur n'ait voulu permettre qu'aux tribunaux de première instance de connaître des contestations qui pourraient s'élever entre les parties, sur la forme du prisage, ou sur quelques articles estimés trop ou trop peu, et qu'il ait entendu permettre aux juges de paix de juger la demande en remboursement ou congément, lorsque le défendeur n'acquiesce pas à cette demande, et qu'il la conteste, soit expressément, soit tacitement, en laissant défaut.

Les contestations qui peuvent survenir sur la forme ou sur le fond du prisage sont de peu d'importance, en comparaison de la contestation sur la demande en congément.

Quel est en effet le but de cette demande ?

Elle tend,

Ou à expulser le colon, lorsque peut-être il a un titre qui l'autorise soit à prolonger sa jouissance, soit à soutenir qu'il a interverti sa possession, et qu'il n'est plus colon congéable, mais propriétaire du fonds, comme des édifices et superfices de la tenue ;

Ou à réduire le propriétaire foncier à perdre sa rente convenancière et tous ses droits fonciers, si ses facultés ne lui permettaient pas de rembourser au domanier, conformément à l'art. 23, ce qui manquerait au prix de la vente de ses droits réparatoires, pour égaler la somme portée en l'estimation de ces mêmes droits.

Les fonctions des juges de paix sont trop bornées par les lois générales qui règlent leur compétence, pour qu'il soit

permis de croire que la loi du 6 août
1791 ait entendu leur permettre de juger
en première instance, ou de faire juger en dernier ressort par les tribunaux
d'arrondissement, des demandes d'un si
grand intérêt, lorsqu'elles sont contes-
tées par le défendeur présent, ou censées l'être par le défendeur défaillant.

Dans ces cas, le juge de paix ne pouvant concilier les parties, doit les renvoyer à se pourvoir.

2. Une question qui divise en ce moment les tribunaux de la Bretagne, est
celle de savoir si l'obligation que l'article 17 prescrit de citer devant le juge
de paix, équivaut absolument à celle
d'essayer la conciliation en toute affaire
principale et introductive d'instance,
pour laquelle la loi n'aurait pas fait une
exception formelle; si, par conséquent,
on doit appliquer à l'espèce de l'article les
règles relatives à l'essai de conciliation,
ou si, au contraire, on ne doit y avoir
aucun égard en matière de congément?

On sent combien cette question est importante ; car si l'on considère la comparution en justice de paix, prescrite par l'art. 17, comme un essai de conciliation, il en résultera qu'on en sera dispensé toutes les fois que les parties ne seront pas capables de transiger ; toutes les fois, par exemple, que la demande en congément serait dirigée contre des mineurs ; toutes les fois encore qu'elle le serait contre plusieurs défendeurs. (*Voyez Code de procédure, article* 4849).

Dans ce système, la demande en congément serait portée directement devant le tribunal, sans aucun égard à l'art. 17 de la loi du 6 août.

Si, au contraire, la comparution en justice de paix, afin de congément, forme une procédure particulière absolument indépendante du préliminaire ordinaire de la conciliation, il en résultera que, sans aucune distinction, on devra toujours citer devant le juge de paix. D'un

autre côté, on pourra demander s'il ne
convient pas du moins d'exécuter tout
à la fois, et l'art. 48 du Code de procédure, qui exige la tentative ordinaire de
la conciliation, sans en excepter les matières de domaines congéables, et l'article 17 de la loi du 6 août, et, par conséquent, s'il ne faudra pas citer d'abord
en conciliation devant le juge de paix du
domicile, conformément au premier article, sauf à citer ensuite devant celui
de la situation de la tenue, conformément au second ?

Pour résoudre cette question avec une
entière connaissance de cause, nous exposerons successivement les raisons qui
ont été alléguées en faveur du premier
système, et celles que l'on apporte à l'appui du second.

On cite, en faveur du premier, un
avis du Conseil d'état, du 12 mai, approuvé le 1er. juin 1807, dans lequel on
lit : « Que le Code de procédure n'a en-
» tendu porter aucune atteinte aux for-

» mes de procéder en toute autre ma-
» tière pour laquelle il aurait été fait , par
» une loi spéciale, une exception aux lois
» générales ».

On ajoute ces expressions de l'arrêté
du Directoire exécutif, du 17 germinal
an 7 : «La législation sur le domaine
» congéable consiste *uniquement* dans les
» dispositions de la loi du 6 août 1791,
» dont il importe à l'intérêt public et par-
» ticulier d'observer la pleine et entière
» exécution » ; et l'on en conclut :

Que tout ce que cette loi a prévu et réglé sur le domaine congéable, soit quant
à la manière de procéder, soit quant au
fond , doit être littéralement observé,
sans qu'on puisse rien substituer ou
ajouter, d'après les lois générales.

C'est une matière à part; elle a sa législation spéciale , qui ne saurait admettre l'application du droit commun
que dans les cas qu'elle aurait elle-même
prévus.

Ainsi, l'on considère la citation en justice de paix tendant à provoquer le congément ou le remboursement, comme étant tout à la fois, 1°. une demande formelle intentée devant le juge à qui la loi spéciale de la matière en défère la connaissance, puisque ce juge, en cas d'accord sur le congément, décerne acte de la convention d'experts, ou en nomme d'office; 2°. une véritable citation en conciliation, remplaçant celle prescrite par les lois de 1790 et le Code de procédure, puisque les parties, comparaissant sur cette demande, peuvent de suite entrer en arrangement et tomber d'accord.

Dans le système contraire, on dit que la citation prescrite par l'art. 17 de la loi du 6 août, n'a rien de commun avec une citation en conciliation, puisqu'elle constitue elle-même une demande en congément, et qu'elle est donnée devant le juge de la situation de la tenue, tandis que, dans les matières ordinaires, la conciliation a lieu devant le juge du domicile du défendeur : d'où suit que si

le juge de paix de la situation renvoie,
sur la première citation en congément,
les parties se pourvoir au tribunal de première instance, le demandeur doit,
avant de saisir ce tribunal, citer le défendeur au bureau de paix, devant le
juge de son domicile.

Ce dernier systême, qui avait été admis par la Cour de Rennes, le 26 messidor an 10, fut reproduit et rejeté le 5 août
1812, et enfin, la jurisprudence a été
fixée en faveur du premier, par un deuxième arrêt du 23 février 1819. (1)

Par ces décisions, la Cour ne s'est
pas seulement bornée à déclarer que
la citation afin de congément équivalait
à l'essai de conciliation ; elle a jugé en
termes formels que cette demande n'y
était pas même soumise, depuis sur-tout
la mise en activité du Code de procédure, et cela par le double motif qu'elle
se porte d'abord à la justice de paix ;
que ce n'est qu'en cas de contestation

(1) Voyez Journal des arrêts, t. 5, p. 194.

qu'elle est déférée au tribunal de première instance, et que les baillées à
domaines congéables étant assimilées
aux baux à ferme, la dispense d'essai de
conciliation prononcée par le n°. 5 de
l'art. 49 du Code de procédure, pour
les actions résultant des baux, s'applique à ces baillées.

On peut donc, lorsque le juge de
paix a renvoyé les parties procéder en
première instance, aux termes de l'article 17 de la loi du 6 août, assigner de
suite et directement devant le tribunal.

3. Puisqu'un essai de conciliation intermédiaire n'est pas exigé, il s'ensuit,
à plus forte raison, qu'on ne peut lui
assimiler la comparution ordonnée par
cet article, et, par conséquent, il n'est
pas permis, pour se soustraire à cette
comparution, d'invoquer les dispenses
et exceptions que le Code de procédure
prononce à l'égard du préliminaire de
conciliation.

4. La demande de congément est

censée dater du jour de la citation devant
le juge de paix pour convenir d'experts,
et non du jour de l'assignation donnée
devant le tribunal. La Cour a ainsi jugé,
et cela résulte en effet bien clairement
du texte de l'art. 17.

Ainsi, lorsque la citation serait nulle,
la loi n'aurait pas été exécutée, et peu
importerait alors que l'assignation devant le tribunal fût régulière. Cette
nullité opérerait le même effet que si,
la citation n'avait pas été donnée six
mois avant l'expiration de la jouissance,
comme l'exige l'art. 21.

5. Il importe donc d'examiner les
différentes questions qui peuvent se présenter par rapport aux nullités des citations.

6. Remarquons, avant tout, que la
loi du 6 août ne contenant aucune disposition relative à la forme de la citation,
il faut, à cet égard, consulter le
Code de procédure. Mais ce Code ne prononce pas la nullité pour vice de for-

mes de citations en justice de paix, et
l'art. 1030 dispose qu'on ne peut prononcer des nullités qui ne sont pas textuellement établies par la loi. Une citation ne peut donc être annulée que pour
des vices inhérens à la substance de
l'acte.

7. De là, une première question diversement jugée par la Cour de Rennes,
et qui précisément s'est élevée par rapport aux domaines congéables : c'est
celle de savoir si une citation signifiée
contre le vœu des art. 4 et 52 du Code
de procédure, par un autre huissier que
celui qui est attaché à la justice de paix
du défendeur, doit être annulée par ce
motif? Deux arrêts ont jugé l'affirmative,
un troisième le contraire. Dans notre
opinion, ce serait à la première décision
que l'on devrait s'attacher, d'après les
raisons développées n°. 13 de notre Traité
et Questions de procédure.

Mais un arrêt de la Cour de cassation,

22*

du 6 juillet 1814 (1), consacre implicitement l'autre doctrine, en décidant que l'opposition à un jugement par défaut, signifiée par un autre huissier que celui de la justice de paix, n'était pas nulle, parce que l'art. 20 du Code de procédure ne prononce pas la nullité.

DEUXIÈME QUESTION. On a prétendu qu'il y avait nullité substantielle d'une citation en remboursement donnée par plusieurs domaniers, mais qui n'énonçait pas les noms de tous. Ce serait une erreur, dans le système adopté par la Cour, et suivant lequel le propriétaire pourrait former sa demande en congément contre un seul, et lui rembourser valablement la totalité des droits réparatoires. Puisqu'à son égard, tous les cotenanciers sont solidaires, il s'ensuit qu'ils sont représentés par un seul d'entre eux.

Il importe donc peu que tous les codomaniers d'une tenue ne soient pas dé-

_____

(1) Voyez Sirey, 1815, p. 41.

signés dans la citation. Le propriétaire
n'a pas d'intérêt à s'enquérir de l'arrangement que les consorts ont pu faire
entre eux, pour demander le remboursement, et du partage qu'ils feront du
prix de leurs droits ; il lui suffit qu'en
faisant le remboursement à ceux qui le
demandent, sa libération soit parfaite.
En un mot, l'intérêt est la mesure des
exceptions comme des actions, et le
propriétaire foncier ne peut ici exciper
du droit d'autrui.

TROISIÈME QUESTION. La citation en
remboursement est-elle nulle, quand
un tuteur y figure, sans y être autorisé
par une délibération du conseil de famille ?

Il est inconstestable que le propriétaire foncier peut congédier le mineur et
lui rembourser valablement ses droits
dans la personne du tuteur, sans qu'il
soit tenu de demander une autorisation,
que le conseil de famille pourrait avoir

la malice de refuser, pour faire manquer
le congément. D'un autre côté, en ac-
quiesçant à la demande en remboursement que forme le tuteur, et y prenant
droit, il est encore incontestable que le
propriétaire devenant congédiant, pourrait rembourser valablement sans se com-
promettre. Il est donc sans qualité pour
exciper des intérêts du mineur, en faveur duquel seulement l'autorisation,
avec homologation, serait exigée. Le tuteur seul est chargé de veiller aux intérêts du pupille : c'est son affaire de s'ar-
ranger avec ce dernier, et le propriétaire
foncier n'a aucune raison de s'inquiéter,
puisque son remboursement une fois
fait, il n'a pas plus à craindre de l'avoir
effectué sur la demande du tuteur, qu'il
n'aurait de risques à courir s'il l'avait
opéré d'après un congément par lui notifié.

Au surplus, si cette question pouvait
souffrir quelque difficulté dans sa généralité, du moins sa solution nous sem-

blerait-elle certaine, dans l'espèce particulière où le tuteur ne fait que se réunir à des consorts des mineurs. En effet, les mineurs ne peuvent gêner leurs codomaniers dans leurs demandes en remboursement. Si le tuteur se refusait à se joindre à eux, ils pourraient le mettre en cause, comme le propriétaire le pourrait lui-même, s'il le jugeait convenable : donc le tuteur peut se joindre aux consorts de ses pupilles, sans délibération préalable, sans homologation même ; car, ni le refus du conseil de famille, ni celui du tribunal, n'eussent pu empêcher ces consorts majeurs d'obtenir le remboursement. Au surplus, en supposant la nécessité de l'autorisation du conseil de famille, nous pensons que la demande et la procédure faites à la requête d'un tuteur seraient validées, si cette autorisation intervenait avant le jugement du tribunal. Nous pensons, quoique le contraire ait été décidé par rapport aux communes, que l'on appliquerait la maxime générale *rati habitio mandato æquiparatur.* (1)

8. L'art. 117 désigne, pour juger l'action en congément, le tribunal de la situation de la tenue, et par conséquent il considère cette action comme réelle.

On sent que ce caractère attribué à l'action en congément est inutile à l'égard *de la compétence*, puisque le tribunal est désigné; mais il conduit à l'examen de la question de savoir *comment on doit appliquer à la demande l'art. 64 du Code de procédure ?*

Suivant cet article, s'il s'agit d'un domaine, corps de ferme, ou métairie, il n'est point nécessaire que l'exploit énonce les tenans et aboutissans, et il suffit d'en désigner le nom et la situation.

10. Une tenue à domaine congéable peut, comme l'observe Baudoin, *t. 1er, p. 149,*

être étagère ou non étagère. Celle qui
ne consiste que dans une seule pièce,
ou même dans quelques pièces sans logement, est aussi bien un domaine congéable, une tenue convenancière, que
celle qui consiste en plusieurs pièces de
terre avec logement : d'où semble résulte
qu'il suffit, dans tous les cas, lorsqu'on
assigne en congément ou remboursse-
ment, que l'exploit désigne le nom et la
situation, sans exprimer les tenans ou
aboutissans.

Tel était aussi l'usage, avant la publication du Code de procédure, et il
paraît remplir suffisamment le vœu de
l'art. 64.

Cependant, s'il s'agit d'un héritage
non bâti, les commentateurs du Code
de procédure estiment, en général, qu'il
est dans le vœu de la loi que l'exploit
énonce la nature de l'héritage, et deux
au moins des tenans et aboutissans, et
que ce n'est qu'autant qu'il s'agit d'un

domaine ayant *manoir*, qu'il suffit de désigner le nom et la situation.

— Cette opinion revient à la distinction de Baudoin, entre les tenues *hébergées* et *non hébergées*.

Les mots *domaines*, *corps de ferme*, ou *métairies*, dont parle l'art 64, doivent être entendus d'héritages ayant *héberges*, *manoir*, bâtimens d'exploitation, et comme l'art. 16 de la loi du 6 août soumet le domaine congéable aux lois générales établies ou à établir, etc., on doit se conformer ici à la règle générale, en observant strictement la première partie de l'art. 64, s'il s'agit de tenues non hébergées ou non bâties, et à la seconde, seulement dans le cas où il s'agit de tenues *hébergées*, autrement de *tenues bâties* ou *ayant manoir*.

9. *Faut-il donner, en tête de l'ajournement, copie du procès-verbal de comparution ou non comparution en justice de paix?*

L'affirmative n'est pas douteuse, puis-

que le tribunal civil ne peut être saisi,
qu'autant que la citation en justice de
paix a été donnée, et l'on peut d'ailleurs argumenter à cet égard de l'article 65 du Code de procédure, qui exige
que l'on donne copie du procès-verbal
de non conciliation, ou de la mention
de non comparution.

10. *L'assignation en congément peut-
elle être notifiée au lieu de la tenue,
quoique le domanier n'y ait pas son domicile?*

Il était de maxime autrefois, comme
l'observe Prost de Royer, dans son Dic-
tionnaire de jurisprudence (1), que le seigneur qui voulait intenter quelqu'action
contre son vassal, en sa qualité de vassal, pouvait lui donner assignation au
lieu du fief servant, quoique le vassal
n'y fût pas domicilié.

On avait appliqué cette règle au domaine congéable, et le domanier pouvait

(1) Tom. 7, p. 609.

être assigné en parlant au fermier de la tenue. On était même allé au point de mettre en principe que le propriétaire foncier pouvait valablement exercer le congément contre le possesseur actuel des droits, et les lui rembourser ou les vendre sur lui par simples bannies, quoi-qu'il n'en fût pas le vrai propriétaire.

Cette jurisprudence, attestée par Gate-chair sur Broërec et par Baudoin (1), a dû cesser avec la suppression de la féodalité.

On doit donc se conformer aujour-d'hui, en cette matière comme en toute autre, aux règles du Code de procédure.

Ainsi, les propriétaires fonciers qui veulent intenter quelqu'action que ce soit contre leurs domaniers, doivent les assigner eux-mêmes et non leurs fer-miers, suivant l'art. 61 de ce Code, puis-que ce sont les domaniers et non les fermiers qui sont véritablement les dé-fendeurs, et l'assignation doit être don-

(1) Tom. 2, p. 99.

née à personne ou domicile, suivant l'article 68.

Seulement on pourrait aujourd'hui, comme autrefois, s'il y avait plusieurs cotenanciers d'une même tenue, en assigner un solidairement pour lui et consorts, ainsi qu'il résulte de l'art. 3 de la loi du 6 août, et de la jurisprudence attestée par le rédacteur du journal intitulé Jurisprudence de la Cour de Rennes, chap. 84, p. 687.

11. La demande dont nous venons de parler donne lieu à deux jugemens, l'un qui juge le congément ou le remboursement valablement demandé, et qui l'ordonne, ainsi que le prisage des édifices et superfices, par experts convenus ou nommés d'office; l'autre qui, après le prisage opéré, ordonne, s'il s'agit de congément, que le colon désemparera la tenue, le propriétaire acquittant le montant du prisage, et s'il s'agit de remboursement, que le propriétaire effectuera de suite ce paiement.

12. Il arrive presque toujours que le tribunal, après avoir jugé le congément, renvoie les parties devant le juge de paix pour les suites ultérieures, c'est-à-dire, pour la nomination des experts et pour la réception de leurs sermens.

L'expérience n'a que trop démontré que ce renvoi fournit souvent matière à contestation au défendeur en congément, et le met à lieu d'entraver la marche du demandeur, qui doit être célère, puisqu'il n'a que six mois pour demander le congément et le consommer par le remboursement.

Le tribunal qui a jugé le congément, a de droit l'exécution de son jugement : il peut donc nommer lui-même les experts et recevoir leurs sermens ; mais s'il est à désirer qu'il le fasse toujours, on ne peut du moins l'exiger de lui, puisque l'art. 1035 du Code de procédure l'autorise à déléguer un juge de paix pour la nomination des experts et la réception des sermens.

13. Lorsque le juge de paix reçoit cette commission, il doit s'y conformer, et s'il n'est pas récusé en tems utile, aller droit à son but, quelque chose que puisse objecter l'une ou l'autre des parties pour y mettre obstacle.

Qu'on s'oppose à ses ordonnances, ou qu'on en appèle, cela ne doit pas l'arrêter. Si l'une des parties refuse, sous quelque prétexte que ce soit, de nommer son expert, il ne peut se rendre juge des moyens qu'elle fait valoir, et doit nommer un expert pour elle.

Si cet expert ou un autre est récusé, il doit, comme dit Duparc-Poulain, t. 9 de ses Principes, p. 481, sans examiner s'il est bien ou mal récusé, recevoir néanmoins son serment, sauf au récusant à faire juger ses moyens de récusation par le tribunal civil.

Tout ce qu'on peut exiger qu'il fasse, lorsqu'il s'élève devant lui des contestations, c'est qu'il dresse procès-verbal des prétentions et dires des parties, et qu'il

23*

en renvoie le jugement au tribunal qui l'a commis.

14. Les jugemens de congément ou remboursement sont définitifs, et non pas *préparatoires* ou *interlocutoires,* puisque le prisage est ordonné pour leur exécution, et non pour procurer des apuremens nécessaires, afin de prononcer sur l'objet de l'action.

C'est la raison pour laquelle l'appel en a toujours été reçu avant la prononciation du jugement portant permission d'expulser, ou condamnation à payer le montant du prisage; jugement qui lui-même n'est que l'exécution du premier.

15. Ces mêmes jugemens sont exécutoires *par provision,* car la matière n'est pas seulement *provisoire,* mais *célère* de sa nature, ainsi que le reconnaît constamment la Cour de Rennes, en prononçant en vacations sur les appels.

16. *Mais l'exécution provisoire a-t-elle lieu avec ou sans caution ?*

Elle a lieu *sans caution,* conformément

à l'art. 135 du Code de procédure, lorsque la baillée est *authentique*, et il en est
de même lorsqu'elle a été consentie sous
seings privés, si la partie ne la mécon-
naît ou ne la dénie pas pendant l'instance. (1)

Elle a également lieu sans caution,
à l'égard du second jugement qui prononce l'expulsion ou le remboursement,
s'il n'y a pas eu appel du premier jugement. (2)

Il est à remarquer, d'après l'arrêt du
17 avril 1812, que le remboursement
doit avoir lieu provisoirement, malgré
le maintien du propriétaire que plusieurs
objets n'auraient pas été prisés. En effet,
il ne dépend pas de ce propriétaire, qui
n'a pas spécifiquement requis le prisage
de tels ou de tels droits, de tels et tels
objets, comme faisant partie de la tenue,

(1) Voyez Traité et Questions de procédure, numéro 792.

(2) Voyez art. 135, et arrêt du 17 avril 1812, troisième chambre, Journal, t. 3, p. 473.

de retarder le remboursement du montant du prisage une fois arrêté, en alléguant que ces objets n'y ont pas été compris.

Au surplus, le colon repousserait invinciblement cette prétention, en renonçant à tout droit sur les objets qu'on justifierait être dépendans de la tenue congédiée, autres que ceux compris au cahier de prisage.

L'allégation même du propriétaire, que sa tenue aurait été grevée de nouveautés non autorisées, ne serait pas un motif de suspendre le remboursement. Elle ne pourrait, comme le décide encore l'arrêt précité, donner lieu qu'à un débat particulier absolument indépendant de l'exécution provisoire.

ARTICLE 18.

« Les frais de la nomination d'experts, » de leur prestation de serment, du pri-
» sage et de l'affirmation, seront sup-

» portés, à l'égard des baux actuelle-
» ment existans, par le propriétaire fon-
» cier, et pour les baux qui seront faits
» à l'avenir, ils seront payés par ceux que
» les conventions en chargeront. Les frais
» de la revue seront supportés par celui
» qui la demandera. »

1. Les plus importantes questions que
présente cet article, sont relatives à la
revue introduite à l'égard des domaines
congéables, par l'application qu'on a
faite à cette matière du droit commun
de la province. (1)

Mais il faut remarquer que l'action
en revue n'était admise que sous la condition de la former *dans l'an et jour* de
l'estimation.

2. Il s'agit d'abord d'examiner *si cette
action, conservée par l'art. 18 de la loi du
6 août, est encore recevable aujourd'hui ?*

Le seul motif d'en douter se fonde sur
la disposition de l'art. 322 du Code de

(1) Voyez art. 262 et 591 de la Coutume.

procédure, qui n'admet point de revue et n'autorise les nouvelles expertises, qu'autant que le juge les ordonne d'*office*, lorsqu'il ne trouve pas, dans le rapport des experts, des éclaircissemens suffisans.

Nous remarquerons que cette disposition ne peut s'appliquer naturellement qu'aux seuls cas où l'expertise est ordonnée comme mode d'instruction, dans une affaire dont le tribunal est saisi, ou lorsque la loi renvoie, comme l'article 971, concernant les partages de successions ou de communautés, aux formalités prescrites par le titre où se trouve l'art. 322.

Il en est ici comme de tous les autres cas, où une loi *spéciale* ayant ordonné l'expertise comme moyen également *spécial* de faire une estimation. les juges ne peuvent s'écarter de l'opinion des experts. ainsi que les y autorise l'art. 322 du Code de procédure.

C'est ainsi que, par arrêt du 7 mars

1808, la Cour de cassation a jugé que cet art. 322 n'était point applicable aux matières d'enregistrement. (1)

Or, il est certain qu'en matière d'estimation de droits réparatoires, le tribunal ne pourrait s'écarter de l'avis des experts, et réduire ou augmenter arbitrairement l'estimation, tandis qu'il aurait cette faculté, si l'expertise n'avait lieu que comme simple voie d'instruction, comme acte de procédure.

En matière de domaines congéables, le prisage des experts fait pour ainsi dire jugement entre parties, et il serait souverainement inique qu'elles ne pussent se pourvoir, dans le cas où l'estimation préjudicierait à leurs droits par sa modicité ou par son exagération.

Cet inconvénient a été écarté par les art. 17 et 18 de la loi du 6 août, qui admettent formellement l'action en revue, puisque le premier accorde aux parties;

(1) Voyez Sirey, t. 8, p. 212.

en cas de contestations sur l'estimation, le droit de se pourvoir devant le tribunal ; disposition qu'il déclare applicable aux baux antérieurs comme aux baux qui pourraient être passés à l'avenir, et que le second dispose que *les frais de la revue seront supportés par celui qui la demandera.*

Certes, ce ne peut être sur une simple induction d'une loi relative aux formalités d'actes d'instruction , que l'on peut essayer de justifier l'abrogation d'une loi spéciale, qui a conféré à tout propriétaire ou colon un droit de revue, en cas de congément.

Il est évident que ce droit ne peut être interdit que par une disposition formelle d'une loi postérieure également spéciale sur la matière , et uniquement applicable aux baux faits après sa publication.

3. *On demande si les domaniers congédiés qui n'ont pas demandé la revue,*

*pourraient-ils se prévaloir de celle qui au
rait été faite à la requête du propriétaire
foncier?*

Cette question est encore controver-
sée.

On remarquera que la loi du 6 août,
en conservant l'action en revue, a maintenu, par une conséquence nécessaire,
les anciennes règles coutumières concernant son exercice.

Mais la Coutume ne dit nulle part que,
dans le cas où la revue n'est pas avan-
tageuse à celui qui l'a demandée, et qui
l'a fait faire à ses frais, celui qui ne l'a
pas provoquée dans le délai fatal, et à
qui elle est plus favorable que le premier
prisage, puisse s'en emparer comme d'un
titre, pour réclamer contre son adversaire un profit net, dont ce dernier aurait fait tous les frais.

Or, il est permis d'affirmer qu'il n'y
a ni lois, ni arrêts, ni auteurs, qui au-
torisent à décider qu'il eût ce droit, et
et s'il y en avait, nous n'en persisterions

24

pas moins à croire qu'il ne pourrait le réclamer, cette opinion nous paraissant conforme aux saines notions du droit et de l'équité.

En effet, le principe décisif est que, suivant la Coutume de Bretagne et la jurisprudence qui a introduit dans notre pays l'action en revue, cette action est *annale;* que le délai d'an et jour pour la former est péremptoire; que l'une ou l'autre des parties pouvant demander la revue *dans ce délai,* elles doivent toutes la demander, si elles veulent toutes en courir la chance, en supporter les frais et en profiter ; que celle d'entre elles qui demande la revue dans l'an n'interrompt la prescription, et ne conserve l'action de revue que *pour son intérêt;* que la partie contre laquelle cette action a été intentée, et qui peut elle-même la former à son tour pour son intérêt, et dans le même délai, ne peut plus, si elle ne l'a pas fait, profiter de la revue faite sur la demande de l'autre; qu'enfin, il en est comme du cas où elle voudrait, après l'expiration du délai *fatal*, demander une autre revue pour son propre compte et à ses propres dépens.

On dit que d'Argentré a émis une opinion contraire; mais il est facile de vérifier qu'il n'a pas professé cette doctrine dans son Aitiologie; et après avoir consulté ses autres ouvrages, nous nous sommes assuré qu'il ne soutient cette opinion nulle part, pas même sur les art. 260, 267 et 566 de l'ancienne Coutume, où il s'agit de la revue en matière de partages, qui devrait être la plus favorable, et, par cela même, la plus susceptible d'extension.

On peut, au contraire, conclure de ce que dit d'Argentré, sur le premier de ces articles, que dans les cas où la loi veut que le prisage soit fait à frais communs, elle suppose qu'il a pour objet une affaire commune, tant à celui qui le demande, qu'à tous ceux contre qui il est demandé. Donc, lorsque la loi dit que le prisage de revue sera fait aux frais de celui qui le demande, soit que ce prisage lui soit lucratif ou non, elle suppose et décide que le demandeur en revue ne fait pas une affaire commune; qu'il ne fait que la sienne propre; qu'il n'interrompt la prescription, et ne conserve l'action annale de revue que pour lui-même; qu'il ne fait pas l'affaire de l'autre partie, et qu'ainsi le prisage auquel il peut procéder ne peut devenir un titre *lucratif* pour cette dernière.

Et, en effet, elle a pu demander aussi la revue pour son compte et à ses frais, avant l'échéance d'an et jour. Si elle s'en est abstenue, elle est donc censée par cela seul avoir définitivement acquiescé au premier prisage, en ce qui concerne son propre intérêt.

4. Mais on insiste et l'on oppose que, suivant Baudouin, t. 2, p. 53 et 59, l'instance du congément recommence, lorsque l'une ou l'autre des parties demande la revue après le prisage; que

la revue est une réformation du premier prisage; que sa fin est de charger le congédiant de payer précisément les capitaux qu'il eût dû payer; que, conséquemment, le prisage de revue doit seul faire la règle, et qu'il devient le titre de celui qui ne l'a pas demandé, comme de celui qu'il l'a requis.

Nous observerons d'abord que Baudoin n'a pas tiré, des deux passages que l'on oppose, la conséquence qu'on veut en induire, et que nulle part il n'a émis une opinion contraire à celle que nous soutenons.

Ce qu'il dit à la page 53 n'est pas même exact. Il est évident que la demande en revue ne fait pas recommencer l'instance en congément; c'est une instance toute différente, ainsi qu'on peut s'en convaincre par les observations suivantes :

1°. L'instance de congément doit être commencée six mois avant la Saint-Michel, et terminée dans ce délai par la

24*

consommation du congément, c'est-à-
dire, par le paiement ou par le montant
du prisage en consignation ; tandis que
la demande en revue n'est pas ainsi en-
travée, qu'on a un an pour la former, et
qu'on peut agir dès le premier jour ou le
dernier jour de cette année ;

2°. Si cette demande est formée par le
congédiant, il n'est pas obligé de donner une citation et une assignation pour
voir juger le congément ; il ne peut pas
se dispenser de payer ou de consigner le
montant du prisage déjà fait, et, conséquemment, de consommer le congément nonobstant sa demande en revue;

3°. Si le congédié est demandeur, il
ne peut pas, sous ce prétexte, arrêter la
marche du congédiant ; il ne peut pas
se dispenser d'abandonner la tenue, dès
que le montant du premier prisage lui a
été payé ou a été consigné. S'il est déjà
expulsé avant qu'il demande la revue, il
ne peut remettre en doute la question
du congément, anéantir le jugement qui

l'a décidée, et la consignation faite du montant du premier prisage; il ne peut enfin se faire réintégrer dans la tenue.

Quant à ce que dit Baudoin, p. 59, que la revue réforme le premier prisage, et que sa fin est de charger le congédiant de payer précisément les capitaux qu'il aurait dû payer dès le principe, cela est vrai, mais en ce sens, que si le congédiant demande la revue, c'est le second prisage qui détermine ce qu'il aurait dû payer dès le principe, et que si, d'après le premier prisage, il a payé plus que le second ne décide qu'il eût dû payer, il est fondé à répéter l'excédant.

Cela est encore vrai en ce sens, que si c'est le congédié qui demande la revue, c'est le montant du second prisage qu'il aurait dû recevoir dès le principe; en sorte que s'il a reçu, d'après le premier, moins qu'il n'eût dû recevoir suivant le second, il a droit de demander un supplément.

Voilà le seul sens dans lequel on peut

dire que le prisage de revue fait la règle, et c'est ainsi qu'on doit entendre l'arrêt du 19 juillet 1749, rapporté par Baudoin, t. 2, p. 58, et par Duparc, t. 4, p. 90.

Enfin, c'est uniquement en ce sens que Baudoin a entendu parler, p. 59, et cela lui suffisait pour décider la question qui l'occupait, et qui était celle de savoir si le congédiant devait payer les droits de contrat et d'insinuation sur l'excédant du prisage de la revue provoquée par le congédié.

Il est donc vrai de dire que cet auteur n'a pas professé, même indirectement, l'opinion qu'une partie puisse se faire un titre du prisage en revue fait à la requête de l'autre.

5. Pour dernière objection, on prétend qu'aussitôt que le congédié, par exemple, demande la revue, et que le congédiant qui consent nomme son expert, sans déclarer qu'il entend lui-même prendre droit par le nouveau pri-

sage, comme demandeur en revue, il ne s'en forme pas moins entre eux une espèce de contrat ou de quasi-contrat, dont l'effet est que la revue opérée aux frais du demandeur profite à son adversaire, si, par évènement, elle lui est plus favorable que le premier prisage.

On répond que, pour former un contrat, il faut au moins le concours de deux volontés qui tendent au même but, et ici l'on trouve deux volontés qui sont loin d'être d'accord.

Le défendeur en revue ne s'oppose pas au nouveau prisage, parce que la loi le condamne à le subir; mais dès qu'il ne demande pas reconventionnellement lui-même que la revue se fasse pour son compte et à ses frais, ou à frais communs, il est bien évident qu'il s'en tient au premier prisage.

A l'égard du demandeur qui fait seul les frais de la revue, il est également certain que son intention est de ne courir la chance de perdre ses frais que pour essayer d'obtenir un supplément au capital qu'il a reçu, et non pour s'obliger à restituer à celui qui l'a payé une partie de ce capital, de l'excès duquel il se plaint.

Au surplus, une question analogue a été soumise à la Cour de cassation et aux ministres de la justice et des finances. Ils se sont prononcés comme nous, d'après les règles sur la prescription et sur l'interruption civile. (1).

6. De ce que nous venons de dire que la revue demandée par l'une des parties ne profite pas à la partie adverse qui ne l'a pas requise elle-même, il s'ensuit que le demandeur peut valablement se désister, pour s'en tenir au premier prisage dont celle-ci ne s'est pas plainte. Il en est ici comme de l'appel, dont une partie peut se désister quand bon lui semble, sans que l'intimé qui n'aurait pas appelé incidemment, puisse la retenir en cause.

(1) Voyez Sirey, t. 10, 2.e part., p. 340.

ARTICLE 19.

« Tous les objets qui doivent entrer
» en estimation seront estimés suivant
» leur vraie valeur à l'époque de l'es-
» timation qui en sera faite à l'expira-
» tion des baux subsistans ou des délais
» ci-dessus fixés. Les propriétaires·fon-
» ciers seront tenus de rembourser aux
» domaniers tous lesdits objets, même
» les labours et engrais, sur le pied de
» l'estimation. Après ledit rembourse-
» ment effectué, les domaniers ne pour-
» ront, sous aucuns prétextes, s'immis-
» cer dans l'exploitation et jouissance
» des tenues dont ils auront été con-
» gédiés. Les estimations qui pourront
» avoir lieu en exécution des baux à ve-
» nir seront faites conformément aux
» conventions des parties. »

1. En expliquant dans notre introduction (1) ce qu'on doit entendre par

(1) Voyez n.° 4.

édifices et superfices, nous avons fait connaître en général les objets qui doivent entrer en estimation. Nous avons dit, sur l'art. 8, que les châtaigniers et noyers ne devaient être estimés qu'autant qu'ils n'étaient pas plantés en avenues, allées ou bosquets, et sur l'art. 16, que les pailles et marnis devaient l'être comme faisant partie des engrais.

2. Les formalités du prisage à faire, d'après les bases indiquées par l'art. 19, sont celles que le Code de procédure prescrit pour les rapports d'experts. (1)

Mais nous remarquerons, 1°. que l'on doit remettre aux experts les baux et baillées, et sur-tout la dernière déclaration qui aurait été fournie au propriétaire foncier. C'est elle, en effet, qui doit faire la règle et déterminer les objets à estimer, si elle est hors du délai de *l'impunissement,* c'est-à-dire si le colon a laissé passer trente ans sans la retracter,

(1) T. 14, liv. 2, 2.ᵉ part., Code de procédure.

en prouvant les erreurs qui s'y trouvaient glissées; (1)

2.° Que la montrée des droits du congédié doit être faite par lui ; mais en cas de refus, rien n'empêche que les experts ne procèdent sur la montrée du congédiant, en constatant le tout dans leur procès-verbal ;

3°. Que si l'une ou l'autre des parties contestait que certains objets dussent entrer en prisage, ces objets n'en seraient pas moins estimés, sauf aux parties à se pourvoir, pour faire décider si cette estimation fera, ou non, partie du prix principal du congément.

ARTICLE 20.

« S'il s'élève des questions sur la nature
» des objets qui doivent entrer dans l'es-
» timation des édifices et superfices, et
» des améliorations à rembourser au do-
» manier, elles se régleront pour les baux
» actuellement existans, et pour les te-

(1) Voyez Baudoin, t. 1.er, p. 173.

» nues dont les domaniers jouissent, par
» nouvelle assurance, d'après les divers
» usemens anciens ; pour les baux qui
» seront faits à l'avenir, d'après les con-
» ventions des parties. »

1. Nous n'avons qu'une seule observation à faire sur cet article, c'est que,
dans le cas où les baux faits depuis la
publication de la loi du 6 août ne contiendraient rien qui pût résoudre les difficultés, elles seraient décidées par les
anciens usemens, auxquels il est naturel
de penser que les parties ont entendu se
référer. (*Voyez introduction*, n°. 18).

ARTICLE 21.

« Le domanier ne pourra être expulsé,
» que préalablement il n'ait été rem-
» boursé, et, à cet effet, le prisage sera
» toujours demandé six mois avant l'ex-
» piration de la jouissance, et fini dans
» ce délai. »

Par ces mots, *avant l'expiration*, etc.,

l'article indique l'époque du 29 septembre, jour de la Saint-Michel, la seule à laquelle le congément puisse être exercé, d'après les dispositions de l'art. 22. L'art. 21 exige que toujours le prisage soit demandé six mois avant cette époque ; mais il serait déraisonnable de conclure de ses termes que la demande dût être rigoureusement formée le jour même où commenceraient ces six mois, et de prétendre, en conséquence, que celle qui serait formée quelques jours plus tôt fût précipitée et nulle. Il est notoire que c'est communément dans le mois de mars que se signifient les demandes de congément, c'est-à-dire la citation prescrite par l'art. 17, et nous ne pensons pas qu'on ait jamais soutenu que ce soit une contravention à l'art. 21.

Le vœu de cet article est que le domanier qu'on veut congédier soit prévenu de son expulsion au moins six mois à l'avance, afin qu'il ait un tems moralement suffisant pour se pourvoir d'une

autre tenue. Or, ce vœu n'est que plus
précisément rempli, lorsqu'on donne au
colon la certitude de son expulsion un
peu plus de six mois avant de l'effectuer.

2. Mais il ne faudrait pas que le prisage fût fini, ni même commencé plus
de six mois avant la Saint-Michel. Si on
le faisait ou si on le commençait avant
ces six mois, le défendeur en congé aurait lieu de se plaindre de ce qu'on gêne
sa jouissance, et qu'en fixant précipitamment la valeur de ses édifices et superfices, on le prive du droit que lui
donne la loi de les améliorer au moins
jusqu'au commencement des six mois
qui précéderaient le jour de son expulsion, et d'être remboursé des améliorations qu'il pourrait y faire jusqu'alors.

Si le prisage n'est pas fait ou le remboursement effectué, soit par un *paiement accepté*, soit par une consignation
dans les formes prescrites au Code de
procédure, le tout avant la Saint-Michel,
le congédiant sera déchu du droit d'ex-

pulser à cette époque les défendeurs en congément ; il faudra qu'il attende la Saint-Michel suivante.

Mais nous pensons qu'il ne sera pas nécessaire qu'il forme , en mars ou avril de l'année où arrivera cette Saint-Michel, une nouvelle demande de congément ; le jugement qu'il aura obtenu l'année précédente lui servira. Cependant les défendeurs ayant eu le droit de jouir de leur tenue un an de plus, et de l'améliorer depuis le prisage fait dans l'année précédente , d'être par conséquent remboursés de leurs nouvelles améliorations , pourront demander un nouveau prisage.

Il faudra donc, six mois avant la Saint-Michel de l'année qui suit l'obtention du jugement, le signifier avec assignation devant le tribunal qui l'a rendu , afin de reprise de l'instance , dont l'effet sera de faire prononcer le renvoi devant le juge de paix, pour la nomination et la prestation de serment d'experts qui procéderont au prisage, passé lequel le remboursement et le congément seront effectués à la Saint-Michel prochaine.

Cette proposition est d'ailleurs fondée sur un arrêt de la 2ᵉ. sect., du 26 frimaire an 14. Il a jugé qu'une instance étant liée sur une demande en congément pour une époque fixe, on pouvait, la procédure ayant continué, ordonner que les parties (bien que l'époque pour laquelle le congément avait été demandé fût expirée) plaideraient au fond, sauf à effectuer le congément à l'époque suivante. L'une des parties avait demandé que le demandeur fût renvoyé procéder de nouveau sur une nouvelle demande qu'il aurait à intenter pour cette dernière époque. Les premiers juges ordonnèrent de plaider au fond, le congément n'étant que l'exercice d'un droit sur lequel il fallait statuer, avant tout.

3. Nous avons dit, sur l'art. 17, 3ᵉ. quest., que, dans le cas où des mineurs étaient intéressés dans une demande de

congément, il fallait une autorisation du conseil de famille, et nous avons pensé qu'il suffisait, pour que la demande fût régularisée, qu'on justifiât de cette autorisation avant le jugement.

Mais, par arrêt du 5 décembre 1809, la seconde chambre a décidé que si, depuis la notification de cette autorisation, qui seule rend la demande régulière, il n'y a pas six mois jusqu'à la Saint-Michel, le congément ne pouvait être ordonné pour avoir lieu de suite, et qu'il ne pouvait être effectué qu'à la Saint-Michel suivante.

Nous croyons cette décision rigoureuse, et contraire au principe d'après lequel toute procédure peut être régularisée lorsque les choses sont entières, et qu'il n'est pas intervenu de jugement qui les annule.

ARTICLE 22.

A quelqu'époque qu'ait commencé

» la jouissance des domaniers qui exploi-
» tent actuellement les tenues, soit en
» vertu de baux ou baillées, soit par l'effet
» de la nouvelle assurance, le congément
» ne pourra être réciproquement exercé à
» d'autre époque de l'année qu'à celle de
» la Saint-Michel, 29 septembre. Si l'ex-
» ploitation du domanier avait commen-
» cé à un autre terme, il sera tenu de
» payer au propriétaire foncier la réde-
» vance convenancière, au prorata du
» tems dont il aura joui de plus. »

1. Par cet article, la loi distingue la propriété du fonds de la rente convenancière,
et la même distinction est admise par la
jurisprudence de la Cour : deux arrêts,
rendus par la première et la deuxième
chambres, ont décidé que les propriétaires fonciers des tenues dont les colons
avaient racheté les rentes, n'en demeureraient pas moins propriétaires du fonds;
en sorte qu'ils pouvaient congédier ou
céder leur droit de congément, disposer
des bois fonciers, exiger des lettres réco-

gnitoires ; en un mot, exercer toutes les prérogatives de la propriété, à cela près qu'ils ne pouvaient se faire servir les rentes par les colons qui les avaient rachetées.

Il s'agissait du rachat qui fut autorisé par la loi du 27 août 1792, abrogée par celle du 9 brumaire an 6, comme il pourrait être aujourd'hui question du cas où le propriétaire foncier consentirait une vente de la rente au colon.

2. D'après la jurisprudence de la Cour, qui consacre la distinction ci-dessus entre la propriété du fonds et la propriété de la rente, le domanier devenu acquéreur de cette rente qu'il payait sur la tenue, n'est considéré comme n'ayant fait cette acquisition qu'en décharge de ses droits réparatoires, et non pas comme propriétaire des droits fonciers (1). Il est seulement propriétaire d'une rente qui continue d'exister, sinon comme

(1) Voyez Baudoin, t. 1.er, p. 237.

convenancière, du moins comme *foncière ;* mais la perception est suspendue jusqu'au tems où, par le congément, ce colon acquéreur cessera de réunir dans ses mains et la propriété de cette même rente et les superfices chargés de l'acquitter. (1)

Ainsi, quand ce domanier sera congédié, la rente devra lui être payée par le foncier ou par le nouveau colon en son acquit (2) ; et comme toute rente foncière est aujourd'hui rachetable, d'après la loi du 25 août 1792, si le foncier veut rembourser, il le fera au terme de cette loi, suivant le mode prescrit par le décret du 18 décembre 1790.

3. Mais remarquons que la rente convenancière n'est pas, à proprement parler, assise sur le fonds ; qu'elle l'est seulement sur les édifices et superfices (3), et par conséquent, le domanier qui l'a

(1) Voyez Baudoin, t. 1.er, p. 198.
(2) Voyez Journal du Parlement, t. 3, p. 190.
(3) Voyez Duparc, t. 2, Principes, p. 45.

rachetée n'a acheté qu'une rente sur ses propres droits. Il serait donc contraire à la nature primitive de cette rente et à l'objet du rachat que le foncier, par une espèce de contre-rachat, pût la faire revivre à la charge du premier, la rasseoir sur ses droits, le forcer enfin, lui qui les en a déchargés, de les grever de nouveau ; en un mot, rétablir comme convenancière la rente qui a cessé de l'être. Le remboursement que ferait le foncier ne produirait donc d'autre effet que de l'acquitter par anticipation de ce qu'il devrait au colon lorsque celui-ci quitterait la tenue. Mais on sent qu'il n'a aucun intérêt à effectuer ce remboursement, puisqu'il n'est pas obligé de servir annuellement cette rente.

Ce que nous venons de dire est prouvé par le rejet de la résolution du Conseil des Cinq cents, d'après laquelle les fonciers, évincés par la loi du 17 août 1792, et réintégrés par celle de brumaire an 6, eussent eu la faculté de faire revivre à la

charge des colons, et comme convenancières, les rentes que ceux-ci avaient
rachetées.

4. A l'article que nous expliquons
appartient une question qui peut se présenter souvent, d'après l'usage où sont
plusieurs propriétaires d'accorder à un
tiers, avec assurance de neuf ans, par
exemple, pouvoir de congédier le colon
actuel d'une tenue à la Saint-Michel de
telle ou telle année, et en ajoutant ces
mots, *en tous cas, lors de l'expiration
de l'assurance courante,* s'il en existe.

Il suit de cette stipulation que le futur
colon, auquel est donné le pouvoir de
congédier, a réellement deux époques
pour effectuer le congément ; l'une est
celle des six mois qui précèdent la Saint-
Michel, indiquée dans l'acte ; l'autre,
celle des six mois quiprécèdent la Saint-
Michel à laquelle expirerait l'assurance
du colon actuel.

Supposant maintenant que le futur
colon n'a pas congédié l'autre à l'époque

de la première Saint-Michel, mais postérieurement, et sur la réquisition qui
lui en a été faite par le propriétaire, on
demandera si ce colon, entré dans la tenue par suite de ce congément, peut exiger son remboursement du propriétaire
à l'expiration des neuf ans portés dans
son assurance, à partir de l'époque de
la Saint-Michel indiquée dans l'acte,
ou si le propriétaire peut se refuser au
remboursement jusqu'à ce que le colon
ait joui pendant neuf ans, à partir du
congément qu'il a exercé ?

Cette question nous semble devoir être
résolue par une conséquence du principe de la réciprocité. Si donc nous
prouvons que le propriétaire ne pourrait
congédier le nouveau colon à l'expiration des neuf ans portés dans son assurance, nous aurons prouvé que ce même
colon ne peut exiger son remboursement
à la même époque, mais seulement à
partir de son entrée dans la tenue.

Or, il ne faut pas perdre de vue qu'il

est au pouvoir du futur colon de commencer sa jouissance à la Saint-Michel
indiquée dans l'acte, en congédiant de
suite le colon qui occupe actuellement;
mais s'il ne veut pas courir les risques
de congédier celui-ci prématurément, il
a nécessairement besoin de connaître la
baillée courante, et comme c'est au propriétaire qu'il incombe de lui donner
cette connaissance, par la remise d'une
expédition de cette baillée, on ne peut
dire que le futur colon soit en demeure
d'agir; par conséquent, le propriétaire
foncier venant à le congédier ne serait
pas recevable à faire entrer dans le calcul
des neuf années celles qui se seraient
écoulées avant la remise de la baillée;
le colon lui répondrait, en raisonnant
par induction de la maxime *contra non*
valentem agere, etc. :

« L'assurance que vous m'avez con-
» sentie restreignait l'époque de mon
» entrée en jouissance à celle où le colon
» qui m'avait précédé pouvait être forcé

» de se retirer ; vous ne m'avez pas mis
» à même de le congédier, pour que j'en-
» trasse à la Saint-Michel indiquée dans
» mon assurance, puisque vous ne m'a-
» vez pas garanti que lui-même n'eût pas
» une assurance : mon entrée en posses-
» sion n'a donc pu commencer qu'à l'épo-
» que où j'ai pu congédier avec sûreté,
» sur votre réquisition. »

Cette réponse paraît tranchante, et il
ne serait pas douteux d'ailleurs, dans la
supposition même où l'ancienne baillée
eût pris fin à la Saint-Michel indiquée
dans la nouvelle assurance, que le propriétaire foncier n'eût pu, sans injustice,
expulser le nouveau colon avant qu'il eût
consommé ses neuf ans de jouissance,
à compter du remboursement qu'il eût
effectué.

Or, de ce que le propriétaire n'eût pas
été fondé à congédier ainsi son colon,
il s'ensuit que ce dernier ne peut avoir
la faculté de provoquer son remboursement; autrement, il se trouverait placé

dans une position plus favorable que celle du propriétaire, quoiqu'il soit aujourd'hui de principe, d'après la jurisprudence de la Cour, qu'à défaut de conventions formelles qui y soient contraires, il existerait de droit, entre le propriétaire et le colon, une réciprocité absolue et parfaite, sous le rapport de la durée des baux comme sous celui de la faculté de provoquer, soit le congément, soit le remboursement.

Vainement le nouveau colon prétendrait-il que la faculté de congédier son prédécesseur était ouverte pour lui dès la Saint-Michel indiquée dans son assurance; que ne l'ayant pas exercée à cette époque, cette assurance n'en courait pas moins; qu'ainsi le propriétaire était fondé à demander le congément au bout de neuf ans : d'où résulterait, par suite du principe même de la réciprocité, qu'il serait fondé à provoquer son remboursement à cette même époque.

Cette prétention ne pourrait avoir pour

prétexte que l'invraisemblable supposition que le colon eût entendu s'obliger
à congédier, sans avoir du propriétaire la
garantie de le faire en sûreté. Mais que
l'on admette cette hypothèse, le colon
n'en serait pas mieux fondé.

Supposons, en effet, que le propriétaire eût voulu congédier au bout de
neuf ans : le colon eût pu ajouter à la réponse que nous avons faite ci-dessus :
« En me fixant deux termes d'entrée ,
» l'un à la Saint-Michel indiquée dans
» mon assurance , l'autre à l'expiration
» de l'assurance qu'aurait eue le précé-
» dent colon , vous ne m'avez point im-
» posé l'obligation de le congédier abso-
» lument à la première époque : j'ai donc
» eu le choix de le congédier ou d'atten-
» dre le moment où j'eusse acquis la cer-
» titude que le colon possesseur n'eût pas
» d'assurance, ou qu'elle était expirée. »

Telles sont les raisons par lesquelles,
en prouvant que le propriétaire ne pouvait congédier le nouveau colon qu'après

26*

neuf années de jouissance réelle, nous croyons avoir prouvé que ce dernier ne pourrait, avant cette époque, exiger son remboursement du propriétaire.

5. Une autre question s'est élevée tout récemment sur le même article, combiné avec l'art. 21. C'est celle de savoir si le congément à signifier à un colon, dont la baillée n'expirerait qu'après la Saint-Michel, en novembre, par exemple, doit être donné six mois avant cette époque de la Saint-Michel ; en sorte qu'il se trouverait tardivement donné six mois seulement avant l'expiration du terme fixé par la baillée, et que, par suite, il s'opérerait tacite réconduction en faveur du colon ?

On a vu comment est conçu l'art. 22, dans lequel on doit particulièrement remarquer la disposition finale , portant *que si l'exploitation du domaine avait commencé à un autre terme* (que celui de la Saint-Michel), *le domanier sera tenu de payer au propriétaire foncier la rede-*

vance convenancière, au PRORATA du tems dont il aura joui de plus.

D'un autre côté, l'art. 21 veut que le prisage soit toujours *demandé six mois avant l'expiration de la jouissance, et fini dans ce délai.*

Il nous paraît évident qu'il résulte de la combinaison de ces deux articles que la loi établit une fiction ou présomption légale de l'expiration de la jouissance à la Saint-Michel, puisqu'elle dit que le colon qui jouira de plus, c'est-à-dire au-delà de ce tems, paiera *au prorata :* d'où suit que le congé doit être donné pour la Saint-Michel, qui précède l'expiration fixée par la baillée, sauf le paiement du prorata de jouissance jusqu'à cette expiration. Ainsi donc, dès lors que le congément n'est notifié qu'après les six mois qui précéderaient la Saint-Michel, il est nul, quoique notifié avant les six mois qui précèdaient l'expiration fixée par la baillée, et il s'opère tacite réconduction, en conformité de l'art. 21.

ARTICLE 23.

« A défaut de remboursement effectif
» de la somme portée à l'estimation, le
» domanier pourra, sur un simple com-
» mandement fait à la personne ou au
» domicile du propriétaire foncier, en
» vertu de son titre, s'il est exécutoire,
» faire vendre, après trois publications
» de huitaine en huitaine, et sur en-
» chères, en l'auditoire du tribunal du
» district (aujourd'hui de première ins-
» tance), les édifices et superfices, et
» subsidiairement, en cas d'insuffisance,
» le fonds.

» Pourra néanmoins le foncier se li-
» bérer, en abandonnant au colon la
» propriété du fonds de la rente conve-
» nancière. »

1. On voit que cet article suppose le
cas où le domanier, provoquant son remboursement, a fait procéder au prisage

de ses droits, soit à l'amiable, soit par experts convenus ou nommés d'office.

Ainsi, de quelque manière que le prisage ait été fait, et qu'il ait ou non occasionné quelques frais de procédure, outre les frais ordinaires de l'expertise et des vacations des experts, le propriétaire foncier peut se libérer en abandonnant la propriété du fonds et la rente convenancière.

2. La généralité de ces expressions, *pourra se libérer,* ne permet pas de douter que l'abandon du fonds et de la rente n'opère libération entière, tant du montant de l'estimation que de tous les frais qu'elle a entraînés, sur-tout lorsque le propriétaire foncier n'a fait aucune mauvaise contestation, et qu'il s'est borné à laisser faire un prisage juridique et régulier.

On ne peut pas, en effet, exiger que, stimulé de rembourser les droits de son domanier, il les rembourse à l'aveugle et sans estimation ; et, puisqu'en thèse générale, l'estimation doit se faire à ses frais, il y aurait injustice à ne pas le tenir quitte de ses frais, comme du montant de l'estimation, lorsqu'il abandonne, *pour se libérer*, tous ses droits dans la tenue.

Cet abandon est véritablement une aliénation, une vente d'immeubles *(datio in solutum)*; c'est une espèce d'exponse! Ainsi, comme l'observe Duparc, t. 1er, p. 287, le tuteur, qui ne pouvait faire exponse des héritages de son mineur, sans avis de parens et décret de justice, ne pourrait de lui-même faire l'abandon duquel il s'agit.

3. Remarquons que le domanier ne peut pas être obligé de recevoir l'abandon partiel de la propriété du fonds et de la rente; les cofonciers sont solidaires à son égard, pour le remboursement intégral de ses édifices et superfices, ou l'abandon simultané de tous les droits fonciers : cet abandon complet peut seul lui tenir lieu de remboursement.

4. Il suit de là que le tuteur d'un mineur, copropriétaire d'une tenue, doit se faire autoriser par délibération du conseil de famille, dûment homologuée, à faire l'abandon de la part indivise de ce mineur, et alors il se réunit aux consorts majeurs de celui-ci.

5. On a demandé si un propriétaire conserve la faculté de se libérer, conformément à l'art. 23, lorsque, sur une demande en remboursement formée par le colon, le propriétaire s'oblige à effectuer ce remboursement à une époque convenue, et pour une somme déterminée, en stipulant que le colon restera dans la tenue jusqu'à l'époque du paiement?

Nous estimons qu'il résulte des clauses d'une pareille transaction, que le congément se trouve exercé par cet acte même, qui fixe définitivement les obligations respectives des parties, et qui proroge seulement le terme de leur exécution.

En effet, le propriétaire s'engage pu-

rement et simplement, *sans aucune réserve* de la faculté d'abandonner le fonds,
à payer au colon à l'époque convenue la
valeur de ses édifices et superfices, et ce,
dans leur état actuel, puisque la valeur
en est réglée par l'acte même.

Il semble donc évident que ces stipulations doivent être réputées comme
ayant opéré à l'instant même la résolution définitive du bail, consolidé la propriété pleine et entière dans les mains
du foncier, et assuré au colon le remboursement de ses droits suivant leur
valeur à l'époque de l'acte.

Le propriétaire prend seulement un
terme pour le paiement de cette valeur,
et pour la remise des lieux; mais ce n'est
plus le bail à convenant qui s'exécute
pendant la période de tems qu'embrasse
le cours de ce délai, c'est au contraire
la résolution du bail qui produit son
effet, Or, c'était au moment de cette résolution que le propriétaire devait user de
la faculté de l'abandon, et dès qu'il ne

l'a pas fait, il doit en être réputé déchu, puisqu'il s'est soumis sans restriction au remboursement, avec stipulation d'un terme pour l'effectuer.

Quoi qu'il en soit, la question que nous croyons devoir décider de la sorte présente des difficultés sérieuses. On peut opposer que l'art. 23, « après avoir auto-
» risé le colon, à défaut de rembourse-
» ment effectif, à faire vendre, *en vertu*
» *de son titre, s'il est exécutoire,* les droits
» convenanciers, et subsidiairement le
» fonds, accorde néanmoins au foncier
» la faculté de se libérer, en abandon-
» nant au colon la propriété du fonds et
» la rente convenancière. »

Or, dirait-on, comment le colon peut-
il avoir *un titre exécutoire* vers le foncier?
On ne le conçoit que de l'une de ces deux manières : Ou le colon est porteur d'un jugement qui condamne le propriétaire foncier à payer et rembourser le montant de l'estimation faite par les experts, des droits convenanciers; ou le

27.

propriétaire foncier lui-même a , par
acte authentique, consenti et s'est obligé
à payer et à effectuer le remboursement.

Dans le premier cas, poursuit-on, l'on
ne doute pas que le propriétaire foncier
ne puisse faire abandon ; quoiqu'un jugement le condamne à payer le montant
de l'estimation. Dans le second, le propriétaire foncier n'est-il pas précisément
dans la position où le place une transaction pareille à celle dont l'on vient
de supposer l'existence ?

Supposant cependant que, par titre
exécutoire, l'art. 23 n'ait entendu parler que d'un jugement que le colon aurait obtenu contre le propriétaire foncier, celui-ci ne pourrait-il pas, dans
l'espèce de la question, faire le raisonnement suivant :

« Si le colon avait obtenu contre moi
» un jugement passé en force de chose
» jugée, qui m'eût condamné à lui payer
» telle somme pour ses droits convenan-
» ciers ; si, en vertu de ce jugement, il

» se fût mis en devoir de faire procéder à
» la vente sur simples bannies des droits
» et du fonds de la tenue, j'aurais pu me
» libérer en abandonnant la foncialité
» et la rente. Suis-je plus strictement
» obligé par une transaction ? Un acte de
» cette nature, d'après l'art. 2052 du
» Code civil, n'a-t-il pas entre parties
» *l'autorité* de la chose jugée en dernier
» ressort ? et si telle est sa force, qu'elle
» est *la même* que celle d'un jugement,
» elle n'est ni plus ni moins grande. Si
» donc je puis, malgré un jugement,
» faire abandon, pourquoi ne le pour-
» rais-je pas, malgré une transaction
» dans laquelle je n'ai point renoncé à
» cette faculté ? »

Enfin, l'on ajoute que « *nul n'est faci-*
» *lement présumé renoncer à son droit,* et
» que ce principe doit sur-tout recevoir
» son application, lorsqu'il s'agit d'un
» droit que la loi déclare être un moyen
» de libération d'une obligation très-
» onéreuse , et qui n'a été introduit,

» dans l'intérêt du colon, que par une
» dérogation contraire à la nature primi-
» tive du bail à convenant. »

Nous répondrons que le titre du droit
du foncier de faire expouse était dans la
loi, qui lui accordait une option ; mais
qu'à ce titre il en a substitué un nouveau, qui détermine d'une manière absolue cette obligation *à un seul objet;*
qu'il s'agit d'ailleurs d'une transaction,
c'est-à-dire d'un traité sur procès né ou
à naître, et qui, par sa nature, établit
une présomption que toute prétention,
toute faculté non conservée par la stipulation qu'il contient a été abandonnée ;
qu'il n'existe point d'ailleurs de parité
entre la transaction dont il s'agit et le
titre exécutoire dont parle l'art. 23.

En effet, ou ce titre est un jugement
rendu sur l'action en remboursement
exercée par le colon, et qui, déclarant
cette action ouverte à son profit, condamne le propriétaire à en souffrir les
conséquences. Or, ces conséquences ne

pouvant être que celles qui sont déterminées par la loi, la condition du
propriétaire reste nécessairement telle
que cette loi la règle. Ou le titre est le
bail même en forme authentique, lequel
devient un titre exécutoire pour la somme
déterminée par le prisage convenu à l'a-
miable ou réglé par experts ; et l'exécution, dans ce cas, peut toujours être
arrêtée par l'exception qui résulte de
l'alternative concédée au bailleur, pour
le cas spécifiquement déterminé par l'article 23. Ou enfin c'est un acte particulier
par lequel le foncier a volontairement
souscrit au congément provoqué par le
colon. En cette dernière hypothèse, il
convient de distinguer : si le foncier a
simplement reconnu que l'action de congément procédait et qu'elle était bien
formée, cette reconnaissance ne peut
nuire au droit qu'il a d'en modifier les
résultats, conformément au choix que
la loi lui défère, et sur lequel il n'a point
encore pris de parti. Mais s'il accepte le

27.*

congément, en s'engageant purement et
simplement à rembourser le colon, il
détermine lui-même, par cet engagement, les effets du congément, il con-
somme son option, et ne peut plus re-
venir contre.

Il n'est donc pas exact d'assimiler la
transaction, soit à un jugement, soit à
un prisage devenu exécutoire, qui n'em-
pêcheraient pas le foncier d'abandonner
la foncialité, conformément à l'art. 23.
La différence est sensible dans les deux
cas : il n'intervient point entre parties
de convention à l'égard du remboursement; le foncier ne s'oblige point nommément à rembourser, et l'obligation dé-
rivant du jugement ou du prisage exécutoire, reste comme obligation *légale*
subordonnée à la faculté de faire abandon. Mais, on le répète, lorsque le foncier s'oblige sans réserve et directement
à payer telle somme à telle époque, il
s'oblige personnellement et directement,
et ne peut plus exercer une faculté qui

suppose nécessairement que de semblables conventions ne sont pas venues
changer l'état dans lequel se trouvaient
les parties, suivant la disposition de la
loi. Vainement, dans notre opinion, l'on
oppose le principe que *nul n'est facilement présumé renoncer à son droit;* on sait
qu'il y a renonciation tacite ayant autant de force que la renonciation la plus
formelle , suivant la maxime *taciti et
expressi idem judicium.* Or, la renonciation tacite résulte, suivant le sentiment
des auteurs, consacré par la jurisprudence, de tout fait évidemment en opposition avec le droit que l'on prétend.
Ainsi, s'obliger à payer une somme déterminée et à une époque fixe, pour remboursement, c'est évidemment faire un
acte absolument contradictoire avec l'intention de ne pas payer cette même
somme, au moyen de l'abandon de la
foncialité; c'est à nos yeux la même
chose que si, après prisage, le foncier,
au lieu de faire exponse, contractait

l'obligation d'en payer le montant. Ne serait-il pas incontestable qu'en cette circonstance il se serait rendu non recevable dans sa prétention de s'en dispenser en faisant l'abandon?....

Nous aurions maintenant à expliquer les dispositions de l'art. 23, en ce qui concerne les ventes des édifices et superfices, et du fonds, à requête du domanier; mais cette explication, ainsi que celles des art. 24 et 25, concernant les ventes qui peuvent avoir lieu à requête du foncier, trouvera mieux sa place à la suite des articles sur lesquels nous réunirons, dans un seul commentaire, tout ce que nous croirons utile sur cette matière.

ARTICLE 24.

« A défaut de paiement de la part du » domanier, des prestations et redevan» ces par lui dues, à leur échéance le

» propriétaire foncier pourra, en vertu
» de son titre, s'il est exécutoire, faire
» saisir les meubles, grains et denrées
» appartenant au domanier; il pourra
» même faire vendre lesdits meubles; en
» cas d'insuffisance, lesdits édifices et
» superfices, après, néanmoins, avoir
» obtenu contre le domanier un juge-
» ment de condamnation ou de résilia-
» tion du bail. »

ARTICLE 25.

« La vente des meubles du domanier
» ne pourra être faite qu'en observant les
» formalités prescrites *par l'ordonnance de*
» 1667, et sous les exceptions y portées.
» A l'égard des édifices et superfices, ils
» seront vendus sur trois publications,
» en l'auditoire du tribunal de district
» (première instance) du ressort. »

1. On a vu, par l'art. 23, que le domanier pouvait faire vendre les édifices et

superfices de même que le domanier,
dans le cas prévu par l'art. 24. Cette
vente, conformément à l'art. 25, doit
se faire par trois publications, en l'auditoire du tribunal du ressort, c'est-à-dire
de la situation de la retenue. Nous remarquerons, sur cette vente, que l'ancienne jurisprudence, attestée par Bau-
doin, t. 1er, p. 134, exigeait trois bannies,
par trois dimanches consécutifs, et la
certification de ces bannies en jugement,
ensuite l'adjudication aux enchères. La
loi du 6 août dit seulement que *la vente
sera faite après trois publications en l'auditoire du tribunal.* A-t-elle entendu exprimer que les trois publications auraient
lieu dans l'auditoire, ou que la vente serait faite après trois publications ?

Nous ne pensons pas que le législateur
ait entendu que les publications n'auraient lieu qu'en l'auditoire du tribunal;
la vente ne serait pas suffisamment an-
noncée au public. Il a voulu, dans notre
opinion, établir quelque chose de sem-

blable à l'ancien usage des bannies, ou du moins prescrire un mode de publicité qui produisît le même effet, celui de procurer un grand concours d'enchérisseurs, en faisant connaître au public les objets à vendre, le lieu et le jour de l'adjudication. Or, ce but ne serait pas atteint par une simple bannie faite dans l'auditoire du tribunal, en présence du petit nombre de personnes qui assistent aux audiences civiles.

Quoi qu'il en soit, pour exécuter les art. 24 et 25 de la loi du 6 avril 1791, voici la procédure que l'on fait généralement, procédure adoptée par les tribunaux de la Bretagne, et jadis par les jurisdictions du ressort du domaine congéable:

Si, comme le dit l'art. 24, le bail à convenant est exécutoire, l'on poursuit en vertu de ce bail, et dans le cas prévu par cet article, la vente des meubles et effets mobiliers appartenant au domanier. S'il y a insuffisance dans la vente

des objets saisis, pour satisfaire les réclamations du propriétaire foncier, celui-ci assigne le domanier ou les domaniers devant le tribunal compétent, pour
ouïr dire que le bail à convenant sera et
demeurera résilié, et qu'il sera autorisé
à procéder sur simples bannies à la vente
de leurs édifices, conformément à l'article 25.

Si le bail à convenant n'est point exécutoire, le propriétaire foncier assigne
les domaniers pour obtenir condamnation des prestations qui lui sont dues, et,
par la même demande, il conclut subsidiairement, à défaut de non paiement,
qu'il soit autorisé à faire vendre, sur
simples bannies ou sur trois publications, les édifices, superfices et droits réparatoires des domaniers. L'on met ce
jugement à exécution. Si l'officier chargé de l'exécution ne trouve pas de quoi
faire une saisie, il rapporte procès-verbal de carence. Si, au contraire, il trouve
de quoi faire une saisie, mais insuffi-

sante, la vente étant effectuée pour répondre de la créance due au propriétaire, dans l'un et l'autre cas, ce propriétaire poursuit la vente sur simples
bannies, en tenant compte toutefois au
domanier de ce que la vente a pu produire.

La procédure sur simples bannies est
dégagée de toutes formes compliquées.
Lorsque le jugement est exécutoire, on
appose, par trois dimanches consécutifs, une affiche contenant les motifs et
conditions de la vente.

On insère, dans la feuille départemen-
tale désignée à cet effet, un extrait des
motifs, conditions et indications du jour
de la vente. Muni de cette dernière pièce
et des trois originaux, non sujets à visa,
et contenant désignation du jour de la
vente, lesquels originaux doivent constater que les affiches ont été apposées dans
les lieux désignés par la loi, on se présente à l'audience, et l'on donne lecture
au tribunal, ainsi qu'aux auditeurs, des

motifs et conditions de la vente, et l'on conclut qu'il soit procédé à la vente des objets désignés aux affiches. La vente, pour le reste, est faite à éteinte de feu, comme pour les ventes en justice.

2. On a vu, par l'art. 23, qu'en cas d'insuffisance des édifices et superfices, le domanier peut vendre le fonds; mais la loi ne dit point, comme à l'égard des meubles, qu'il faille préalablement le frapper de saisie : cette formalité n'est donc pas nécessaire. La rédaction de l'article démontre que cette vente doit être faite comme celle des droits réparatoires, après trois publications de huitaine en huitaine.

Quant à celle des meubles, grains et denrées appartenant au domanier, il est évident, d'après les art. 24 et 25, qu'on doit, suivant la nature des objets, se conformer aux dispositions du Code de procédure relatives aux diverses espèces de saisie mobilière : c'est une conséquence de ce que la loi du 6 août veut que ces

objets soient saisis pour être vendus suivant les formalités prescrites par l'ordonnance de 1667.

Dès avant la révolution, l'usage était
introduit d'obtenir un jugement pour
avoir permis de vendre les droits réparatoires par simple bannie. Suivant Baudoin, ce préalable n'était cependant pas
nécessaire, lorsque le propriétaire foncier
avait des titres récognitoires, un bail no-
tarié ou toute autre obligation en forme
authentique contre son domanier : seulement, ajoute cet auteur, si, depuis la
date de ces actes, il y avait mutation entière de colon, un jugement devenait in-
dispensable, puisqu'à ne considérer la
saisie des droits que comme saisie-exé-
cution d'un meuble ordinaire, il fallait
un titre exécutoire contre le débiteur.

Aujourd'hui, et suivant l'art. 24, le
propriétaire foncier, lors même qu'il a
un bail en forme exécutoire, ne peut
pas faire vendre les édifices et superfices
sans y être autorisé par jugement, et

nous pensons que cette formalité préalable est nécessaire, même dans le cas où le propriétaire foncier agirait en vertu d'un titre antérieur à la publication de la loi du 6 août.

ARTICLE 26.

« Pourront néanmoins les domaniers
» éviter la vente de leurs meubles, et la
» vente subsidiaire de leurs édifices et
» superfices, en déclarant au proprié-
» taire foncier qu'ils lui abandonnent
» leurs édifices et superfices, auquel cas
» ils seront libérés envers lui. Ladite fa-
» culté n'aura lieu que pour les arrérages
» à écheoir, à compter de la publication
» du présent décret. »

1. Par cet article, la loi conserve en général aux domaniers la faculté de faire exponse, qui leur avait été constamment reconnue par l'art. 21 de l'Usement de Cornouailles, par l'art. 20 de l'Usement

de Tréguier, et par la jurisprudence attestée par Baudoin, t. 2, p. 18.

Elle était basée sur les principes généraux concernant les baux à rente de toute nature. En général, les domaniers ne pouvaient, suivant l'auteur que nous venons de citer (*ibid.*, *p.* 20), faire le déguerpissement que de la totalité de la tenue, parce que tel était, en général, le principe pour tous les preneurs à rente. Mais ce principe, fondé sur ce que le bailleur ne peut pas être obligé de morceler ni la rente, ni son héritage, a toujours été entendu en matière de domaines congéables, comme en matière de baux à rente en général, et suivant le droit commun, qu'on a appliqué en ce point aux baux convenanciers.

Belordeau, lettre II, controverse 81, cite un arrêt qui a reçu les domaniers, *malgré les propriétaires fonciers, à faire exponse de leurs portions.*

Baudoin dit que cette décision est étrange, et qu'elle ne doit pas être suivie,

28*

parce qu'on ne peut obliger le bailleur de morceler ni sa rente, ni son héritage, et nous pensons qu'il a raison, en ce sens que le propriétaire foncier ne peut pas être obligé, s'il ne le veut, d'accepter le *déguerpissement* d'une portion de la tenue, et d'éteindre proportionnellement la rente. Mais la jurisprudence a toujours autorisé un codomanier à déguerpir sa portion, pour se libérer à l'avenir de toute redevance, sauf au propriétaire foncier, s'il refuse le déguerpissement, à le dénoncer aux autres tenanciers et à les subroger dans ses droits, afin qu'ils se mettent en possession de la portion déguerpie. Cette jurisprudence, conforme au droit commun, rentre dans le sentiment de Baudoin, et on ne peut croire qu'il ait entendu la contester.

Or, nous ne pensons pas qu'elle ait été proscrite par la loi du 6 août. Loin de restreindre la faculté de faire exponse, elle accorde au contraire une faveur toute nouvelle ; elle permet, en général, aux domaniers qui doivent des arrérages échus depuis sa publication, d'éviter la vente de leurs meubles, en faisant exponse à leurs propriétaires de leurs édifices et superfices. Est-il possible de croire qu'une loi qui, par dérogation au droit commun, et pour l'intérêt de l'agriculture, a voulu accorder cette faveur aux domaniers, ait entendu les priver de la faculté ordinaire et de droit commun de faire le déguerpissement partiel, à la charge au propriétaire foncier de l'accepter ou de le dénoncer aux autres cotenanciers ? S'il en était ainsi, une disposition qui évidemment a en vue d'améliorer le sort des domaniers, aurait aggravé leur condition, et les aurait plus étroitement attachés au sol que ne le faisait l'ancien droit.

La loi du 6 août n'a parlé de la faculté de déguerpir que pour l'étendre, et non pour la restreindre. On n'en a parlé que pour dire que les domaniers, en déclarant au propriétaire qu'ils lui abandonnent leurs édifices et superfices, seront acquittés envers lui, même des arrérages échus depuis qu'elle a été publiée. La généralité des expressions prouve bien qu'on a voulu conserver la faculté du déguerpissement à tous les domaniers, conformément au droit commun, soit qu'ils fussent propriétaires de tous les droits réparatoires de la tenue et qu'ils les abandonnassent en entier, soit qu'ils n'y fussent que portionnaires et qu'ils n'en fissent exponse qu'en partie, pourvu qu'ils abandonnassent toutes leurs portions et qu'ils ne retinssent rien.

Nous avons dit, sur l'art. 1ᵉʳ, que les usemens n'étaient abolis que pour les concessions postérieures à la loi de 1791; ce que prouvent évidemment les art. 7, 13, 19, 20 et autres. Or, un domanier, en vertu d'une concession antérieure à cette loi, et qui n'a pas renouvelé sa convention, est fondé à invoquer les principes consacrés en matière d'exponse

par les usemens, par la jurisprudence
qui les a interprétés, et par l'ancien
droit commun.

2. Mais il n'est pas également certain
que le déguerpissement soit recevable,
en ce qu'il serait fait pour libérer le domanier des arrérages échus. L'exponse
faite à cette fin est contraire à l'ancien
droit, et la loi du 6 août ne peut pas
l'autoriser, dans le cas particulier d'une
concession antérieure à sa publication.

L'art. 26 dit bien que les domaniers
pourront se libérer envers le propriétaire foncier des arrérages échus depuis
la publication de la nouvelle loi, en lui
déclarant qu'ils lui abandonnent leurs
édifices et superfices. Cet article stipule
pour les domaniers contre le propriétaire foncier, et suppose que le colon
qui déguerpit, abandonnant au propriétaire toute la tenue, il n'en résulte
aucun préjudice pour un tiers. C'est seulement contre le foncier, et dans le cas de
l'exponse de toute la tenue, que l'article

déroge au droit commun, mais l'article n'y déroge pas, et ne stipule pas de même pour un codomanier qui a négligé de payer sa part de la rente, et qui veut déguerpir sa portion des édifices et superfices, contre un autre codomanier qui a payé sa quote-part de la redevance, et qui ne veut pas déguerpir.

Lorsque deux domaniers ont partagé leurs droits réparatoires et sont convenus de payer chacun une quote-part proportionnelle de la rente convenancière, il est juste qu'ils exécutent la convention, et l'un d'eux ne peut pas s'en dispenser, à l'oppression et à la ruine de l'autre. Il serait contre toute raison qu'un de ces domaniers, après avoir joui plusieurs années de sa part de la tenue, pût, en laissant arrérager la quote-part de la rente, déguerpir sa part des droits réparatoires, pour faire tomber cette masse d'arrérages sur l'autre domanier, par la voie de l'action solidaire que le propriétaire foncier aurait contre lui.

Dans ce cas, le codomanier qui ne déguerpit pas n'est pas dans les termes de l'art. 26 de la nouvelle loi. Cet article ne dit pas que le codomanier pourra libérer son consort solidaire, et se libérer lui-même des arrérages échus. Le codomanier qui ne déguerpit pas, et qui reste obligé solidairement à payer la totalité des levées échues, pourra donc dire au déguerpissant : « Vous pouvez bien déguerpir ; le propriétaire foncier refusant l'exponse, et me la donnant, je suis bien obligé, en recevant vos droits, de me charger solidairement de toute la rente, et de vous en libérer à l'avenir ; mais vous devez me libérer de votre part des arrérages échus ; à cet égard, je suis fondé à invoquer contre vous la loi du contrat, la bonne foi, l'équité et le droit commun. S'il en était autrement, vous pourriez me ruiner, en me forçant non seulement de vous libérer de la rente à l'avenir, mais encore de vous payer peut-être plus

» que la valeur des droits que vous dé-
» guerpissez, pour rembourser, en votre
» acquit, au propriétaire foncier, les ar-
» rérages échus que vous avez négligé de
» lui payer, et dont vous deviez me libé-
» rer, suivant nos conventions, en me
» donnant, à cet égard, toute garantie
» contre l'action solidaire. »

Ces considérations nous portent à croire qu'un domanier qui fait exponse sous deux conditions, l'une d'être déchargé de la rente à l'avenir, l'autre (la principale) d'être libéré des arrérages échus, ne peut espérer réussir sous les deux rapports, puisqu'il lie ces deux conditions : on peut lui dire, avec grande apparence de raison, que les juges ne pourraient pas les diviser, ou du moins qu'ils ne seraient pas tenus de le faire et pourraient rejeter l'exponse, dès lors qu'elle est faite sous une condition inadmissible. Il suit donc que l'abandon partiel ne peut avoir lieu, si cette garantie n'est pas fournie.

3. Il s'est présenté la question de savoir si, lorsqu'un propriétaire foncier a pris inscription sur les édifices et superfices, il n'est pas censé avoir renoncé à son privilége pour le paiement des arrérages de la rente convenancière ; en sorte que tout créancier qui le prime à raison du rang de son inscription, doit être payé de préférence ? Nous pensons que la solution de cette question, ainsi présentée, dérive des principes concernant la matière des domaines congéables ; il s'agit de les rappeler :

La loi du 6 août 1791, art. 9, a considéré les édifices et superfices des domaniers sous deux rapports diamétralement opposés, quoiqu'essentiellement de même nature. Elle les a considérés comme *immeubles*, en thèse générale ; mais, à l'égard des propriétaires fonciers, elle les a réputés *meubles*.

Cette distinction législative produit nécessairement les deux conséquences suivantes :

29

La première, que les *édifices* et *superfices* du colon sont susceptibles d'être frappés d'inscriptions hypothécaires par tous les créanciers autres que le propriétaire foncier : entre ces créanciers, le rang est déterminé par la date de leur inscription.

La seconde, que le propriétaire foncier ne peut, à raison des prestations qui lui seraient dues, prendre d'inscription sur les édifices, qui, par la fiction de la loi, sont aussi meubles à son égard que les grains, bestiaux, meubles meublans, et autres effets mobiliers du colon.

Mais cette fiction, créée dans l'intérêt du propriétaire foncier, lui deviendrait funeste, si le gage naturel de sa créance pouvait se conquérir par des moyens dont l'usage est interdit à lui seul,

Cette injustice n'existe pas.

En effet, le bail à domaine congéable, envisagé sous le rapport des effets qu'il doit produire, est assimilé, par le législa-

teur, au bail ordinaire de biens ruraux.
Son vœu, sur ce point, est exprimé à suffire, par l'art. 16 de la loi précitée du
6 août 1791, et il est à remarquer qu'un
grand nombre d'arrêts de la Cour royale
de Rennes, notamment celui du 15 messidor an 8, rapporté au Journal, p. 179,
ont appliqué au bail à domaine congéable les règles et les principes, tant
anciens que nouveaux, concernant les
baux ordinaires.

Ainsi, de même que tous propriétaires
de biens ruraux ont, aux termes de
l'art. 2102 du Code civil, un privilége
pour prix de la ferme sur tous les meubles que le fermier a dans ses maisons,
métairies ou fermes; de même le propriétaire foncier a un privilége sur les édifices et superfices, et sur leur prix.

Cela posé en point de droit, il est,
dans l'espèce particulière qui fait l'objet
de notre question, absolument indiffé-
rent que le propriétaire foncier, dans
l'ignorance de ses attributions, ait jugé

à propos de procéder par voie d'inscription hypothécaire.

Tout ce que l'on peut dire, c'est qu'il a eu recours à une formalité inutile, sa créance n'est pas hypothécaire, mais elle est privilégiée : en ce cas, la primauté doit lui être décernée.

4 D'autres questions, également importantes, consistent à savoir, premièrement, si, d'après les art. 2114 et 2166 du Code civil, les créanciers inscrits sur les édifices et superfices d'un domaine congéable (immeubles par nature et destination, et toujours considérés tels dans les mains du colon, et fictivement comme meubles à l'égard du propriétaire foncier) les suivent en quelques mains qu'ils passent ?

2° Si ce propriétaire, qui réunit ces édifices au fonds, soit par congément, acquisition ou donation, est tenu, dans l'intérêt des créanciers inscrits, et sous les peines prononcées par l'art. 2167, de remplir les formalités prescrites par l'art. 2183 du même Code?

3°. Si le droit de transcription, imposé par l'art. 54 de la loi du 28 avril 1816, est exigible lors de l'enregistrement de l'acte de réunion des édifices au fonds?

5. Nous croyons que la solution de la première question et celle de la troisième dépendent de la décision de la seconde.

En effet, s'il est démontré sur celle-ci que le propriétaire foncier qui consolide les superfices à son fonds, n'est pas tenu de remplir les formalités prescrites pour purger les hypothèques, en cas d'aliénation volontaire, il s'ensuivra, 1°. sur la première question, que les hypothèques inscrites sur les superfices ne les suivent qu'autant que le colon les eût aliénés au profit d'un tiers, et non pas lorsqu'ils sont réunis au fonds par la consolidation opérée en faveur du propriétaire foncier; 2°. sur la troisième question, que le droit de transcription n'est pas exigible.

29*

Nous devons donc examiner particulièrement la seconde question, et d'a-
bord nous ferons remarquer que si l'on
avait à l'examiner d'après les principes
de l'ancienne jurisprudence, on ne ba-
lancerait pas à déclarer que les hypothèques n'étaient purgées que par le
congément consommé publiquement et
judiciellement, et non par des actes vo-
lontaires intervenus entre le seigneur
foncier, soit avant, soit même à l'époque où le congément aurait pu être
exercé.

On déciderait en conséquence comme
Baudouin, t. 2, p. 42, 43, 84, 85, 86,
764 et 767, que le congément opposé par
acte volontaire est assimilé à une aliénation également volontaire, et que, conséquemment, si cet acte a eu lieu sous
l'empire des lois qui ont exigé ou exigent, pour purger les hypothèques, les
formalités de la transcription et de la
notification aux créanciers inscrits, on
pourrait maintenir que le foncier n'entre

dans la propriété des superfices qu'à la charge de ces hypothèques, sauf à lui à faire ce qu'il incombe à tout acquéreur à l'effet de purger.

Mais nous ne croirions pas que cette conséquence fût admissible aujourd'hui.

En effet, si les anciens usemens peuvent encore être invoqués (*voyez nos observations sur l'art. 1er. de la loi du 6 août 1791*), ce n'est que dans les seuls cas où cette même loi n'y a pas dérogé, et à l'égard de ce qui tient *intrinsèque-ment* aux domaines congéables.

Tout ce qui concerne les hypothèques et le mode de les purger est *extrinsèque*, et conséquemment régi par les lois nouvelles relatives au nouveau système hypothécaire; par conséquent aujourd'hui par les dispositions du Code civil.

Or, l'art. 2125 dispose que ceux qui n'ont sur l'immeuble qu'un droit *suspendu par une condition*, ou *résoluble dans certains cas*, ou *sujet à rescision*, ne peuvent consentir qu'une hypothèque soumise aux mêmes conditions et à la même rescision.

Or, on ne saurait contester que la propriété des édifices et superfices ne soit pas naturellement dans cette catégorie, puisqu'ils ne sont que détachés du fonds pour y être réunis par l'exercice du congément : le foncier reprend donc, après le congément, la propriété libre des charges et hypothèques dont le colon l'aurait grevée.

Il en est ici comme de toute vente à réméré (*voyez art.* 1673), et de toute vente faite sous condition résolutoire. Or, c'est du réméré que participe essentiellement l'aliénation résoluble des superfices par le foncier, et la loi ne distingue point ici entre le cas où le réméré s'exerce en justice ou par acte volontaire.

Voulût-on, d'ailleurs, pour écarter l'application de l'article précité, contester cette assimilation de la vente des édifices et superfices au réméré, et pré-

tendre que la clause résolutoire n'est
jamais sous-entendue et doit être exprimée, on répondrait que la clause résolutoire est inhérente à la nature du bail
à domaine congéable, et par conséquent, qu'elle n'a pas besoin d'être exprimée.

Tout créancier du colon qui a pris
inscription sur les édifices, est averti par
la loi que celui-ci ne possède que sous
la condition de souffrir la consolidation
à l'expiration d'un certain terme, et puisqu'il n'est permis à personne d'ignorer
la loi, il est censé savoir que ses inscriptions ne produiront aucun effet dès que
le congément sera exercé. Sa condition
n'est pas pire en ce cas qu'elle ne l'est
lorsque l'hypothèque est assise sur toute
autre propriété résoluble.

Par ces motifs, nous ne doutons pas
que si le congément est porté en justice,
ou opéré à l'amiable à l'expiration de la
baillée, le foncier reprend les immeubles libres de toute charge.

6. Cependant, dans l'hypothèse où le colon s'entendît avec le propriétaire pour anticiper le congément, il paraîtrait facile de tromper l'attente des créanciers, qui ont dû compter conserver leur hypothèque au moins jusqu'à l'expiration de la baillée, et d'empêcher, par ces actes clandestins, les oppositions que ces créanciers pourraient mettre sur le prix du remboursement aux approches de l'expiration de la baillée ; inconvénient que la loi n'a pas prévu, et qu'il est difficile de croire qu'elle ait entendu autoriser, puisqu'elle accorde aux créanciers le droit d'attaquer tout acte fait *en fraude de leurs droits.*

De tels actes peuvent être facilement considérés comme entachés de ce vice, puisqu'ils tendraient à rendre de nul effet, au gré du débiteur et d'un tiers, les hypothèques prises sur les édifices et superfices.

Raisonnant par analogie des principes consacrés en matière de réméré, on

remarque que l'art. 1673, n°. 1er, suppose que le vendeur ne reprend la propriété, exempte de toute charge et hypothèque, *que par l'effet du rachat*, qu'il ne
peut exercer qu'à l'expiration du terme
fixé par le pacte : d'où il semble assez
naturel de conclure que s'il y a cession
volontaire de l'immeuble par l'acquéreur
au vendeur, ce n'est plus par l'effet *du
pacte de rachat* que le vendeur reprend
la propriété, et qu'en ce cas celui-ci doit
purger les hypothèques.

L'analogie du congément avec le rachat est parfaite : on devrait donc décider de la même manière ; et par ces
motifs, nous serions porté à adopter
cette opinion, qui d'ailleurs trouve un
appui dans la jurisprudence attestée par
Baudouin.

7. Mais on ne saurait dissimuler
qu'aucune loi n'interdit, soit à l'acquéreur sous pacte de rachat, soit au colon,
de *consentir* d'anticiper les effets du réméré ou du congément ; qu'une telle

convention n'a rien de contraire à l'ordre
public et aux bonnes mœurs ; que d'ailleurs les créanciers, en prenant hypothèque, avaient la faculté de se garantir
de tout préjudice, en usant du moyen
indiqué par Pothier, dans son Traité des
hypothèques, et par Persil, dans son
Régime hypothécaire, t. 1er, p. 377. « Le
» créancier, disent ces auteurs, qui a une
» hypothèque sur une rente, a néan-
» moins un moyen pour empêcher que le
» rachat qui pourrait en être fait n'éteigne
» son droit d'hypothèque : ce moyen con-
» siste à faire un arrêt des fonds de cette
» rente, et l'effet de cet arrêt sera que le
» débiteur ne pourra la rembourser à
» celui à qui elle est due, sans y appeler
» le créancier arrêtant. »

De même on pourrait arrêter le prix
du remboursement entre les mains du
propriétaire foncier, qui dès lors ne
pourrait consentir une anticipation au
détriment des créanciers du colon.

Au surplus, cette dernière opinion,

que la consolidation opérée de quelque
manière et en quelque tems que ce soit,
fait rentrer le domaine libre de toutes
charges dans les mains du propriétaire
foncier, a été adoptée par décision de
la régie de l'enregistrement, du 6 février
1817, approuvée le 6 mai même année
par le ministre des finances, et rapportée comme suit, art. 6059 des instructions :

« *Quel est le droit à percevoir sur les*
» *actes par lesquels les domaniers abandon-*
» *nent les droits réparatoires aux proprié-*
» *taires fonciers ?*

» Les uns, considérant que les droits
» réparatoires sont toujours réputés meu-
» bles à l'égard des propriétaires fonciers,
» ne percevaient que le droit proportion-
» nel sur la valeur des édifices et super-
» fices ; les autres, au contraire, se fon-
» dant sur ce que les édifices et superfices
» sont réputés immeubles à l'égard des
» tiers, et qu'ils sont par ce motif sus-
» ceptibles d'hypothèque, étaient d'avis

30

» que, pour purger cette hypothèque, le
» propriétaire foncier était tenu de faire
» transcrire l'acte d'abandon que lui fait
» son domanier, et que, par conséquent,
» cet acte était passible du droit du demi
» pour cent établi par l'art. 54 de la loi
» du 28 avril 1816, outre le droit de deux
» pour cent résultant de la loi du 22 fri-
» maire an 7.

» Le conseil d'administration, auquel
» la difficulté a été soumise, a délibéré,
» dans sa séance du 6 février 1817, que
» le propriétaire foncier, en rentrant
» dans les édifices et superfices par lui
» engagés pendant un tems, ne pouvait
» être assimilé au nouvel acquéreur, et
» par conséquent, être assujéti à faire
» transcrire son acte pour purger les hy-
» pothèques. »

On voit que cette décision résout les
trois questions ci-dessus posées, puisque
le motif pour lequel l'acte de consolidation n'est pas sujet à transcription est
en effet fondé sur ce que la consolidation

ne peut être assimilée à une aliénation : d'où suit nécessairement qu'il n'y a pas lieu à purger les hypothèques comme dans ce dernier cas.

Par ces considérations, nous pensons que l'art. 2125 du Code civil serait appliqué, dans toute la généralité de ses termes, à l'espèce que nous venons d'examiner.

III.ᵉ PARTIE.

Questions Transitoires.

1. Nous avons parlé, dans notre introduction, p. 55 et suiv., de la loi du 27 août 1792, de son abrogation par celle du 9 brumaire an 6, et du rejet de la seconde résolution, du 17 thermidor an 5, qui avait pour objet de régler les effets de cette abrogation.

2. Nous avons à examiner, dans cette troisième partie, et ainsi que nous l'avons annoncé, quels doivent être ces mêmes effets, à défaut d'une loi qui les ait déterminés.

TITRE I.er

DE LA RÉTROACTIVITÉ SUPPOSÉE A LA LOI DU 9 BRUMAIRE AN 6.

Il convient avant tout de rappeler les dispositions de la loi du 27 août, et celles qui avaient été proposées par la résolution du 17 thermidor, pour l'exécution de la première résolution du même jour, en cas qu'elle eût été adoptée, comme elle l'a été le 9 brumaire an 6.

3. La loi du 27 août disposait comme suit :

Art. 1er. « La tenure convenancière ou à domaine congéable est abolie. Les coutumes locales qui régissent cette tenure, sous le nom d'*usement*, sont abrogées ; en conséquence, les ci-devant domaniers sont et demeurent propriétaires incommutables du fonds, comme des édifices et des superfices de leur tenure. »

Art. 2. « Il ne sera fait à l'avenir aucune concession à pareil titre ; celles qui seront faites ne vaudront que comme simples arrentemens. L'entière propriété des terres ainsi concédées appartiendra aux cessionnaires, avec la faculté perpétuelle de racheter les rentes. »

Art. 3. « Dans les concessions précédemment faites, les droits de congément, baillées, commissions et nouveautés, et le droit de lods et ventes, qui ne seraient point expressément stipulés dans le titre primitif de concession, sont abolis sans indemnité. »

Art. 4. « L'art. 2 du décret des 30 mai, 1er, 6 et 7 juin 1791 (loi du 6 août), concernant les baux à convenant et domaines congéables, continuera d'avoir sa pleine et entière exécution : en conséquence, tous droits ou redevances convenancières de même nature et qualité que les droits féodaux supprimés sans indemnité par les décrets du 4 août 1789 et jours suivans, par le décret du 15 mars 1790 et autres subséquens, ainsi que par le décret du 18 juin dernier, et notamment l'obéissance à la ci-devant justice ou jurisdiction du seigneur ; le droit de suite à son moulin, la collecte du rôle de ses rentes et cens, et le droit de déshérence ou échute, demeureront abolis sans indemnité. »

Art. 5. « Tous les arbres fruitiers, tels que pommiers, châtaigniers, noyers et autres de même nature, soit qu'ils existent en rabine, avenue ou bosquet, les bois appelés *courans* et *puinais,* les taillis, même les bois de futaie de toute espèce étant sur les fossés ou dans les clôtures des terres mises en valeur, sont déclarés appartenir en toute propriété aux ci-devant domaniers. »

Art. 6. « A l'égard des bois de futaie, tels que chênes, ormeaux, hêtres, sapins et autres de même nature, qui se trouveront, soit en semis faits par les ci-devant seigneurs, ou existant en rabine ou bosquet, hors des clôtures des terres en valeur, il sera procédé, par experts que les parties nommeront, ou qui seront nommés d'office par le juge , à une estimation desdits bois et semis, sur le pied de leur valeur à l'époque de cette estimation , contradictoirement ou par défaut , entre les ci-devant domaniers et ci-devant seigneurs. »

Art. 7. « L'estimation desdits bois et semis sera faite sur la réquisition de l'une des parties ; les ci-devant domaniers seront tenus de payer annuellement aux ci-devant seigneurs l'intérêt au denier vingt du prix total de l'estimation , jusqu'au remboursement de ce prix, qu'ils feront quand bon leur semblera. Cet intérêt , qui courra à compter du jour de l'estimation , est déclaré soumis, au profit des ci-devant domaniers, à la restitution de la quótité de la contribution foncière pour tout autre intérêt et vente quelconque. »

Art. 8. « Les ci-devant domaniers pourront néanmoins abandonner aux ci-devant seigneurs la jouissance et disposition desdits bois et semis, sauf à disposer des fonds après l'exploitation. Ils seront tenus de faire cet abandon, ou de déclarer qu'ils entendent faire procéder à une estimation desdits bois et semis, dont ils se réservent la disposition et la jouissance, dans le mois, à compter de la publication du présent décret, par un acte fait au greffe du juge de paix du canton dans l'arrondissement duquel se trouveront situés lesdits bois et semis. Les ci-devant seigneurs pourront provoquer devant le juge de paix, après ledit délai d'un mois, cette déclaration de la part des ci-devant domaniers. »

Art. 9. « Les ci-devant domaniers, dans le cas où ils se réserveraient la propriété desdits bois et semis, n'en pourront disposer qu'après l'estimation définitive qui en aura été faite, conformément à l'article ci-dessus. Dans le cas de vente ou d'exploitation desdits bois et semis de la part des ci-devant domaniers, en tout ou en partie, ils seront tenus de rembourser, sans délai, aux ci-devant seigneurs, le total du prix de l'estimation. »

Art. 10. « Les ventes de bois faites jusqu'à ce jour par les ci-devant seigneurs par acte authentique passé, ou dont l'exploitation a été commencée antérieurement à la date du présent décret, auront leur pleine et entière exécution, sans que les ci-devant domaniers puissent exiger aucune indemnité, si ce n'est pour les dégâts et détériorations que l'exploitation aurait causés dans leurs fossés, clôtures et autres édifices; et néanmoins lesdits domaniers auront la faculté de retenir ces bois, en remboursant le prix du marché au total, si l'exploitation n'est pas commencée, ou en les remboursant au prorata de ce qui reste à exploiter, et ce, par estimation à dire d'experts, aux frais du domanier. »

Art. 11. « Il sera libre aux ci-devant domaniers de racheter leurs redevances ci-devant convenancières; et, soit avant, soit après ce rachat, ils pourront racheter aussi les rentes suzeraines ou chef-rentes dues sur leurs tenues. »

Art. 12. « Ils continueront, jusqu'au rachat effectué, de payer annuellement, comme par le passé, et aux termes ordinaires, en nature de rentes purement foncières, les redevances annuelles ci-devant convenancières en argent, grains, poules, beurre et autres denrées, ainsi que les corvées abonnées ou expressément stipulées, et détaillées par les bail-lées courantes et actuelles. »

Art. 13. « Les corvées exigibles en vertu des seuls usemens, ou d'une clause de soumission à iceux, demeureront supprimées sans indemnité, conformément au décret des 30 mai, 1er, 6 et 7 juin derniers (loi du 6 août 1791).

Art. 14. « Ne sera pareillement sujet au rachat, mais demeure supprimé sans indemnité, le droit établi par le ci-devant Usement de Cornouailles, et perçu par les ci-devant seigneurs sur les terres égo-buées, sous les noms de champart et ter-

rage, et sous quelqu'autre dénomination
que ce soit, quand même il serait stipulé
expressément dans les baillées ; et cependant il sera acquitté sans restitution
par les ci-devant domaniers, dans le cas
où ils feraient des égobues avant le rachat des redevances mentionnées dans
l'art. 12. »

Art. 15. « Les parties se conformeront,
au surplus, pour l'exercice de ce rachat,
aux règles et formalités prescrites par les
décrets rendus pour le rachat des droits
ci-devant féodaux, en ce qu'ils ne sont
pas contraires au présent décret. »

Art. 16. « Les sommes payées pour
commissions de baillées consenties afin
de congément, qui ne sont pas encore
exécutées, seront restituées par les ci-
devant seigneurs, à ceux qui les auront
avancées, avec les intérêts, à compter
du jour de la demande qui leur en aura
été faite. »

Art. 17. « Toutes instances afin de congément, tous procès intentés et non dé-

cidés par jugement en dernier ressort
avant ce jour, relativement aux droits
déclarés abolis sans indemnité par le
présent décret, ne pourront être jugés
que pour les arrérages échus antérieurement à ce jour, et tous dépens seront
compensés. »

Art. 18. « Il ne pourra être prétendu,
sous prétexte de partages consommés,
ni par les personnes qui ont ci-devant
acquis de particuliers, par vente ou autre titre équivalent à la vente des droits
abolis ou supprimés par le présent décret, aucune indemnité ni restitution
de prix. »

Art. 19. « Quant aux ventes de biens
nationaux, composés en tout ou partie
des droits du domaine congéable, les ad-
judicataires pourront renoncer à leurs
adjudications, et se faire restituer le prix
qu'ils en auront payé, conformément
aux lois précédentes sur la vente des
droits ci-devant féodaux. A l'égard de
ceux desdits droits qui seront tenus à

ferme de la Nation, avec ou sans mélange d'autres biens ou droits, on se
conformera aux lois précédentes, relativement aux indemnités qui pourraient
être dues aux fermiers.

4. La résolution du 17 thermidor portait :

Art. 1er. « Tous procès existans, même
ceux pendans au tribunal de cassation,
toutes offres faites, tous jugemens intervenus, tous remboursemens, dépôts ou
consignations de deniers, et tous autres
actes qui auraient leur fondement dans
les dispositions de la loi du 27 août 1792,
ou dans les dispositions des lois subséquentes rendues en interprétation ou
confirmation d'icelle, sont abolis et an-
nulés. »

Art. 2. « Les propriétaires fonciers qui
ont reçu des domaniers le remboursement des capitaux de leurs redevances
convenancières, et qui sont maintenus
par l'art. 1er. de la résolution du 17 thermidor de l'an 5, seront tenus préala-

blement de rendre et restituer aux domaniers les sommes qu'ils en ont reçues.
Cette restitution sera effectuée suivant
l'échelle de proportion. »

Art. 3. « Les propriétaires fonciers sont
réintégrés dans la propriété de leurs tenues, nonobstant tous dépôts ou consignations de deniers qui auraient été
faits par les colons, pour parvenir au
remboursement des capitaux, sans que
le refus ou retardement des colons, pour
retirer les valeurs par eux déposées ou
consignées, puisse apporter aucun obstacle à la jouissance des propriétaires
fonciers. »

Art. 4. « Les arrérages des rentes convenancières qui seraient dus par les colons demeurent compensés avec les intérêts des capitaux qu'ils auraient remboursés aux propriétaires, ou des sommes
qu'ils auraient consignées ou déposées. »

5. Il suit du rejet prononcé le 18 thermidor an 6, que la décision de toutes
les difficultés auxquelles l'abrogation de

la loi du 27 août a pu ou peut encore donner lieu, et que la résolution eût applanies, si elle avait été convertie en loi, dépend de la solution d'une question principale, qui est celle de savoir *si la loi du 27 août a été abrogée avec ou sans effet rétroactif.*

Rappelons que la loi du 9 brumaire an 6 est ainsi conçue :

Art. 1er. « Les décrets de l'Assemblée nationale législative, des 23 et 27 août 1792, sur la tenue convenancière, celui du 29 floréal an 2, rédigé définitivement le 2 prairial suivant, et toutes autres lois qui seraient la suite de celle du 27 août 1792, sont *abrogés.* »

Art. 2. « Le décret rendu par l'Assemblée constituante, les 30 mai, 6 et 7 juin 1791 (*loi du 6 août* 1791) sera exécuté suivant sa forme et teneur : en conséquence, *tous* les propriétaires fonciers sont MAINTENUS dans la propriété de leurs tenues, conformément aux dispositions dudit décret. »

Nul doute que tout ce qui a été fait sous son empire, tout ce qui en est une conséquence, doit être considéré comme non avenu, si cette loi est rétroactive, ou maintenu, si elle ne l'est pas. Nous exposons, dans les deux chapitres suivans, les raisons que l'on fait valoir en faveur des deux systèmes.

CHAPITRE Ier.

Moyens pour la non rétroactivité.

CEUX qui soutiennent que la loi du 9 brumaire an 6 n'est pas rétroactive, se fondent sur les raisons que nous allons exposer.

La loi du 9 brumaire an 6, dit-on, à l'appui de ce système de non rétroactivité, abroge, il est vrai, celle du 27 août 1792 ; « mais *abroger* une loi, c'est » en arrêter les effets, c'est l'anéantir » pour l'avenir ; ce n'est pas annuler » l'exécution qu'elle a reçue par le passé,

31*

» ce n'est pas anéantir les effets qu'elle
» a déjà produits, et les droits acquis
» sous sa garantie pendant qu'elle était
» en vigueur.

» L'abrogation est définie l'acte par
» lequel une loi ne doit pas avoir son
» exécution : d'où il résulte que la loi
» abrogée a dû être exécutée jusqu'à ce
» qu'elle ait été remplacée par celle qui
» l'abroge. » (1)

Tous les législateurs ont rendu homm-
mage à ce principe, consigné dans la
loi 7, au Code *de legibus*, répété dans
l'art. 2 de notre Code civil : *La loi n'a
point d'effet rétroactif;* elle n'étend sa
puissance que sur l'avenir. Si quelquefois ils s'en sont écartés par des considérations majeures, ils ont eu soin de le
dire expressément et clairement.

Or, loin que les auteurs de la loi du
9 brumaire an 6 aient clairement exprimé leur intention de faire rétroagir cette

(1) Considérans d'un arrêt du 28 août 1807, qui sera
ci-après rapporté.

loi, on voit, par les termes mêmes de l'art. 1er, qu'ils ont exprimé le contraire, en ne faisant qu'abroger la loi du 27 août, tandis qu'ils l'eussent *annulée* et déclarée *non avenue*, s'ils avaient voulu détruire entièrement l'effet de son exécution. (1)

Il faut se rappeler, d'ailleurs, qu'à l'époque du 17 thermidor an 5, il fut présenté d'abord, au Conseil des Cinq cents, un projet de résolution en cinq articles, dont le premier déclarait cette loi *rapportée;* le second maintenait les propriétaires fonciers, et les trois autres contenaient des dispositions rétroactives. Mais dans la crainte que ce projet ne fût pas adopté par le Conseil des Anciens, *à cause* de sa rétroactivité, et que l'abrogation de la loi du 27 août ne fût pas prononcée par cette considération, on scinda ce projet pour en faire deux résolutions. La première, qui ne con-

(1) Mêmes considérans de l'arrêt du 28 août 1807.

tient point d'effet rétroactif, et qui forme la loi du 9 brumaire an 6, composée des deux premiers articles du projet unique. La seconde, rétroactive dans toutes ses dispositions, et qui, si elle avait été adoptée, eût été la loi organique de celle du 9 brumaire an 6.

Il est bien démontré, par cette circonstance, que cette loi ne contient pas l'effet rétroactif qu'on prétend lui donner, puisque c'est précisément pour en écarter toute idée que l'on sépara les dispositions qu'elle renferme de celles qui, dans le premier projet de résolution, consacraient et développaient cet effet.

Enfin, dès lors que la seconde résolution, composée des dispositions rétroactives, a été rejetée, la conséquence nécessaire de ce rejet n'est-elle pas que la loi du 9 brumaire n'ayant ni ne devant avoir d'effet rétroactif, celle du 27 août 1792 a eu et devait avoir, comme toute autre loi, son exécution, et que tout ce qui a été légalement consommé pendant qu'elle a existé ne peut être annulé ?

Il est vrai que l'art. 2 de la loi du 9 brumaire an 6 déclare tous les pro-priétaires fonciers MAINTENUS dans la propriété de leurs tenues ; mais ces ex-pressions n'ont par elles-mêmes *aucun caractère de rétroactivité* (1), et l'on ne peut, en s'attachant au sens *littéral*, en induire que la loi de brumaire eût en-tendu exprimer que les propriétaires se-raient considérés comme s'ils n'eussent jamais été dépouillés ; contrarier l'esprit opposé de cette même loi, clairement manifesté tant par les termes de l'art. 1er, qui *abroge* et n'annule pas, que par les circonstances ci-dessus rappelées.

On ne peut donc attribuer à cette loi d'autre sens que celui du rétablissement du domaine congéable, aboli par la loi du 27 août 1792 ; rétablissement opéré au profit des anciens propriétaires, *lors-*

---

(1) Mêmes considérans de l'arrêt du 28 août 1807.

que les colons N'AURAIENT PAS PROFITÉ *des dispositions de la loi abolitive.*

Il faut, par suite, distinguer les propriétaires fonciers des tenues qui sont restées au même état depuis 1791, de ceux dont les tenues ont éprouvé des mutations. Si donc des remboursemens autorisés par la loi de 1792 ont été effectués, si des ventes de la propriété qu'elle conférait aux domaniers ont été faites et légalement consommées, il est clair que le mot *maintenus* ne peut être appliqué aux anciens fonciers ; autrement, la loi du 9 brumaire détruirait tout ce qui s'est fait en exécution de la loi de 1792.

Que ce mot ait été employé, si l'on veut, de préférence à tout autre, pour exprimer que la loi de 1792 était injuste, et qu'aux yeux de la raison les propriétaires n'avaient point entièrement perdu leurs droits à la propriété de leurs tenues, du moins ne signifie-t-il point qu'aux yeux de la loi le foncier n'ait jamais cessé d'être propriétaire, puisque la loi de 1792, qui déclarait les colons propriétaires incommutables, a été en vigueur pendant près de six années.

Enfin l'on invoque, à l'appui du système de la non rétroactivité, l'autorité de M. Merlin, au nouveau Répertoire. (1)

Il examine la question, que nous traiterons chap. 2, de savoir *si la loi du 9 brumaire an 6 a rendu la propriété des biens aux fonciers, qui, en exécution et pendant la durée de la loi du 27 août 1792, avaient reçu le remboursement de leurs rentes convenancières ?* Et il dit :

« La négative paraîtra incontestable,
» si l'on fait bien attention à la manière
» dont cette loi est conçue ; elle porte
» simplement que la loi du 27 août 1792
» est *abrogée*. Or, abroger une loi, c'est
» bien lui ôter toute autorité pour le
» passé. (2)

(1) Article *convenant*, 3.e édit., t. 3, p. 143.
(2) Ainsi, M. Merlin adopte ici les motifs de la Cour de Rennes, arrêt du 28 août 1807.

» Il est vrai que le 17 thermidor an 5,
» jour où a été prise, par le Conseil des
» Cinq cents, la résolution que le Conseil
» des Anciens a convertie en loi le 9 bru-
» maire an 6, il en a été pris une autre
» qui décide le contraire. (1)

» Mais, 1°. cette résolution a été rejetée
» par le Conseil des Anciens (2); 2°. cette
» résolution, par cela seul que celle dont
» le Conseil des Anciens a décrété l'ap-
» probation le 9 brumaire an 6, forme
» une preuve irréfragable que la résolu-
» tion approuvée le 9 brumaire an 6
» n'avait pour objet que d'abroger, pour
» l'avenir, la loi du 27 août 1792, puis-
» que si, par elle-même, elle eût dû
» rétroagir sur le tems qui avait précédé
» l'abrogation de cette loi, il eût été inu-
» tile et même absurde de prendre une
» autre résolution pour lui attribuer cet
» effet.»

L'auteur termine en citant deux ar-

(1) Voyez le texte ci-dessus p. 362.
(2) Voyez ci-dessus p. 364.

rêts de la Cour de cassation, l'un du
4 thermidor an 9, rapporté en ses Questions de droit; l'autre du 21 thermidor
an 8, rapporté à l'article *congément*, par
lesquels la doctrine de la non rétroactivité a été admise et appliquée aux remboursemens des rentes convenancières,
régulièrement effectués sous l'empire de
de la loi de 1792. (1)

Telles sont, dans toute leur force,
les raisons sur lesquelles on maintient
que la loi de brumaire *n'a* et ne peut
avoir d'effet rétroactif. Il s'agit maintenant d'exposer celles qui militent en faveur de l'opinion contraire.

(1) Ces arrêts sont rapportés au nouveau Répertoire; le premier, t. 2, p. 814, 3.ᵉ édit.; le second,
dans le recueil des Questions de droit, dernière édition,
t. 6, p. 388, et 2.ᵉ édit., t. 3, p. 554. Nous y reviendrons, en examinant dans le chap. 3 les questions qu'ils
ont décidées.

CHAPITRE II.

Moyens en faveur de la rétroactivité.

1. On ne saurait contester le principe que les lois n'ont point d'effet rétroactif; qu'elles ne statuent que sur l'avenir. Mais de ce principe même, il résulte que la loi par laquelle le législateur en rapporte une autre, qui elle-même était rétroactive, doit nécessairement rétroagir à son tour, et entraîner l'annulation de tous les actes d'exécution et de tous leurs effets.

S'il en était autrement, la loi nouvelle ne remplirait pas son but, qui consiste essentiellement dans la réparation de l'injustice occasionnée par la loi rétroactive qu'elle rapporte.

Cette dernière loi, par son essence même, doit donc nécessairement rétroagir sur le passé, afin d'effacer tout ce que la loi antérieure a pu produire

d'abusif ou d'injuste. « Ainsi , dit l'illus-
» tre Domat, ces lois ont un effet sur le
» passé, si elles ne font que rétablir une
» loi ancienne ou une règle d'équité na-
» turelle, dont quelques abus avaient
» altéré l'usage. »

C'est donc par respect pour le principe sacré de la non rétroactivité, que
la loi qui révoque une loi rétroactive
doit rétroagir elle-même.

2. Or, la loi de 1792 avait converti
en propriété *incommutable,* au profit du
domanier, la propriété seulement *tem-
poraire* et *résoluble* qu'il avait des édifices et superfices.

Elle avait transformé en une rente
foncière fixe, invariable et *rachetable,*
la redevance convenancière, qui n'était
qu'une sorte de fermage variable au gré
des contractans.

Le foncier avait déclaré expressément
dans le bail qu'il entendait conserver la
propriété de son fonds; qu'il n'accordait
au domanier que la perception des fruits

pour un tems convenu, et l'art. 1er. de cette loi spoliatrice déclarait le domanier propriétaire incommutable de ce fonds.

L'art. 3 disposait textuellement que, dans les concessions *précédemment faites*, les droits de congément, baillées, commissions et nouveautés, eussent été abolis sans indemnité.

Peut-on dire que ces dispositions principales, dont toutes les autres étaient les appendices, n'avaient pas évidemment un effet rétroactif?

La propriété du fonds des tenues, le pouvoir d'en consentir des baillées, c'est-à-dire de les affermer, et celui de congédier, n'étaient-ils pas des droits acquis aux fonciers, des droits incontestables et non contestés, des droits garantis par la foi des contrats, et confirmés par une possession de quatorze siècles?

Ils existaient, sans contredit : donc ils ne pouvaient être anéantis que par un effet de la rétroaction.

· 3. Cela posé, l'on doit en convenir, si l'effet rétroactif d'une loi est un vice monstrueux et radical, il n'est pas plus en la puissance du législateur de l'approuver dans la suite, qu'il ne fut premièrement en son pouvoir de l'établir.

ʺ Et, en effet, pour développer les principes que nous n'avons fait qu'énoncer en commençant ce chapitre, si les dispositions rétroactives étaient exécutées, et avec elles tous les actes et jugemens qui en doivent résulter; s'ils n'étaient point anéantis, l'effet rétroactif serait, par une étrange contradiction, tout à la fois aboli et maintenu.

Il serait *aboli*, puisque la loi nouvelle prononcerait le retour aux règles anciennes;

Il serait *maintenu*, puisque les suites et les conséquences de la rétroaction subsisteraient.

La cause serait détruite, et les effets seraient conservés. Le principe de la non rétroactivité deviendrait illusoire et sans application, si, après l'exécution de l'effet rétroactif, tout était irrévocable; et le législateur, tout puissant pour dépouiller un légitime propriétaire de ses biens, serait sans moyens pour les lui faire restituer. Avec la fâcheuse certitude de la possibilité d'être exposé par fois à rendre des lois injustes, il aurait la certitude plus désespérante encore de ne pouvoir en réparer les désastres.

C'est cependant à ces absurdités, à ces contradictions, que conduirait le système de ceux qui croient voir une rétroactivité dans l'anéantissement d'actes fondés sur la rétroactivité d'une première loi vicieuse.

4. Il est certain, au contraire, qu'en ce cas la nouvelle loi n'a point un effet rétroactif, parce qu'aux yeux du législateur, les actes qui dérivent d'une loi *rétroactive* n'existent même pas; parce que ces actes sont entachés du même abus que la cause qui les a produits; parce que, dans la vérité, c'est bien plu-

tôt par ce vice intrinsèque qu'ils s'anéan-
tissent que par la disposition qui les déclare abolis ; parce qu'ici, ce qu'on voudrait qualifier mal à propos d'effet rétroactif, n'est que le remède aux maux
causés par l'effet rétroactif des lois précédentes, et le retour nécessaire à un
ordre légal et juste, que ces lois elles-
mêmes n'avaient pu intervertir.

C'est ainsi que la loi du 17 nivôse
an 2, sur les successions, celle du 12
brumaire même année, sur l'époque du
droit de successibilité des enfans naturels, renfermaient des dispositions rétroactives qui faisaient remonter leur
exécution jusqu'au 14 juillet 1789 ; dispositions qui furent abrogées par les lois
des 5 vendémiaire et 15 thermidor an 4,
avec annulation de tous les procès existans, des jugemens rendus, des partages
faits, des actes consentis par suite et en
exécution des deux lois rétroactives.

C'est ainsi encore, pour citer un cas
bien plus rapproché de celui qui fait la

matière de cette discussion ; puisqu'il regarde directement la propriété des fonds, que la loi du 4 messidor an 5 a rendu aux habitans du Languedoc les terres par eux défrichées que leur avaient concédées d'anciens édits, et que la loi du 10 juin 1793 avait attribuées aux communes. La loi de restitution porte, art. 2 , que tous jugemens contraires à ses dispositions pourraient être attaqués par la voie de cassation, quand même elle aurait déjà été rejetée.

Telles sont les raisons par lesquelles M. de Malleville, le rapporteur de la commission du Conseil des Anciens, sur la seconde résolution du 17 thermidor an 6 ; M. Lemerer, député du département d'Ille et Vilaine, auquel nous avons particulièrement emprunté une partie de ce qui précède ; M. Rallier, député du même département ; M. Delaporte, député des Côtes-du-Nord, et aujourd'hui conseiller à la Cour royale de Rennes, et M. Duval-Villebogard, ancien magistrat

de la même Cour, combattaient les argumens fondés sur le principe de la *non
rétroactivité*. (1)

5. Aux objections tirées de ce que la
première résolution, convertie en loi le
9 brumaire an 6, ne supposait aucun
effet rétroactif, puisque ce fut dans la
crainte que la rétroactivité ne détermi-
nât à rejeter l'abolition de la loi du 27
août, on répond qu'il est tout au plus à
présumer que celui de la première résolution n'eut pour cause que l'intérêt des
tiers acquéreurs ; mais que cette présomption ne saurait avoir aucune in-
fluence sur la question, puisque la loi
du 9 brumaire an 6 a maintenu les propriétaires fonciers dans la propriété de
leur tenue.

Or, *maintenir* n'est pas *réintégrer ;*

(1) On peut voir, dans le Journal intitulé *Jurisprudence de la Cour de Rennes*, rédigé par le respectable
M. LEGRAVEREND père, conseiller honoraire à la Cour
royale de Rennes, les extraits de leurs opinions impri-
mées. (*Voyez sur-tout p. 150 à 161*).

maintenir, c'est confirmer un droit ancien, c'est écarter toute idée de propriété
accordée par la loi de 1792 ; c'est anéantir tous les effets de cette loi. Prononcer
que quelqu'un est maintenu dans une
propriété, *l'y maintenir*, c'est en effet décider que cette propriété n'a jamais cessé
de lui appartenir ; que s'il en a été autrement pendant quelques années, ce
n'a pu être qu'une usurpation momen-
tanée, qui ne pouvait conférer aucun
droit légitime.

On ne peut donc pas dire que la première résolution, convertie en loi le
9 brumaire, n'ait supposé aucun effet
rétroactif ; que la seconde seule, qui a
été rejetée, ait entendu consacrer ce
principe. C'est ce que prouve ce passage
important du rapport de M. de Malleville, p. 9 :

« La seconde résolution n'est qu'une
» conséquence de la première ; elle prend
» pour base *la pleine maintenue* DÉJA AC-

» CORDÉE AU PROPRIÉTAIRE ; et , d'après
» cela , par l'art. 1ᵉʳ, elle abolit tous pro-
» cès , même ceux pendans au tribunal
» de cassation , toutes offres faites, etc.,
» tous autres actes qui auraient leur fon-
» dement dans les dispositions de la loi
» du 27 août, ou dans les lois subsé-
» quentes, rendues en interprétation ou
» confirmation de celle-là.

Et, en effet, ajoute cet estimable
» jurisconsulte, il est bien sensible que
» la loi que vous avez passée n'aurait pas
» eu son exécution, et qu'elle aurait inu-
» tilement MAINTENU dans leurs tenues
» les propriétaires que celle de 1792 *dé-*
» *possédait,* s'ils en étaient restés *privés*
» d'après les jugemens rendus ou à ren-
» dre, en conséquence de cette loi révo-
» quée. »

Enfin, l'arrêté du Directoire exécutif,
du 13 germinal an 7, complète cette
preuve, en déclarant que la législation
sur les matières des domaines congéables consiste *uniquement* dans les dis-

positions de la loi du 6 août. Si, en effet,
cette loi n'eût pas été anéantie avec effet
rétroactif, elle ferait encore partie de
cette législation, du moins pour ce qui
concerne les actes passés pendant le laps
de tems où elle a été en vigueur.

Il suit de là que le mot *abrogation*,
employé dans la loi du 9 brumaire an 6,
l'a été dans le sens d'une révocation,
d'un rapport de la loi du 27 août, dont
l'effet est de la faire considérer comme
si elle n'avait jamais existé, et que la
seconde résolution rejetée n'établissait
point, pour la première fois, cette abolition avec effet rétroactif, mais avait
pour objet de faire l'application de cet
effet aux différens actes passés sous l'empire de la loi du 27 août 1792.

6. Ce systême, déjà consacré par deux
arrêts de la Cour de Rennes, des 13 thermidor an 9 et 4 prairial an 10 (1), a été,
de rechef, entièrement adopté par un

(1) Voyez le Recueil de la jurisprudence de cette
Cour, p. 74 et 96.

arrêt de la première chambre de la Cour
royale de Rennes, du 21 décembre 1820,
et appliqué même contre un *tiers acquéreur*, en opposition formelle avec celui
du 28 août 1807, dont nous avons déjà
parlé p. 366 et suivantes (1). Les considérans que contient cet arrêt en pur
point de droit sont ainsi conçus :

« Considérant que la loi du 9 brumaire
» an 6, qui avait pour objet de réparer
» les effets désastreux de la loi spolia-
» trice du 27 août 1792, n'établit aucune
» différence, aucune distinction entre les
» domaines congéables alors possédés
» par les colons, et ceux qui pouvaient
» l'être par des *tiers acquéreurs* ou ces-
» sionnaires par suite de ventes ou trans-
» ports leur faits par les mêmes colons,
» sous l'empire de la loi de 1792 ;

» Considérant que l'injustice de la
» spoliation opérée par la loi de 1792

(1) Nous aurons bientôt occasion de discuter cette
décision, en tant qu'elle prononce l'éviction d'un tiers
acquéreur.

33

» suffit pour disculper de tout reproche
» de rétroactivité la loi du 9 brumaire
» an 6 ;

» Considérant d'ailleurs que l'objection
» puisée dans le rejet fait par le Conseil
» des Anciens, le 18 thermidor an 6, de la
» seconde résolution prise par le Conseil
» des Cinq cents, le 17 thermidor an 5,
» bien loin d'affaiblir la généralité de l'in-
» terprétation donnée à la loi de l'an 6,
» fortifie au contraire le sens rétroactif
» de cette loi, puisqu'il est constant *en*
» *fait* que, dans le principe, ces deux
» résolutions faisaient partie d'un seul et
» même projet, et, *en droit,* que le rejet
» de la seconde partie du projet ne dut
» produire d'autre effet que d'abandon-
» ner à la sagesse des tribunaux l'appli-
» cation de la première partie, convertie
» en loi le 9 brumaire an 6 ;

» Considérant enfin qu'il n'appartient
» point au magistrat d'éluder l'applica-
» tion de la loi, lorsque son sens est clair
» et précis. »

7. Nous venons d'exposer avec la même exactitude et la même impartialité que nous avons mises à l'égard du système de la rétroactivité, les motifs qui ont été ou qui peuvent être invoqués en faveur du système opposé. Il nous reste, dans ce conflit, à émettre notre opinion, et nous ne balançons pas à déclarer, en réservant la distinction à l'égard des tiers acquéreurs, que fortement pénétré de l'injustice révoltante de l'effet rétroactif de la loi du 27 août 1792, nous estimons, en droit, que, sans qu'il fût besoin que le législateur s'en expliquât en termes plus formels qu'il ne l'a fait par le mot *maintenus*, la loi du 9 brumaire an 6 est rétroactive par son essence, suivant le principe posé par Domat. (1)

8. La plus forte objection que l'on ait faite, à notre avis, c'est que la seconde résolution eût été rejetée, à raison de l'effet rétroactif qu'elle prononçait. Mais

(1) Voyez ci-dessus p. 376.

en lisant le rapport de M. de Malleville (1), on se convaincra que le rejet
n'eut point indistinctement et d'une manière absolue la rétroaction pour motif,
mais seulement une exception que la
commission crut devoir être faite en faveur des tiers acquéreurs, en même
tems qu'elle professait énergiquement
l'opinion que, sous tous autres rapports,
l'effet rétroactif était un retour aux principes et à l'équité, et une conséquence
actuelle et directe de la rétroaction de
la loi du 27 août.

Ainsi nous admettons, en thèse géné-
nérale, que la loi du 9 brumaire an 6
doit être entendue et appliquée avec effet
rétroactif, nous réservant, comme nous
l'avons dit, d'approfondir l'importante
question de savoir si la rétroaction concerne les tiers acquéreurs.

(1) Page 15.

CHAPITRE III.

PREMIÈRE QUESTION. *Le foncier dont le colon, déclaré propriétaire par les lois des 27 août 1792 et 29 floréal an 2, a remboursé sous l'empire de ces lois, soit au foncier, soit au domaine représentant un émigré, le capital de la rente convenancière, peut-il, à raison de ce remboursement, retenir la foncialité et revendiquer les droits qui en dépendent?*

SECONDE QUESTION. *La contestation qui s'élèverait à ce sujet entre le colon et un émigré pour lequel le domaine eût reçu le remboursement, est-elle de la compétence des tribunaux ou de l'administration?*

1. Nous n'avons, p. 297, fait qu'indiquer la solution négative de la première question, pour le cas où le remboursement a été fait au foncier; nous devons la traiter ici avec tous les développemens dont elle est susceptible, dans les deux hypothèses sous lesquelles elle est posée.

33*

Sous l'ancienne jurisprudence comme sous la nouvelle *(voyez p. 296)*, il était de principe que la foncialité d'une tenue à domaine congéable était entièrement distincte de la rente.

Ces deux objets formaient deux propriétés distinctes et séparées que le propriétaire pouvait aliéner divisément : en sorte que la vente de la rente convenancière ne pouvait, sans une stipulation expresse, transmettre à l'acquéreur aucune copropriété du fonds.

Tel est le principe consigné par Baudouin (1). Il se trouve aussi consacré par un arrêt du 4 juin 1740, rapporté au Journal du Parlement. (2)

2. Il en résulte que ce n'est point le rachat ou l'extinction de la rente produite par ce rachat qui, sous l'empire de la loi du 27 août 1792, a pu rendre un colon propriétaire du fonds ; ce sont seulement les dispositions de cette loi, qui,

(1) Tome 1.er, n.os 185 et suivans.
(2) Tome 3, ch. 45, p. 188.

sans remboursement , avait opéré le
transport de la propriété.

Ainsi donc , si cette loi n'eût pas existé , le colon se fût trouvé dans la position
que nous avons indiquée p. 297 et 298,
et par conséquent sujet au congément,
depuis que la loi du 9 brumaire an 6 a
remis en vigueur celle du 6 août 1791.
C'est la jurisprudence de la Cour, désormais fixée d'une manière invariable. (1)

3. Or, cette jurisprudence ne distingue
point entre les colons des émigrés qui
ont remboursé le capital de leurs redevances au domaine , et les colons des
propriétaires non émigrés qui le leur ont
fait à eux-mêmes. Elle est basée sur des
motifs généraux ; elle fixe le sens de la
loi du 9 brumaire an 6, et cette loi ne
peut avoir deux sens différens et contra-
dictoires, l'un applicable aux colons des
émigrés qui auraient remboursé le capital de leurs redevances au domaine,

(1) Voyez Jurisprudence de la Cour d'appel, p. 74,
95 et suivantes.

l'autre applicable aux domaniers des non émigrés qui ont fait ce remboursement aux propriétaires.

4. Il est vrai que le Gouvernement a été mis à lieu de s'expliquer sur cette jurisprudence, à l'occasion d'une demande de congément dirigée contre des domaniers qui avaient remboursé le capital de leurs prestations au domaine ; mais nous ne pensons pas que l'on puisse conclure de son arrêté qu'il l'ait désapprouvée.

Il s'agissait de la tenue la Fontaine, sous l'Usement de Tréguier, laquelle avait été donnée à la dame de Gouyon pour son douaire, en 1761, et dont le propriétaire foncier Kevenel fils avait émigré. Le Baudour et consorts, domaniers de cette tenue, avaient, comme nous l'avons dit, remboursé au domaine le capital de leur redevance.

Assignés en congément devant le tribunal de Lannion par le Saux et consorts, cessionnaires de la dame de Gouyon, qui, comme douairière, avait et pouvait céder le droit de congédier, ils exceptèrent du remboursement qu'ils avaient fait au domaine du capital de leurs prestations.

Le conseil de préfecture du département des Côtes-du-Nord, auquel on eut recours, décida que le Baudour et consorts, malgré le rachat qu'ils avaient fait de leurs redevances, n'étaient pas propriétaires du fonds de leur tenue, ni à l'abri du congément. On se pourvut auprès du Gouvernement, qui, par un arrêté du 25 brumaire an 12, annula celui du conseil de préfecture, *en ce qu'il interdisait à le Baudour et consorts de s'attribuer la dominité convenancière des tenues en vue desquelles ils avaient fait le rachat de leurs redevances par des remboursemens reconnus valides,* et il l'annula en ce point par deux motifs, 1°. comme ayant *jugé au-delà de la demande;* 2°. comme ayant *prononcé sur un point hors de la compétence du conseil de préfecture.*

Il faut convenir que cette décision, la seule, à notre connaissance (1), que le Gouvernement ait donnée sur cette matière, n'approuve pas expressément la jurisprudence de la Cour royale, sur le sens de la loi du 9 brumaire an 6, mais aussi elle ne l'improuve pas.

Il est évident que, quand bien même le Gouvernement aurait reconnu qu'au fond le conseil de préfecture avait bien jugé, il ne pouvait se dispenser d'annuler son arrêté, dès qu'il voyait le double vice d'*ultrà petita* et d'*incompétence*. Il ne pouvait se dispenser de rappeler le conseil de préfecture à ces deux règles, qui doivent être sacrées pour les fonctionnaires revêtus du droit de juger, 1°. qu'ils ne doivent jamais prononcer *sur choses*

___

(1) Il est vrai que l'occasion de résoudre la question que nous traitons s'est présentée, en l'an 8, à la Cour de cassation ; mais on verra, par son arrêt du 9 thermidor an 8, inséré au Bulletin officiel, p. 287, qu'elle ne l'a point décidée, et qu'elle cassa le jugement déféré à la censure, en raisonnant, dans les deux hypothèses, de l'affirmative ou de la négative de la question.

non demandées, ni plus adjuger qu'il n'a été demandé ; 2°. qu'ils doivent se tenir strictement dans les bornes de leur compétence, et ne pas s'arroger des attributions que la loi de leur institution leur refuse et accorde à d'autres autorités.

Or, il nous sera facile de prouver, en examinant la seconde question posée en tête de ce chapitre, qu'une contestation semblable à celle sur laquelle le conseil de préfecture avait prononcé, est exclusivement de la compétence des tribunaux, et plusieurs raisons concourent à faire penser que le Gouvernement n'a pas entendu décider autre chose par l'arrêté précité du 25 brumaire an 12.

PREMIÈREMENT. Le Gouvernement n'a pas décidé lui-même si le rachat fait par le Baudour et consorts leur donnait la dominité convenancière et les mettait à l'abri du congément de leur tenue, et cependant ils lui en faisaient la demande expresse. Son intention paraît donc avoir été de renvoyer la décision de la question aux tribunaux. Il est naturel de penser qu'il approuve une jurisprudence qu'il ne déclare pas improuver. Il fallait bien que la question qui lui était soumise fût jugée par l'autorité judiciaire ou par l'autorité administrative, et puisqu'il s'est borné à déclarer que l'autorité administrative était incompétente pour la juger, c'est avoir implicitement décidé qu'elle devait être jugée par l'autorité judiciaire.

Secondement. On ne peut pas présumer que le Gouvernement, dépositaire des intérêts de l'État, dans les mains duquel se trouvaient alors les domaines congéables confisqués par suite de l'émigration des propriétaires, eût été dans l'intention de reconnaître les colons des émigrés, devenus ceux de l'État, pour propriétaires incommutables du fonds, comme des superfices de leurs tenues, par cela seul qu'ils eussent racheté leurs redevances, en vertu de la loi du 27 août 1792. C'eût été une pure libéralité qu'il eût faite à ces colons au préjudice du trésor public, et il ne pouvait la faire régulièrement et valablement, sans qu'il intervînt une nouvelle loi qui l'y autorisât, en établissant une différence entre les colons des particuliers et les colons de l'État. Mais une telle loi, ruineuse pour l'État, et qui, sans nulle ombre de motifs, eût établi une bigarrure injuste et ridicule dans la législation sur les convenans, n'était pas proposable.

Nous sommes donc fondé à conclure, d'après ces observations, qu'on doit prendre pour constant que *tous* les propriétaires fonciers de domaines congéables *sont maintenus,* par la loi de brumaire an 6, dans la propriété du fonds de leurs tenues convenancières, nonobstant le remboursement que les colons ont fait de leurs redevances, en vertu de la loi du 27 août 1792, soit aux propriétaires eux-mêmes, soit au domaine représentant des émigrés ; qu'en conséquence, l'État a recouvré tous les attributs de la dominité des convenans réu-

34

nis à son domaine comme biens ecclésiastiques ou confisqués sur des propriétaires émigrés; que, par suite de la restitution de leurs biens prononcée en faveur des émigrés, soit par le sénatus-
consulte du 6 floréal an 10, soit par la
loi du 5 décembre 1814, les anciens
émigrés ont à leur tour recouvré cette
dominité avec tous ses attributs, les bois
fonciers, le droit de congédier, d'accorder des baillées et des assurances, et
d'en toucher *les pots-de-vin, commissions
et nouveautés.*

Nous remarquerons toutefois que,
pour être réintégrés dans la possession,
ils doivent justifier du titre de remise de
leurs biens, conformément aux art. 11,
12 et 13 de la loi du 5 décembre 1814,
à moins qu'ils n'eussent, antérieurement
obtenu la main-levée, conformément
aux lois antérieures.

2. La solution de la seconde question
ci-devant posée, et relative à la compétence, a été préjugée par les observations

que nous venons de faire sur l'arrêté du 25 brumaire an 12. Il nous paraît évident que toute contestation entre un ancien propriétaire émigré et le colon qui a remboursé au domaine le capital de la rente, est du ressort des tribunaux: c'est aussi ce qui a été jugé par arrêt de la Cour royale de Rennes, du 20 février 1821; mais nous dirons que le pourvoi en cassation contre cet arrêt a été admis par la section des requêtes. C'est un motif pour apporter d'autant plus d'attention à l'examen de la question.

D'abord, nous ferons observer que les conseils de préfecture n'ont reçu de la loi que des attributions exceptionnelles, et que, par conséquent, ils ne peuvent connaître que des seules affaires qui leur sont spécialement dévolues par un texte précis et formel.

Les contestations relatives aux ventes des domaines nationaux sont, à la vérité, de ce nombre; mais les attributions de ces mêmes conseils sont limitées à déterminer ce qui est compris dans la vente de ces domaines, à en expliquer les effets, à en éclaircir les obscurités.

Or, il ne s'agit, dans l'espèce que nous examinons, ni d'interpréter, ni d'expliquer l'acte administratif qui aurait autorisé le remboursement fait au domaine par le colon. Le propriétaire qui revendique la foncialité n'attaque point cet acte, il n'en fait pas même la censure. Cet acte n'ayant ainsi besoin d'aucune interprétation, produit son plein et entier effet, en exemptant du paiement des redevances qu'il était tenu de fournir au propriétaire foncier, le domanier qui a remboursé. Il est donc incontestable que le conseil de préfecture est incompétent pour résoudre la question dont il s'agit; question qui présente réellement une véritable contestation sur le droit de propriété, dont la solution ne peut se puiser ailleurs que dans les principes du droit civil, et qui, par ce motif, est exclusivement du ressort de l'autorité judiciaire.

C'est en effet d'après la législation concernant les domaines congéables, d'après le rapprochement des lois de 1791, 1792 et an 6, d'après l'application des principes de la jurisprudence en matière d'interprétation, qu'elle doit être résolue.

Tels sont aussi les motifs pour lesquels les tribunaux de la Bretagne et la Cour à laquelle ils ressortissent, sont, depuis leur institution, en possession constante (1) de juger entre les fonciers et les domaniers qui ont racheté leur redevance, cette question de savoir si ces derniers sont, par cela même, devenus propriétaires du fonds de leur tenue, ou si, au contraire, depuis la loi du 9 brumaire an 6, ils ne sont pas redevenus sujets au congément. Or, nul motif n'existe pour leur contester compétence à cet égard, lorsque le rembour-

(1) Voyez les arrêts des 13 thermidor an 9 et 11 prairial an 10; Jurisprudence de la Cour de Rennes, p. 74 et 96.

34*

sement a été fait au domaine représentant un émigré.

A l'appui de cette opinion, nous rappellerons l'arrêté du 25 brumaire an 12, dont nous avons argumenté sur la première question; mais nous trouvons une autorité plus décisive dans un décret du 2 février 1809, qui n'a pas été rendu public, mais dont nous pouvons garantir l'existence.

Ce décret annule un arrêté du préfet des Côtes-du-Nord, du 11 pluviôse an 13, qui avait statué sur une question entièrement semblable à celle qui nous occupe, et renvoie les parties devant les tribunaux.

« Considérant, y est-il dit, que le » point à décider était de savoir si, no- » nobstant le remboursement, le colon » ou ses héritiers ont été, par la loi du » 9 brumaire an 6, dépossédés de la pro- » priété que leur avait attribuée la loi » d'août 1792, *et que le jugement d'un* » *débat de cette nature appartient aux tri-* » *bunaux.* »

TITRE II.

Examen de la question de savoir *si, en pur point de droit, la loi du 9 brumaire an 6 peut être appliquée avec effet rétroactif, même aux tiers acquéreurs ?*

1. Qu'IL soit permis de distinguer, comme nous l'avons fait, entre les colons qui ont effectué les remboursemens autorisés par la loi du 27 août 1792, et qui, depuis son abrogation, se trouvent en possession de la tenue, et les tiers acquéreurs, et d'appliquer aux premiers la loi de brumaire an 6, avec effet rétroactif; il en existe des raisons particulières qui ne sauraient être appliquées aux tiers acquéreurs des colons déclarés, par la loi de 1792, propriétaires incommutables.

Aussi le rapporteur de la commission, M. de Malleville, maintenait-il que la loi de l'an 6 devait rétroagir, à l'égard des colons trouvés en possession,

mais non pas à l'égard des tiers acquéreurs. « Qu'une loi, dit-il p. 15 et 16 de son
» premier rapport, qui en rapporte une
» autre qui avait foulé aux pieds la pro-
» priété, frappe sans commisération ceux
» qui, malgré les cris de leur conscience
» et leur propre titre, ont profité de ses
» dépouilles, tous les hommes sages et
» justes applaudiront à cette disposition;
» mais que le glaive de la loi s'étende
» jusqu'à ceux qui, sans intérêt dans le
» premier acte, ont seulement acquis de
» l'usurpateur, qu'une loi intermédiaire
» avait déclaré propriétaire incommuta-
» ble, c'est là un arrêt auquel l'équité
» refuse de souscrire. Aussi l'art. 1er. de
» la loi du 3 vendémiaire an 4, qui ré-
» voque l'effet rétroactif de la loi du 17
» nivôse, conserve-t-il nommément les
» droits acquis de bonne foi à des tiers
» possesseurs, sauf le recours du pro-
» priétaire contre le vendeur.

» Il faut bien, ajoute M. de Malleville,
» distinguer celui qui achète d'un maître

» putatif, et fondé seulement sur un titre
» défectueux ou sur une possession qui
» n'a pas eu l'effet de prescrire, d'avec
» celui qui n'a rien de direct à lui oppo-
» ser personnellement ; mais dans le se-
» cond, l'acquéreur a en sa faveur la loi
» sur la foi de laquelle il a acquis, et du
» vice de laquelle il ne peut être puni,
» puisque ce n'est pas lui qui l'a provo-
» quée. »

M. de Malleville termine son rapport
en déclarant « que ce n'est qu'avec re-
» gret, et par le seul motif de l'omission
» d'une exception en faveur des tiers ac-
» quéreurs, que la commission propose
» de déclarer que le conseil ne peut ap-
» prouver la résolution qui lui est sou-
» mise. »

Précisément est intervenu le décret
du 18 thermidor an 6 (1), qui est ainsi
conçu :

« Après avoir entendu les trois lectures

(1) Voyez la Collection générale des lois, par Baudouin, an 6, t. 13, p. 133).

» faites dans les séances des 18 et 22 ther-
» midor an 5, et dans celle de ce jour,
» LE CONSEIL DES ANCIENS ne peut adop-
» ter. »

Ce rejet, rapproché des motifs pour
lesquels la commission l'avait proposé,
est sans contredit un puissant argument
contre l'effet rétroactif de la loi en ce
qui concerne les tiers acquéreurs, et
c'est aussi ce que la Cour a reconnu de
la manière la plus formelle, par arrêt du
28 août 1807, dont nous avons rapporté
les motifs ci-dessus, p. 385.

Il est vrai qu'un arrêt antérieur, du 13
thermidor an 9, avait décidé le contraire, en condamnant un colon vendeur à
rembourser à l'acquéreur évincé ce qu'il
avait payé pour le prix du contrat et les
loyaux coûts, proportionnellement à la
valeur du fonds dont il avait été évincé,
et comparativement au prix de la vente,
suivant la liquidation qui en serait faite.

Mais il importe de faire observer que,
dans l'espèce, le tiers acquéreur qu'on

voulait évincer s'était borné, en première instance, à appeler son vendeur, pour le faire condamner de lui rembourser le prix du contrat; demande qui fut rejetée par les premiers juges, et accueillie par la Cour.

. Il est donc permis de croire que si l'acquéreur n'avait pas donné une sorte d'acquiescement à l'effet rétroactif de la loi du 9 brumaire an 6, *même contre les tiers acquéreurs,* la Cour eût plus approfondi la question, et peut-être l'eût-elle autrement jugée.

Mais, quoi qu'il en soit de ce premier arrêt, nous avons rapporté ci-dessus, p. 385, celui du 31 décembre 1820, qui la décide formellement de la même manière, en pur point de droit.

On a vu que cet arrêt repose sur les moyens ci-dessus développés, tit. 1ᵉʳ, ch. 2, en faveur de la rétroactivité, sans distinction des tiers acquéreurs, et que, dans ce dernier arrêt, on n'a pas pris soin de développer les motifs pour lesquels cette distinction ne doit pas être faite ; on s'est borné à déclarer que la loi ne l'avait pas établie, et que c'était un motif suffisant pour ne pas l'admettre.

En faisant la même déclaration, l'arrêt du 13 thermidor an 9 fournit du moins, dans les considérans relatifs à l'action en indemnité accordée à l'acquéreur évincé, quelques développemens d'où sortent les motifs pour lesquels on a pensé qu'il n'y avait pas lieu à distinguer.

La Cour y déclare, en effet, « qu'une » fois admis que la loi du 9 brumaire a » anéanti, comme attentatoire au droit » de propriété, le décret du 27 août 1792, » elle a conséquemment envisagé comme » vicieuse *dans son principe* la posses- » sion, ou, si l'on veut, la propriété que » ce décret attribuait aux colons, et que, » par suite, il faut admettre que le vice » dont il était infecté s'est communiqué » aux actes qui en ont été la suite..... »

2. Il s'agit maintenant d'examiner et

de décider laquelle des deux opinions, consacrées, l'une par l'arrêt de 1807, l'autre par ceux de l'an 9 et de 1820, doit prévaloir.

2. Il faut le dire, les opinions des jurisconsultes ont été partagées sur ce point, comme l'ont été celles des magistrats.

D'une part, le sentiment des injustices résultant de la loi du 27 août 1792; de l'autre, l'arrêt du 5 thermidor an 9, imprimé avec une foule d'observations apologétiques, tandis que celui de 1807 n'était connu que du petit nombre des avocats suivant le barreau à cette époque; enfin, le grand nombre de décisions uniformes rendues contre les colons restés en possession, après le remboursement prescrit par la loi du 27 août 1792, ont empêché jusqu'ici d'approfondir, comme elle devait l'être, la question que nous examinons de nouveau, et c'est après un mûr examen que nous sommes conduit à penser que la doctrine consacrée par l'arrêt de 1807,

35

relativement aux tiers acquéreurs, doit prévaloir sur celle dont l'arrêt de 1820 nous offre l'application.

Et d'abord, il convient de transcrire ici les considérans que le premier de ces arrêts contient en point de droit, relativement aux tiers acquéreurs.

Après avoir supposé, *mais faussement*, qu'en général la loi de brumaire n'a aucun effet rétroactif (1), la Cour considère que les principes qu'elle venait d'énoncer relativement à cette non rétro-activité, « sont *particulièrement* appli-
» cables *aux tiers acquéreurs* qui ont con-
» tracté *sous la foi d'une loi existante;* que
» les tribunaux ne pourraient annuler
» ces contrats qu'autant qu'ils y seraient
» expressément autorisés par la loi dont
» ils ont à faire l'application; qu'aucune
» disposition semblable n'existe dans la
» loi du 9 brumaire an 6; qu'enfin,
» cette loi n'ayant point annulé les con-
» trats faits pendant le règne de celle de

(1) Voyez ci-dessus p. 374.

» 1792, l'intimé doit être regardé comme
» propriétaire incommutable du conve-
» nant. »

Ainsi fut confirmé, entre les sieurs
Villebogard et Bougeard, un jugement
du tribunal de première instance de
Saint-Brieuc, en date du 22 juillet 1806.

Voici maintenant les motifs qui, à
notre avis, doivent faire prévaloir cette
décision :

Premièrement. On ne saurait assigner au rejet de la seconde résolution,
du 17 thermidor an 5, par le décret du
18 thermidor an 6, d'autres motifs que
celui pour lequel ce rejet avait été proposé par la commission, à moins que
l'on ne voulût dire que le Conseil des
Anciens ne l'eût prononcé *sous tous les
rapports*, et dans l'intention de ne donner à la loi du 9 brumaire aucun effet
rétroactif quelconque.

Or, dans cette hypothèse, il n'y aurait plus de doute à élever sur le maintien du tiers acquéreur, puisque les co-

lons eux-mêmes, qui auraient remboursé sous l'empire de la loi du 27 août,
eussent été maintenus.

Il faut donc nécessairement admettre
que la résolution a été rejetée dans l'intérêt de ces tiers acquéreurs, et par les
motifs développés par M. de Malleville,
et transcrits ci-dessus p. 403.

Secondement. La conséquence de ceci, c'est qu'ils ne peuvent être évincés,
quels que soient les vices du titre de leur
vendeur, attendu, comme le dit encore
M. de Malleville, qu'ils n'avaient aucun
intérêt dans le premier acte, qui consa-
crait une usurpation autorisée par une
loi qu'ils n'avaient pas provoquée.

Troisièmement. C'est un principe
d'interprétation incontestable, que toutes les fois qu'une loi ne s'exprime pas
d'une manière formelle, elle doit être
interprétée suivant les intentions du législateur, manifestées par les circonstances dans lesquelles elle a été portée ; que dans les cas mêmes où le texte

semble supposer un autre sens que celui que le législateur a eu en vue, c'est son intention qu'on doit suivre, et non pas la rigueur des termes.

Or, s'il existe des argumens de quelque poids à opposer contre le système de la rétroactivité de la loi du 9 brumaire an 6, *sous tous les rapports,* à plus forte raison doit-on repousser ce système, dans un cas où tout démontre que telle a été du moins, *sous ce rapport particulier,* l'intention du législateur.

Quatrièmement. Le mot *maintenu* employé dans la loi du 9 brumaire ne peut, d'après ces considérations, être entendu que sous cette distinction, c'est-à-dire du colon au propriétaire foncier, et non pas de celui-ci à un tiers acquéreur.

3. Au surplus, si la jurisprudence introduite par les arrêts de l'an 9 et de 1820 devait être confirmée, une autre question se présenterait aujourd'hui; ce serait celle de savoir si du moins le tiers acquéreur n'aurait pas prescrit la pro-

priété, soit par quinze ou dix ans, suivant l'art. 275 de la Coutume de Bretagne, soit par dix ans, suivant l'art. 2265 du Code civil. C'est l'objet du chapitre suivant.

TITRE III.

EXAMEN de la question de savoir si celui qui s'est rendu acquéreur d'une tenue, sous l'empire de la loi du 27 août 1792, a prescrit la propriété, en conformité de l'art. 275 de la Coutume, ou de l'art. 2265 du Code civil ?

1. Il n'est pas aujourd'hui un seul acquéreur d'une tenue à domaine congéable, sous l'empire de la loi du 27 août 1792, qui ne puisse invoquer la prescription établie par la Coutume ou par le Code civil, puisqu'il s'est écoulé vingt-neuf ans depuis la publication de cette loi, et vingt-trois depuis son abrogation par celle du 9 brumaire an 6 (30 novembre 1797).

Or, l'art. 275 de la Coutume disposait comme suit : « Et s'il y avait dol ou
» fraude au contrat ou aux bannies,
» compétera action nonobstant lesdites
» bannies et certification d'icelles, *jus-*
» *qu'à dix ans après la certification.* Et
» où il n'y aurait *bannie,* ne sera aucun
» recevable (après quinze ans, à comp-
» ter du jour du contrat et possession
» prise), à débattre le contrat de dol,
» fraude, ni simulation, et demeurera
» l'acquéreur (comme dit être) appro-
» prié. »

Ainsi, supposant les plus grands vices
dans la vente, elle était maintenue, *en-*
vers et contre tous, par quinze ans. C'est
ce que d'Argentré exprime en termes
énergiques : *Hic igitur quicumque desipit,*
disce præscriptionem quindecenalem quæ
cùm titulo currit, etiam datâ positivâ malâ
fide, currere; nam etiam datâ fraude, dolo
aut simulatione contractûs, nihilominùs
præscriptio perficitur, nec quisquam reci-
pitur ad allegandam aut probandam ma-

lam fidem ; sileant igitur lusciosi qui in sole caligant.

Ces autorités sont précises et formelles ; mais surabondamment le tiers acquéreur pourrait encore opposer l'article 2265 du Code civil, au titre de la prescription, publié depuis dix-sept ans. Cet article porte que « celui qui acquiert » de bonne foi, et par juste titre, un » immeuble, en prescrit la propriété par » dix ans, si le véritable propriétaire ha- » bite dans le ressort de la Cour royale » dans l'étendue de laquelle l'immeuble » est situé, et par vingt ans, s'il est do- » micilié hors dudit ressort. »

Cela posé, l'on ne prétendra pas sans doute que celui qui a acquis sous l'empire d'une loi qui déclarait son vendeur propriétaire incommutable, n'ait pas acquis de bonne foi.

L'on ne dira pas non plus, à cause de *l'injustice* de cette loi, que le titre de ce tiers acquéreur ne fut pas *juste;*

car on sait qu'en droit, ce mot *juste titre* ne s'entend que d'un titre habile à transférer la propriété. *Justus titulus est titulus habilis ad transferendum dominium.* Tel est un acte de vente, de donation, etc.

Au reste, n'admît-on pas cette doctrine sur *la bonne foi* et *le juste titre*, toujours serait-il vrai, la vente ayant été consentie sous l'empire de la Coutume, qu'il y aurait lieu à l'application de l'art. 275, qui n'excepte ni ne distingue rien.

4. D'après ces observations, il n'y aurait qu'un seul cas où, en apparence, l'application de la prescription pourrait être un objet de difficulté; ce serait celui où la revendication du fonds serait faite, et c'est le cas le plus ordinaire, par un ancien propriétaire émigré. Il pourrait se croire recevable à opposer la maxime *contra non valentem agere non currit præscriptio.*

Mais cette exception contre la fin de

non-recevoir tirée de la prescription,
serait invinciblement repoussée par les
nombreux arrêts de la Cour de cassation,
qui ont consacré le principe que les émigrés ayant été représentés *activement* et
passivement par la Nation, la prescription a eu lieu contre eux pendant leur
absence. (1)

TITRE IV.

Est-il des circonstances de fait d'après
lesquelles le tiers acquéreur puisse être
évincé, nonobstant les solutions données,
en pur point de droit, dans les titres pré-
cédens ?

1. DANS l'affaire jugée par l'arrêt du
28 août 1807, l'ancien propriétaire, le
sieur Bahuno, opposait au tiers acquéreur le sieur Villebogard, qu'il n'avait
pu ignorer qu'il achetait d'un domanier,

(1) Voyez entre autres les arrêts des 16 prairial an 12
et 10 juin 1806, Questions de droit, v.º *prescription*,
§ 5; Denevers, an 12, p. 498, et an 1806, p. 513.

et que la tenue était possédée à domaine
congéable, puisque, dans son contrat
d'acquêt même, elle était qualifiée *convenant*.

Mais ce moyen serait absolument in-
signifiant, si l'on admet en droit que
l'acquéreur d'un domaine congéable
vendu par le colon, sous l'empire de la
loi du 27 août, ne peut être évincé, la
loi de brumaire n'ayant point d'effet rétroactif à cet égard.

Il ne serait tout au plus de quelque
considération, qu'autant que le contraire
devrait être décidé en droit; l'acquéreur
argumenterait de l'opinion qu'il eût eue
d'avoir acheté une terre à héritage, et
prescrit à raison de sa bonne foi.

Il est vrai, dans l'espèce de l'arrêt
ci-dessus, que le propriétaire tirait de
cet argument la conséquence que l'acquéreur n'avait entendu acheter que les
édifices et superfices. Mais cette conséquence n'était pas fondée; car la qualification de *convenant* donnée à la tenue

dans le contrat , ne pouvait par *elle-même* faire présumer cette intention.

La Cour, par son arrêt, a donc justement considéré « que tout ce qui a
» conservé le nom de *convenant* dans le
» pays de domaines congéables, n'est
» pas nécessairement, et par cela seul,
» tenu à ce titre ; que l'auteur des Ins-
» titutions convenancières a mis à la
» tête de son ouvrage un glossaire, où
» il explique précisément ce qu'on doit
» entendre par le mot *convenant* isolé-
» ment pris ; que ce mot isolé n'éta-
» blit pas à beaucoup près la présomp-
» tion légale d'une tenue à domaine
» congéable, et que d'ailleurs, dans l'es-
» pèce , toute présomption semblable
» devait être écartée par la seule force
» de la déclaration insérée au contrat de
» l'an 3, que le convenant Villelio *est*
» *quitte de rentes et charges;* déclaration
» formellement exclusive de la tenue
» convenancière, qui, par sa seule qua-
» lité, est chargée de rentes plus ou

» moins fortes ; que , par cette expres-
» sion même , le vendeur s'est annoncé
» comme possesseur du fonds ; que l'ac-
» quéreur a donc eu de justes motifs de
» croire qu'on lui vendait le fonds même
» de la tenue, dont les superfices, d'ail-
» leurs en ruine, étaient abandonnés de-
» puis long-tems par le fermier, les loge-
» mens n'étant pas habitables ; qu'aussi
» le contrat portait-il expressément que
» les bâtimens sont près d'assoler et ac-
» tuellement inhabités; qu'enfin, il avait
» été maintenu et non contesté que Bou-
» geard (l'ancien colon prétendu) avait,
» depuis longues années , un fermier
» dont il recevait les jouissances ; qu'il
» n'était donc pas sur la tenue, et que
» l'acquéreur n'avait pu lui supposer la
» qualité de colon, que Bougeard ne
» prenait pas ; qu'il n'avait pu raisonna-
» blement lui en supposer d'autre que
» celle de propriétaire , et que c'était,
» par conséquent, la propriété que l'in-
» timé avait entendu acquérir; qu'enfin

» sa bonne foi était sur ce point à cou-
» vert de tout soupçon. »

2. Dans l'espèce de l'arrêt du 31 décembre 1820, la Cour, après avoir jugé,
en point de droit, que la disposition de
l'art. 2 de la loi du 9 brumaire an 6 était
générale et absolue; qu'elle anéantissait
la vente faite par le colon, a ensuite,
par des considérations de fait tirées de
la conduite des tiers acquéreurs (1), décidé que les intimés étaient encore non
recevables à argumenter d'un contrat de
vente qu'ils n'avaient invoqué que tardivement, et parce que, d'après la com-
munication qui leur avait été faite d'une
ancienne baillée, ils avaient appris que
des propriétaires fonciers pouvaient les
rembourser de leurs droits réparatoires,
moyennant le paiement d'une modique
somme de 150ᶠ.

---

(1) Ils avaient continué de servir la rente, et, se qua-
lifiant eux-mêmes *de colons*, ils avaient, dès le principe de l'instance introduite au tribunal de Guingamp,
provoqué à ce titre le remboursement contre les appelans, aussi qualifiés par eux de *propriétaires fonciers*.

Ces derniers considérans sont ainsi conçus :

« Considérant, en fait, que les appe-
» lans ont justifié par des titres incon-
» testables, et notamment par les bail-
» lées notariées de 1719 et 1788, qu'à
» l'époque de la loi du 27 août 1792, et
» à l'époque de la loi du 9 brumaire an 6,
» ils étaient propriétaires fonciers de la
» tenue à domaine congéable du moulin
» de Kmirem ;

» Considérant, d'ailleurs, que bien
» que les intimés apparaissent d'un con-
» trat de vente à réméré qui aurait été
» consenti, le 17 vendémiaire an 6, à
» leurs auteurs par les colons de la tenue
» du moulin de Kmirem, du fonds et des
» droits réparatoires dudit moulin, il
» n'en est pas moins constant au procès,
» par les aveux faits en justice par les in-
» timés eux-mêmes, qu'eux ni leurs au-
» teurs ne se sont appropriés, ni n'ont
» fait transcrire leur contrat d'acquisi-
» tion, conformément aux lois ; qu'ils

» ont au contraire continué, depuis la loi
» de l'an 6, de servir aux appelans la
» rente foncière et convenancière stipu-
» lée à leur profit par le bail de 1788 jus-
» qu'en l'année 1813; enfin, que le 17
» mars 1814, ils formèrent leur demande
» en remboursement des droits répara-
» toires du moulin de Ķmirem contre les
» appelans, qu'ils reconnaissent être pro-
» priétaires fonciers dudit moulin; qu'en
» bureau de conciliation, les intimés,
» interprétant eux-mêmes leur contrat
» d'acquisition du 17 vendémiaire an 6,
» y déclarent que leurs auteurs ont ac-
» quis *les droits convenanciers* dudit mou-
» lin des précédens colons;

» Considérant qu'il résulte de ces faits,
» aveux et acquiescemens, que ce n'était
» point par une erreur de fait, mais bien
» volontairement et avec toute connais-
» sance, que les intimés avaient renoncé
» à se prévaloir de la disposition du con-
» trat du 17 vendémiaire an 6, relative-
» ment à la foncialité de la tenue Ķmi-

» rem , et qu'ils ne s'étaient jamais con-
» sidérés , par rapport aux appelans ,
» que comme colons de ladite tenue ,
» et cessionnaires des précédens doma-
» niers ;

» Considérant que la baillée de 1788,
» qui seule fait la loi des parties , fixe
» la rente foncière et convenancière à la
» somme de 138ᶠ, et qu'il est juste de
» réparer l'erreur commise à ce sujet
» par les parties dans leurs écritures ;

» Considérant enfin que les intimés
» ne peuvent se refuser au paiement des
» arrérages discontinués depuis 1813. »

On voit que la Cour a consacré en
principe, par ces considérans, que des
actes d'où résulte, de la part de l'acquéreur, *une reconnaissance tacite* de
n'avoir pas acheté le fonds, mais seulement les droits convenanciers, suffi-
sent, *indépendamment des moyens de droit
concernant l'effet rétroactif de la loi du
9 brumaire,* pour faire prononcer l'éviction de l'acquéreur.

36 *

3. Mais ce principe, que la Cour présuppose, est-il certain?

On peut dire, pour la négative, que la renonciation ne se présume pas, et que nul n'est facilement présumé renoncer à son droit; que par conséquent, le tiers acquéreur des édifices et superficies qui a payé la rente convenancière, mais auquel on ne peut opposer aucun acte par lequel il ait transmis la propriété par lui acquise du colon, sous l'empire de la loi du 27 août 1792, n'a commis qu'une erreur en payant ce qu'il ne devait pas, et qu'il aurait même l'action en répétition, appelée en droit *condictio indebiti;* qu'il est d'autant plus favorable, qu'en semblable contestation *certat de damno vitando,* et son adversaire *de lucro captando.*

Mais nous pensons que ces exceptions ne pourraient être d'aucun poids dans la bouche d'un tiers acquéreur, auquel il n'est pas permis de prétexter cause d'ignorance de son titre; que d'après une présomption assez naturelle, fondée sur l'injustice de la loi du 27 août, il doit être réputé avoir interprété son contrat dans le sens de l'intention qu'il eût eue de ne pas concourir à la spoliation, en achetant et le fonds et les superfices ; qu'en cette circonstance surtout, il ne peut se prévaloir de la prescription, parce qu'il ne peut être censé avoir possédé *à titre de maître,* mais seulement et de son propre aveu, *à titre de domanier.*

4. Une semblable décision acquiert sur-tout un puissant degré de force, lorsqu'il existe des reconnaissances formelles données par écrit, et qui auraient toute la force d'un aveu, conformément à l'art. 1556 du Code civil. Tel serait, outre les circonstances mentionnées dans l'arrèt de 1820, le cas où l'ancien propriétaire pourrait opposer au tiers acquéreur un acte postérieur à la publication de la loi de l'an 6, et par lequel cet acquéreur serait reconnu colon, lorsque

cet ancien propriétaire, ayant fait citer quelques-uns de ses domaniers en fournissement d'un titre récognitoire contenant le détail et la description de leurs droits réparatoires, l'acquéreur se serait présenté sur cette citation, et se serait expressément soumis à fournir la déclaration demandée.

En cette circonstance et autres de même nature, nous pensons, avec la Cour, dans l'arrêt de 1820, que l'ancien propriétaire aurait en sa faveur une fin de non-recevoir que lui fournirait l'acquéreur lui-même, contre les argumens que celui-ci tirerait de son contrat.

En effet, s'il est vrai que *les renonciations ne se présument pas*, si nul n'est facilement présumé *renoncer à son droit*, ce principe, comme nous l'avons dit p. 319, ne s'est jamais entendu qu'en ce sens que l'on doit toujours exiger une déclaration formelle, expresse et par écrit de la renonciation. La loi a toujours admis les reconnaissances et les renonciations tacites, comme ayant la même *efficacité* que la renonciation la plus expresse.

Aussi l'art. 2221 du Code civil portet-il que la renonciation est expresse ou *tacite*, et que la renonciation *tacite* résulte d'un fait qui suppose *l'abandon du droit acquis.*

On pourrait, au reste, accumuler une foule d'autres dispositions, qui reposent sur le principe de l'abandon présumé d'un droit. (*Voyez les art.* 181, 186, 892, 1240, 1325 *du Code civil;* 105 *et* 435 *du Code de commerce*).

Enfin, dit M. Merlin, v°. *renonciation,* § 3, les renonciations se font de deux manières, expressément ou par des faits.

Que signifie alors cette règle, *les renonciations ne se présument pas?* Rien autre chose, si ce n'est qu'elles doivent être prouvées par des faits qui ne permettent pas de douter de l'abandon du droit acquis ou prétendu, parce qu'ils seraient diamétralement opposés à l'intention de conserver la jouissance du premier ou d'obtenir celle du second.

Tels sont, dans notre opinion, tous les faits de la nature de ceux dont nous venons de parler.

Ainsi donc, en résumé sur cette importante question, nous estimons,

1°. En pur point de droit, qu'un tiers acquéreur ne peut être évincé, à raison de l'effet rétroactif de la loi du 6 brumaire, qui ne saurait justement s'appliquer qu'au colon resté sur la détention de la tenue, ou à ses héritiers ou ayant-cause autres qu'un tiers acquéreur;

2°. Que, hors le cas ci-dessus, le tiers acquéreur ne peut être évincé, soit parce qu'il a contracté de bonne foi, sous la garantie d'une loi existante, soit parce qu'il a prescrit envers et contre tout prétendant droit.

FIN.

TABLE DES MATIÈRES.

A.

B.

D.

E.

EXPONSE. Ce que c'est. Voyez le glossaire, à ce mot.

F.

FAÇONS. Que signifie ce mot. Voyez le glossaire.

FACULTÉ DE CONGÉDIER, essentielle au bail à convenant, p. 7, 136. — En quel cas le foncier a la faculté de congédier à l'expiration du bail et pendant son cours, p. 96. — Accordée à un tiers, p. 112, et le glossaire, v.º *baillée*. — Douairière avait et pouvait céder le droit de congément, p. 392, 393.

FACULTÉ DE REMBOURSER n'était pas essentielle au bail à convenant, p. 158, 191. — L'est aujourd'hui, p. 191.

FAMILLE. Voyez *conseil de famille*.

FÉAGE CONGÉABLE. Ce que c'est. Voyez le glossaire. — Trois sortes de féages, *ibid.*

FEMME SÉPARÉE peut prendre ou donner bail, et renoncer au congément, p. 201.

FOINS de l'année doivent être laissés sur la tenue par le colon sortant, p. 228—231.

FONDS. Ce que c'est. Voyez le glossaire, à ce mot. — Fonds entièrement distinct de la rente, p. 296, 390. — Rente sur le fonds, p. 297, 298. — Abandon du fonds et de l

2*

M.

O.

P.

3*

S.

T.

U.

V.

VASSAL. Signification de ce mot en pays d'usemens. Voyez le glossaire.

VENTE. Le bail à convenant est une vente des édifices et superfices, p. 7. — Vente des édifices et superfices permise, p. 61, 63, 95, 96. — Ses formalités, p. 323—326. — Saisie et vente des meubles et effets mobiliers du domanier doit précéder la vente des édifices et superfices, p. 323, 324. — Vente des édifices et superfices ne se fait qu'en vertu de jugement, p. 327. — Vente du fonds, quand et comment a lieu, p. 326, 327. — Saisie ne la précède, *ibid.* — Vente des meubles, grains et denrées du domanier, d'après quelle loi se fait, *ibid.*

FIN.

ERRATA.

AU GLOSSAIRE.

P. 6, lig. 12, simples, censives, *lisez* simples censives.
P. 10, lig. 11, sciates, *lisez* suites.
P. 11, lig. 20, diligence, *lisez* de ligence.

DANS LA NOTICE.

P. 19, lig. 22, Salfred, *lisez* Galfred.
P. 22, lig. 14, taillés, *lisez* taillis.
Ibid., Rostender, *lisez* Rostuder.
P. 23, lig. 19 et 20, Léoniens, *lisez* Léonices.
P. 23, lig. 21, Ossimiens, *lisez* Ossismiens.
P. 26, lig. 17, Consmanna, *lisez* Commanna.
P. 29, lig. 12, l'égal, *lisez* légal.

DANS LE CORPS DE L'OUVRAGE.

P. 13, lig. 12, Tréguier, *lisez* Cornouailles.
P. 25, *à la note* 3, lig. 4, Nelle, *lisez* Rellec.
P. 26, lig. 25, *quay è vaise*, *lisez* qué er vez.
P. 32, lig. 22, les Usemens de Léon et Daoulas, *lisez*
l'Usement de Léon et Daoulas.
P. 76, *à la note*, art. 1.er, *lisez* art. 2.
P. 88, lig. 7, le fermier, *lisez* le foncier.
P. 198, lig. 4, art. 2, *lisez* art. 12.
P. 239, lig. 18, plans, *lisez* plants.
P. 262, lig. *rati habitio*, *lisez* ratihabitio.
P. 322, lig. 1.re, domanier, *lisez* foncier.
Ibid., lig. 6, retenue, *lisez* tenue.

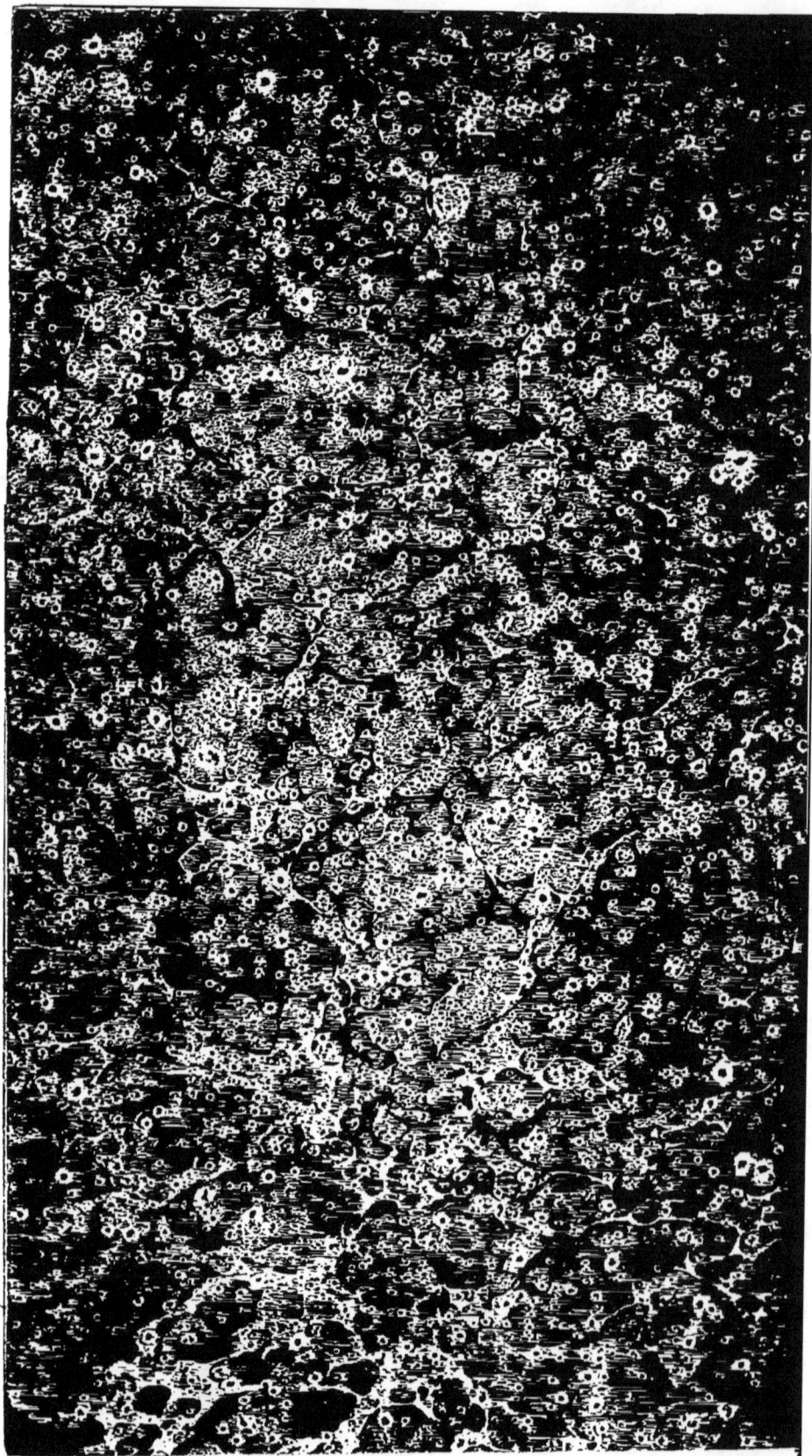

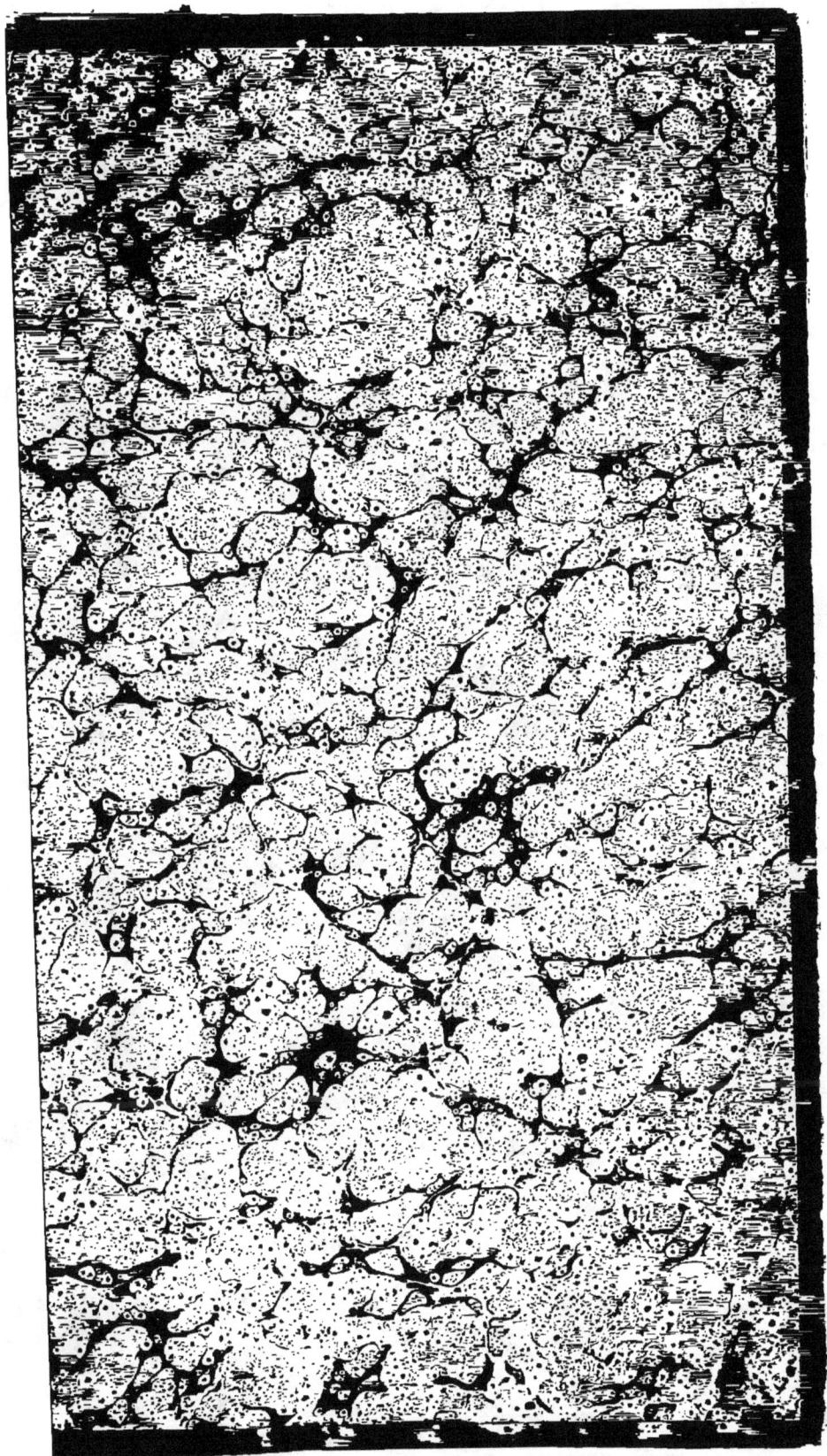

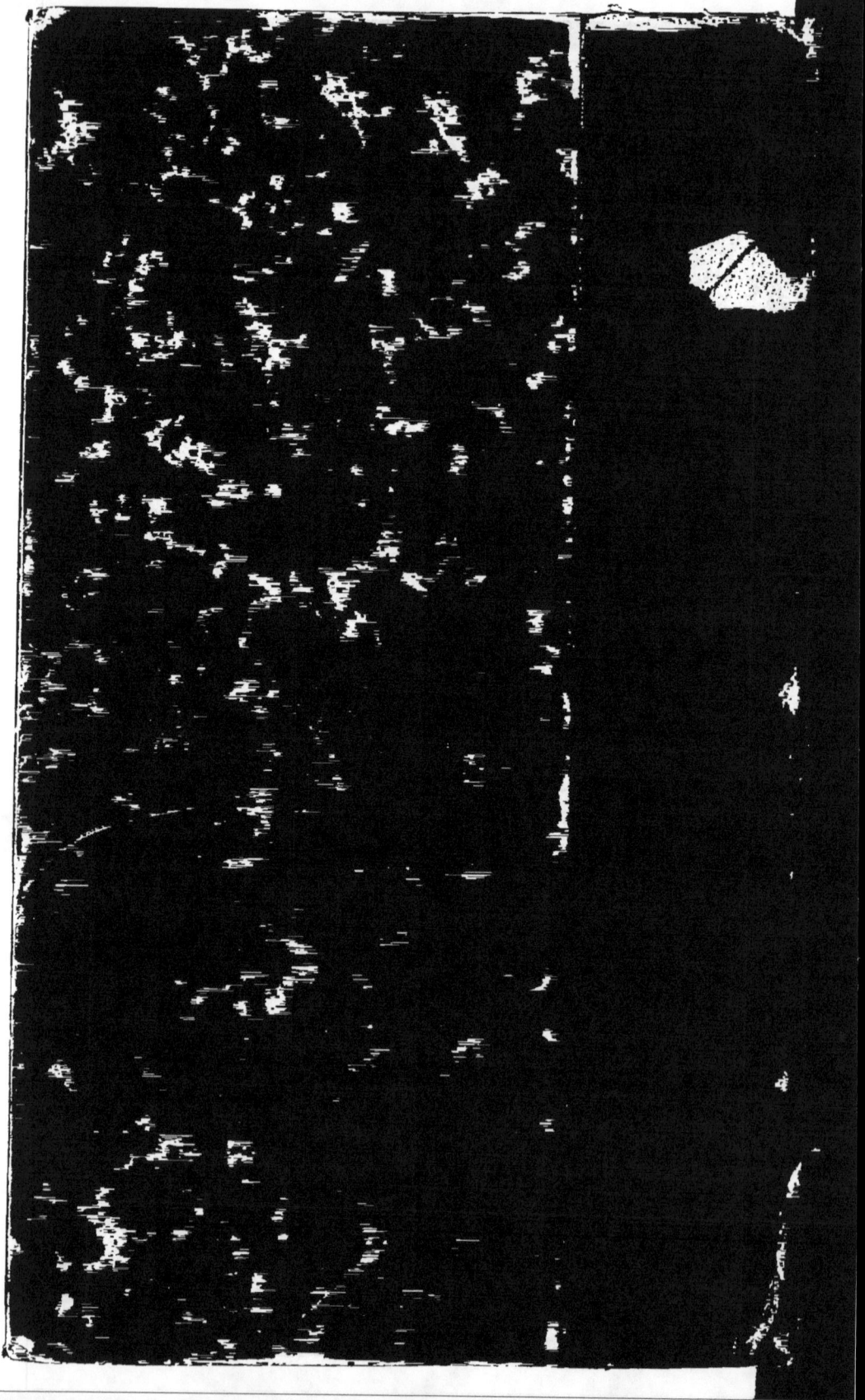

www.ingramcontent.com/pod-product-compliance
Lightning Source LLC
Chambersburg PA
CBHW060916220326
41599CB00020B/2981